데일 카네기
인생의 기술

지혜의 샘 시리즈 **37**

데일 카네기
인생의 기술

초판 1쇄 발행 | 2013년 02월 25일
초판 2쇄 발행 | 2013년 03월 25일

지은이 | 데일 카네기
옮긴이 | 권오열

발행인 | 김선희 · 대 표 | 김종대
펴낸곳 | 도서출판 매월당
책임편집 | 박옥훈
디자인 | 윤정선
마케터 | 양진철

등록번호 | 388-2006-000018호
등록일 | 2005년 4월 7일
주소 | 경기도 부천시 소사구 송내동 뉴서울아파트 109동 1601호
전화 | 032-666-1130
팩스 | 032-215-1130

ISBN 978-89-98702-02-1 (13320)

지혜의 샘 시리즈 ❸⑦

데일 카네기 인생의 기술

데일 카네기 지음 | 권오열 옮김

이 책을 쓰게 된 배경과 이유

35년 전인 1909년, 나는 뉴욕에서 가장 불행한 사람 중 한 명이었다. 그때 나는 트럭을 팔아 입에 풀칠하고 있었다. 하지만 트럭이 어떻게 굴러가는지도 몰랐고 구태여 알고 싶지도 않았다. 나는 내 일을 경멸했다. 또 싸구려 가구에다 바퀴벌레들이 득실대는 웨스트 56번가의 거지같은 집에 사는 내 처지가 혐오스러웠다. 당시 벽에 걸려 있던 수많은 넥타이에 얽힌 일화가 아직도 기억에 생생하다. 아침에 일어나 새 넥타이로 손을 뻗으면 밤새 그곳에 숨어 있던 바퀴벌레들이 사방으로 줄행랑을 쳤다. 그리고 나는 내 방처럼 바퀴벌레들이 득실거렸을 더러운 싸구려 식당에서 밥을 먹어야 한다는 사실도 경멸했다.

매일 밤 나는 두통에 시달리며 내 쓸쓸한 방으로 기어

들었다. 그것은 실망, 걱정, 비통함, 그리고 반항심이 키워낸 두통이었다. 내가 반항적이었던 것은 대학 시절에 품었던 꿈이 악몽으로 변했기 때문이다. 이게 사는 건가? 이것이 내가 그토록 갈구했던 활력 넘치는 모험 인생이란 말인가? 내가 혐오하는 일을 하고 바퀴벌레와 한 방을 쓰며 형편없는 음식을 먹고 미래에 대한 어떤 희망의 빛도 보이지 않는 이런 삶을 내 인생의 의미로 부여잡아야 한단 말인가? 나는 책 읽을 시간을 갈망했고 대학 시절에 꿈꾸던 책을 쓰고 싶었다.

나는 내가 혐오하는 일을 때려치워도 잃을 건 아무것도 없고 오히려 가능성의 우주와 마주하게 되리라는 사실을 알고 있었다. 내 관심은 떼돈을 버는 것이 아니라 충만한 삶을 사는데 있었다. 결국 나는 루비콘 강에 이르렀다. 즉, 이제 막 인생 항해를 시작하려는 대부분의 젊은이들이 맞닥뜨리는 결단의 순간과 마주하게 된 것이다. 그래서 나는 결단을 내렸고, 그것은 내 미래를 완전히 바꿔놓았다. 그리고 그 결단은 내가 꿈꾸고 갈망했던 것 이상으로 지난 35년의 삶을 행복하고 충만한 것으로 만들어주었다.

내 결단의 내용은 이러했다. "이제 내가 혐오하는 일과는 영원히 작별이다. 먹고 사는 문제는 미주리 주 워렌스버그에 있는 주립 교육대학에서 4년간 교육학을 공부하며 교사 훈련을 받았으니 야간학교의 성인 과정에서 교사로 일하면서 해결해 보자. 그 과정에서 짬짬이 틈을 내 책도 읽고 강의 준비도 하면서 장편이나 단편소설을 쓰겠다. 나는 '글 쓰는 일이 내 삶의 목적이면서 동시에 밥줄이 되는 삶'을 살고 싶다."

그런데 야간에 성인들에게 어떤 과목을 가르쳐야 할까? 전에 대학에서 받았던 교육을 되돌아본 나는 무엇보다 대중연설과 관련된 교육과 경험이, 내가 대학에서 공부한 다른 모든 것들을 합친 것보다 일과 사적인 삶에서 내게 더 실용적인 가치가 있다는 것을 깨달았다. 왜 그럴까? 그것이 내 소심함과 자신감 부족을 없애주고 인간관계를 잘 꾸려갈 수 있다는 용기와 자신감을 갖게 했기 때문이다. 또 이를 통해 리더십은 대개 자신이 생각한 바를 자신 있게 말할 수 있는 사람에게서 나온다는 사실을 분명히 알게 되었다.

나는 컬럼비아 대학과 뉴욕 대학의 야간 공개강좌 중 대중연설 강좌의 강사 자리에 지원서를 냈으나 보기 좋게 거절당했다.

그때는 실망했지만, 지금 생각해 보면 그들이 나를 거절한 것이 오히려 전화위복의 계기가 되었다. 나는

YMCA 야간학교에서 가르치기 시작했는데, 여기서는 빠른 시간 내에 구체적인 결과를 보여주어야 했다. 그것은 정말 굉장한 도전이었다. 내 수업을 들으러 온 성인들은 학점이나 사회적 지위를 원해서 온 것이 아니었다. 그들이 내게 온 이유는 딱 한 가지, 곧 자신의 문제를 해결하기 위해서였다. 그들은 비즈니스 모임에서 공포로 얼어붙지 않고 자신 있게 하고 싶은 말을 할 수 있기를 바랐다. 세일즈맨들은 까다로운 고객을 만나기 전에 한참을 머뭇거리며 마음을 다잡지 않고도 용기를 내어 거침없이 그의 사무실 문을 열고 들어가 그와 당당히 대면할 수 있기를 원했다. 그들은 침착함, 냉정함, 자신감을 키우고 싶어 했다. 또 사업에 성공하여 가족을 위해 더 많은 돈을 벌고 싶어 했다. 그리고 그들은 수업료를 분할하여 지불했기 때문에 기대한 만큼의 성과를 얻지 못하면 수업료 납입을 중단했다. 또 나는 정해진 봉급을 받는 것이 아니라, 수익금의 일정 비율을 받아가는 조건이었기 때문에 밥을 굶지 않으려면 현실적이고 실용적이어야 했다.

그때 나는 내 근무 조건이 상당히 불리하다고 느꼈지만, 지금 돌이켜보면 값으로 따질 수 없는 귀중한 훈련을 받았다고 생각한다. 나는 내 학생들의 의욕을 북돋고 그들의 문제를 해결하는데 보탬이 되어야 했다. 또 그들이 계속 배우고 싶다는 느낌이 들 정도로 각각의 수업을 감동적인 것으로 만들어야 했다.

일은 정말 흥미진진했다. 딱 내 체질이었다. 나는 이 비즈니스맨들이 정말 빠르게 자신감을 키우고 그중 상당수가 고속 승진하며 보수를 올려 받는 것을 보고 크게 놀랐다. 수업은 내 기대를 훌쩍 뛰어넘을 정도로 성공적이었다.

하루 저녁에 5달러도 아까워했던 YMCA는 세 번째 시즌도 지나지 않아 수익 배분 방식에 따라 내게 하룻밤에 30달러를 지급했다. 처음에 나는 내중연설만 가르쳤지만, 시간이 가면서 수강생들에게 친구를 사귀고 사람을 설득할 수 있는 능력도 필요하다는 사실을 깨닫게 되었다. 인간관계에 대한 적절한 교재를 찾을 수 없던 나는 직접 책을 썼다. 그것은 아주 특별한 방식으로 쓰인 책이었다. 그것은 내 수업을 듣는 성인들의 경험을 토대로 성장하고 진화했다. 나는 그 책에 《인간관계론 *How to Win Friends and Influence People*》이라는 제목을 달았다.

그 책은 순전히 내 강의만을 위한 교재로 집필되었고, 또 그 전에 내가 쓴 다른 네 권의 책이 누구의 주목도 받지 못했기 때문에 나는 이 책이 많이 팔릴 거라고는 꿈도 꾸지 않았다. 아마 지금 살아 있는 작가들 중에 나만큼 많이 놀란 사람도 보기 드물 것이다.

시간이 지나면서 나는 이들의 또 다른 큰 문제 중 하나가 걱정이라는 사실을 깨달았다. 내 강의를 듣는 학생들 상당수는 기업체 간부, 세일즈맨, 엔지니어, 회계사 등으로 업종과 직업이 다양한데, 그들 중 걱정 없는 사람이 별로 없었다. 학생 중에는 여성 사업가와 가정주부 등 여성들도 있었으며, 그들 역시 걱정에서 자유롭지 못했다. 걱정을 정복하는 방법에 관한 교재가 필요하다고 판단한 나는 곧 사냥에 나섰다. 먼저 뉴욕의 5번가와 42번가가 교차하는 곳에 위치한 대형 공공도서관에 갔다.

그리고 그곳에서 소장하고 있는 책의 제목 중 '걱정(WORRY)'이라는 단어가 포함된 책이 겨우 22권뿐임을 알게 되고는 깜짝 놀랐다. 또 흥미로웠던 것은 제목에 '벌레(WORMS)'라는 단어가 들어간 책은 189권이나 된다는 사실이었다. 벌레에 대한 책이 걱정에 대한 책보다 거의 아홉 배나 많다니! 놀랍지 않은가? 걱정은 인류를 괴롭히는 가장 큰 문제 중 하나니까 이 나라의 모든 고등학교와 대학에서는 당연히 '걱정을 멈추는 방법'

을 가르칠 거라는 생각이 들지 않는가? 하지만 나는 미국의 어떤 대학이든 단 한 곳에서라도 그와 관련된 강좌가 있다는 말을 들어보지 못했다. 데이비드 시버리가 자신의 책《성공적으로 걱정하는 법》에서 이렇게 말한 것도 새삼스러운 일은 아니다. "우리는 그동안 책만 읽어온 책벌레가 발레를 할 준비가 안 되어 있는 것만큼이나 경험이 주는 압박을 견딜 준비가 거의 안 된 상태로 어른이 된다."

그 결과는 무엇일까? 바로 병원 침상의 절반 이상이 신경이나 감정적 고통에 시달리는 사람들로 채워져 있는 현실이다. 나는 뉴욕 공공도서관의 선반 위에 놓여 있던 그 22권의 책을 자세히 살펴보았다. 그 외에도 걱정에 대한 책들 중 구할 수 있는 책은 모조리 구입했다. 하지만 내 성인용 강좌에 교재로 쓸 만한 것은 한 권도 찾을 수 없었다. 그래서 내가 직접 써보기로 했다.

나는 이미 7년 전에 이 책을 쓸 준비를 시작했다. 어떻게 했을까? 나는 고금의 철학자들이 남긴 글 중에서 걱정과 관련된 내용을 찾아 읽었고, 공자로부터 처칠에 이르는 위인들의 전기 수백 권도 섭렵했다. 또 잭 뎀프시, 오마르 브래들리 장군, 마크 클라크 장군, 헨리 포드, 일리노어 루스벨트, 도로시 딕스 등 다양한 분야의 저명인사 수십 명과 직접 대화를 나누기도 했다. 그러나 이것은 단지 시작에 불과했다.

나는 면담이나 독서보다 훨씬 더 중요한 일도 했다. 바로 걱정을 정복하기 위해 5년 동안 실험실에서 일한 것이다. 내 성인 대상 강좌에서 수행된 실험이었는데, 내가 아는 한 그것은 그런 종류의 실험으로써는 세계 최초이자 유일무이했다. 우리는 바로 그 일을 해냈다. 즉, 학생들에게 걱정을 멈추는 방법에 관한 일련의 규칙을 제시하고 그 규칙을 그들의 삶에 적용해 본 후 그 결과를 수업 시간에 발표하도록 했다. 과거에 자신이 사용해 본 적이 있는 방법을 소개한 학생들도 있었다.

이 경험으로 나는 세상 그 누구보다도 '걱정을 정복하는 방법'에 관한 이야기를 많이 들었다고 생각한다. 게다가 내게 발송된 편지를 통하여 이 주제에 대한 다른 이야기들도 수백 가지나 읽었다. 이 이야기들은 미국과 캐나다의 219개 도시에서 실시된 강좌에서 상을 받은 것들이다. 따라서 이 책은 상아탑에서 나온 것이 아니고, 걱정을 어떻게 극복할 것인가에 대한 학문적인 훈계나 설교도 아니다. 그 대신 나는 수천 명의 성인들이 어떻게 걱정을 정복했는지를 빠르고 간결하게 보고서 형식으로 기록하려 했다. 한 가지 확실한 것은, 이 책이 실용적이라는 것이다. 우리는 여기서 생생한 현장감을 느낄 수 있다.

내가 자신 있게 말할 수 있는 것은, 이 책에서는 실체를 알 수 없는 가공의 인물에 대한 이야기를 찾을 수 없다는 사실이다. 아주 드문 몇몇 경우를 제외하면, 이 책에 등장하는 인물들은 실명으로 소개되며 그들이 사는 동네의 주소까지 밝혔다. 그러니까 책의 이야기는 실제 있었던 일이고 그것을 기록한 것이다. 이야기의 진실성은 보증되고 확인될 수 있다.

프랑스 철학자 발레리는 '과학은 성공적인 방법을 모아놓은 것'이라고 말했다. 바로 이 책이 그렇다. 그것은 우리의 삶에서 걱정을 털어내는 방법 가운데 효과적이고 시간의 시험을 통과한 것들을 모아놓았다. 그러나 여기서 분명히 밝혀둘 게 있다. 여러분은 이 책에서 새로운 것은 전혀 발견하지 못하겠지만, 일반적으로 적용되지 않는 것들을 적잖이 보게 될 것이다. 걱정 없는 삶을 살고자 할 때 여러분이나 내게 필요한 것은 뭔가 새로운 이야기가 아니다. 우리는 이미 완벽한 삶을 살기에 충분할 정도로 많은 것을 알고 있으며, 《성경》에 나오는 황금률과 산상수훈에 관한 글을 읽었다. 우리의 문제는 무지가 아니라 실천을 하지 않는 것이다. 이 책의 목적은 역사도 유구한 많은 기본적인 진리들을 되새김질하고 가지런히 정리하며 그 가치를 재확인한 후 여러분의 등짝을 후려치면서 실생활에 적용하게 만드는 것이다.

여러뷰은 어떻게 쓰였나를 알아보기 위해 이 책을 집어 들지는 않았을 것이다. 여러분이 찾는 것은 행농을 위한 방법이다. 좋다, 이제 가보자. 먼저 이 책을 제1장의 1까지 읽어보기 바란다. 그렇게 했는데도 걱정을 멈추고 인생을 즐길 새로운 힘과 의욕이 느껴지지 않는다면, 그냥 쓰레기통에 던져버려라. 그런 사람에게는 이 책이 괜한 헛수고요 시간 낭비가 될 것이다.

– 데일 카네기 *Dale Carnegie*

카네기에게 배우는 인생의 기술

《데일 카네기 자기관리론 *How to Stop Worrying and Start Living*》은 출판된 지 60년을 훌쩍 넘긴 책이다. 그럼에도 그 인기는 식을 줄 모르고 있으며, 우리나라에도 번역서가 꽤 여러 종이 나와 있을 정도이다. 그만큼 사람들이 그 가치를 인정한다는 반증일 것이다. 말하자면 시간의 시험을 거친 고전인 셈이다. 도대체 이 책의 매력은 무엇일까?

카네기 자신이 인정했듯이 이 책은 전혀 새로운 내용을 말하지 않는다. 카네기는 독창적인 사상가도, 깊이 있는 철학자도 아니다. 거창하거나 획기적인 이야기는 없다. 그저 단순한 상식과 지혜를 인상적으로 전달하여 우리가 걱정하는 이유와 그것들이 정말 걱정할 가치가 있는 것인지를 깊이 생각하게 한다. 또 과거와 미래에 대한 걱정을 멈추고 오늘을 살아야 하는 이유를 지극히 상식적으로 설명함으로써 사물에 대한 관점과 사고방식을 재편하게 한다. 사실 우리의 많은 문제들은 상식을 적용할 때 의외로 쉽게 풀리는 경우가 대부분이다. 그래서 이 책이 처방하는 걱정을 없애거나 줄이는 방법은 지극히 상식적이고 합리적이며 실용적이다.

가령, "네가 지닌 문제가 아닌 네가 받은 축복을 헤아려라." "쏟아진 우유 때문에 울지 말라." "네가 가진 것의 가치를 알라." "너 자신을 알고 너 자신으로 살아라." "불가피한 상황과 타협하라." "오늘을 충실히 살아라." 등은 분명 지당한 말씀이지만 상투적이고 진부하게 느껴지는 것도 사실이다. 말하자면, 누구나 다 아는 상식이다. 한편 상식적이고 누구나 다 아는 이야기라는 것은, 그것이 그만큼 시간의 시험을 거친 검증된 진리라는 의미일 것이다. 그런데 실제 현실에서는 어떤가? 실천되는 상식처럼 희귀한 자원도 드물지 않던가? 상식이라서 특별하고 귀한 취급 못 받지만, 실은 상식이기에 더 소중하고 자명한 것 아닐까?

카네기는 이런 누구나 다 아는 진리들, 즉 우리가 이미 마음속에서 옳다고 알고 있는 원칙들을 고리타분한 경구로 그치게 하지 않고 이것들이 왜 중요한지에 대한

이유들을 제시하며 실제 인물들의 생생한 경험담으로
보강함으로써 그것들이 그냥 듣기 좋은 말이 아니라 인
류의 절절한 경험에서 우러나 만대를 거치며 증류된 지
혜의 정수임을 마음으로 받아들이게 한다. 어제의 잘못
때문에 오늘의 내가 풀죽어 있으면 내일의 나도 한심해
진다는 사실에, 걱정은 대개 무익하고 소모적인 에너지
낭비이며 그런다고 해결되는 일은 아무것도 없다는 단
순한 사실에 절로 고개를 주억거리게 한다. "원수를 사
랑하라."는 예수님 말씀도 위대하긴 하지만 너무 아득하
게만 느껴지는, 그래서 그냥 흘려듣는 말이 아니라, 나
같은 사람도 실천해 볼 만한 지침으로 여겨지게 한나.

　결국 이 책의 매력은 그 흔해 빠지고 닳고 닳은 빤한
상식의 가치를 추상적으로 설명하는 것이 아니라, 실제
인물들의 체험담을 통해 마치 그림을 그려 보여주듯 생
생하게 전달함으로써 독자의 뇌리에 강한 인상을 남기
며, 그들이 머리만이 아니라 마음으로 공감하게 했다는
데 있다. 독자는 이 책을 읽으며 교실수업이 아니라, 현
장실습을 하고 있다는 느낌을 받게 된다.

　저자가 말하듯이 우리는 걱정 없이 행복하고 충만한
삶을 살기 위해 알아야 할 것들은 이미 다 알고 있다.
문제는 그 지식을 실제 삶 속에 통합시키지 못하는 것

인데, 카네기는 우리가 이미 알고 있는 것을 깊이 느끼고 그 가치에 새삼 눈뜨게 하며, 내가 왜 전에는 그런 식으로 생각하지 못했던가를 반성하게 함으로써 우리의 변화와 실천 의지를 자극한다. 인간은 머리로만 이해해시는 좀처럼 움직이지 않는다. 상식적이고 옳고 지당한 말들을 기록한 책들은 무수히 많지만, 유독 이 책이 오래도록 많은 이들의 사랑을 받는 것은 바로 독자의 이성만이 아니라 가슴에 호소하는 특성 때문일 것이다.

참된 깨달음이란 모르던 걸 알게 되는 게 아니라, 이미 알고 있는 것을 아는 것이라고 한다. 그러니까 사람이 성숙해지거나 지혜로워진다는 것은, 완전히 새로운 생각을 갖는 것이 아니라 이미 알고 있던 것을 더욱 절실하고 강렬하게 느끼고 생각하며, 이를 통해 자신의 삶과 존재를 바꿔나가는 것이다. 그래서 모든 진정한 인식은 재인식인 것이다. 카네기는 상식적인 이야기에 실제 사례를 버무려 색다른 맛을 창조함으로써 독자가 이런 재인식을 경험하게 하는데 가장 성공한 저자였다고 할 수 있다.

결국 이 책이 가르치는 것은 인생을 사는 기술이다. 에리히 프롬은 사랑을 하는 데도 기술이 필요하다고 했다. 인생이라고 다를까? 특히 이 책은 걱정, 불안, 스트레스를 줄이거나 완전히 없앨 수 있는 기술을 가르친다. 어떤 기술이건 그것에 숙달되려면 두 가지 과정을 거쳐야 한다. 바로 이론적 지식의 습득과 실천이다. 가령 의술을 배울 때는 먼저 사람의 몸과 각종 질병에 대한 지식이 있어야 하지만 이런 이론적 지식이 생명 있는 것이 되려면 실습과 훈련이 결합되어야 하는 것이다.

행복한 인생살이를 위한 이론적 지식은 이 책이 충분히 제공해 준다고 믿는다. 또 다행히 그 이론은 쉽고 단순하다. 글도 쉽다. 카네기는 대화하듯 글을 쓴다. 독자는 마치 신뢰할 만한 친구에게 우정 어린 조언을 듣는 듯한 느낌을 받는다. 일상적인 긱정거리를 해결하는데 거창한 철학이나 딱딱한 심리학 이론이 과연 얼마나 도움이 되겠는가?

하지만 이론이 쉽다고 실천도 쉽다는 뜻은 아니다. 평생 몸에 밴 사고방식이나 행동 패턴은 하룻밤 새에 바뀌지 않기 때문이다. 이 책은 단지 길을 제시할 뿐, 직접 그 길을 걸어야 하는 것은 우리 자신이다. 결국 실생활에 반복 적용하는 연습과 훈련이 필수적이다. 상식적이고 중요하고 자명한 진리일수록 그만큼 더 반복적인 학습과 실천 연습이 필요하다.

철학자 화이트헤드는 플라톤 이후의 모든 서양 철학

은 "플라톤 철학에 붙인 주석에 불과하다."고 말했다. 플라톤이 서양 철학의 근간을 세운 인물이며, 결국 모든 철학은 플라톤으로 통한다는 말일 것이다. 마르크스 이후의 모든 좌파이론도 마르크스 경제이론에 붙인 주서에 불과하다고 말할 수 있을지 모른다. 이처럼 대부분의 철학이나 이론은 그 체계의 패턴을 발선시키고 헤석하며 주석을 다는 과정일 뿐 원류가 되는 철학은 많지 않다.

본격적이고 대중적인 자기관리론이나 행복론(일단 걱정 없이 사는 삶을 행복이라고 단순하게 정의할 때)에 대해서도 같은 말을 해볼 수 있지 않을까 한다. 카네기는 체계적이고 대중적인 자기관리 및 행복론의 원류이고, 카네기 이후 행복을 논한 거의 모든 도서는 카네기의 행복론에 붙인 주석에 불과하다는 생각을 해본다. 그렇다고 그의 행복론에 독창적인 사상이나 거창한 철학이 담겨 있다는 말은 아니다. 후대의 저자나 이론가들이 그저 카네기의 생각을 변주한 듯한 느낌을 주는 것은 그들이 독창적이지 않아서라기보다 걱정 없이 행복하게 살기 위한 인생살이의 기술 자체가 보편적일 수밖에 없기 때문일 것이다. 그리고 그 보편성은 그 기술들이 대체로 변하지 않는 인간성과 인간 행동에 근거하고 있고,

따라서 문제에 대한 처방도 크게 다를 수 없다는 사실
에서 비롯된다고 본다.

　이 책에 등장하는 이야기들은 상당수가 걱정할 만한
이유가 충분했던 시절의 산물이다. 그 당시 사람들은
대공황과 세계대전을 경험하며 이런저런 많은 걱정과
불안에 시달렸다. 그들이 했던 걱정은 오늘을 사는 우
리가 겪는 걱정과 별반 다르지 않다. 그들의 걱정과 그
것을 극복한 경험이 지금까지 큰 울림을 주는 것도 바
로 그런 이유 때문이다. 여기 소개되는 다양한 사례들
은 인간의 그 많은 걱정거리에도 불구하고 항상 해결책
이 있다는 사실을, 또 걱정거리를 바라보는 관점을 바
꿀 수 있음을 보여준다.

　기본적으로 걱정거리 자체는 완전히 없앨 수 있는 것
이 아니다. 단지 그것을 대하는 자세를 바꾸고, 그것을
다스리는 기술과 지혜를 높여감으로써 내 삶이 걱정에
휘둘리지 않게 할 수 있을 뿐이다. 걱정스런 상황과 조
건에 구애받지 않는 삶이 걱정스런 일이 전혀 일어나지
않기를 바라는 것보다 훨씬 자유롭고 행복한 삶이 아닐
까? 이 책은 인생이 제기하는 온갖 불편한 상황과 조건
에 의연하고 초연해지는 법을 가르쳐준다. 잘만 이용하
면 이 책을 통해 심리치료사나 항우울제보다 훨씬 우수

한 치유 효과도 얻을 수 있을 것이다. 실제로 그렇게 느 낀 사람들이 아주 많았다고 한다. 부디 이 책을 읽는 독 자들도 여기서 배운 원칙들을 체화하고 생활화하여 인 생을 사는 기술의 달인이 되기 바란다.

끝으로 좋은 책을 번역할 기회를 주신 매월당의 김종 대 사장님과 박옥훈 편집장님께 감사드린다.

– 권오열

차 례

제1장

걱정에 대해 알아야 할 기본적인 사실들

1 오늘을 충실히 살아라

1871년 봄, 책을 읽던 한 청년이 자신의 미래를 뒤바꿔놓을 한 구절을 발견했다. 몬트리올 종합병원의 의학도였던 그 청년은 졸업시험을 앞두고 걱정이 태산 같았다. 졸업시험에 통과할지, 통과한 다음에는 뭘 해야 하고 어디로 갈 것이며 어떻게 개업을 하며, 또 생계는 어떻게 꾸려갈지 등으로 미음 고민이 낳던 참이었다.

1871년에 이 의과대학생이 읽은 구절은 그가 당대 최고의 의사로 우뚝 서게 하는데 견인차 역할을 했다. 그는 세계적으로 유명한 존스 홉킨스 의대를 설립했으며, 옥스퍼드 의대의 흠정 강좌 교수가 되었다. 그것은 대영제국에서 의사가 받을 수 있는 가장 명예로운 지위였다. 또 영국 왕실로부터 기사 작위도 받았다. 그가 세상을 떠날 때에는 그의 인생 역정을 기록한 1,466쪽에 달하는 방대한 분량의 두툼한 책 두 권이 간행되었다.

그의 이름은 윌리엄 오슬러 경이다. 여기 1871년 봄에 그가 읽은 한 구절을 소개한다. 토마스 칼라일의 이

말은 그가 걱정에서 해방된 삶을 살아가는데 큰 힘이
되어주었다.

　"우리가 해야 할 일은 먼 곳의 잘 보이지 않는 것을 보
려고 눈을 부릅뜨는 것이 아니라, 지금 눈앞에 분명히
보이는 것을 실행하는 것이다."

　그로부터 42년 뒤, 캠퍼스의 튤립들이 색색의 봉오리
를 터뜨리던 어느 따스한 봄날 저녁에 윌리엄 오슬러
경은 예일대 학생들을 대상으로 연설을 했다. 그는 학
생들에게 말하길, 4개 대학의 교수를 역임하고 인기 있
는 책까지 쓴 자기 같은 사람을 '특별한 두뇌'의 소유
자로 생각할지 모르지만, 그것은 전혀 사실과 다르다고
단언했다. 그러면서 친한 친구들은 자신의 머리가 '지
극히 평범한 수준'임을 잘 알고 있다고 밝혔다.
　그러면 그가 성공한 비결은 무엇이었을까? 오슬러 경
에 따르면 그 비결은 이른바 '철저히 오늘로 구분지어
진 하루를 충실히' 사는데 있었다. 무슨 뜻일까? 예일
대에서 연설하기 몇 개월 전, 오슬러 경은 거대한 원양
정기선에 몸을 싣고 대서양을 가로지른 적이 있다. 그
배는 선교船橋(배가 항해할 때, 선장이 항해나 통신 따위를

지휘하는 곳)에 서 있는 선장이 단추 하나만 누르면 곧바로 기계들이 육중한 소리를 내며 빠른 속도로 차단벽이 쳐지고, 배에 물이 들어오지 않도록 방수 구획실로 전환되어 다른 부분과 완전히 분리되는 배였다. 오슬러 박사는 예일대 학생들에게 이렇게 말했다.

"여러분 한 사람 한 사람은 그 거대한 정기선보다 한층 더 놀라운 유기체이며 그 배보다 더 긴 항해를 해야만 합니다. 저는 여러분이 스스로를 조종하는 법에 능숙해져서 오늘을 구획하고 오늘에 충실한 삶을 사는 것이 항해 과정의 안전을 보장할 수 있는 가장 확실한 길임을 깨닫게 되기 바랍니다.

선교에 올라 큰 차단벽이 제대로 작동하도록 손을 쓰십시오. 버튼을 눌러 인생의 매 단계마다 강철로 된 문이 죽은 어제의 날들인 과거를 차단하게 하십시오. 또 다른 버튼을 눌러 강철 커튼으로 아직 오지 않은 내일인 미래를 차단하고 격리하십시오. 그러면 여러분은 안전합니다. 오늘을 안전하게 살 수 있습니다. 과거를 차단하십시오. 죽은 자들을 매장하는 일은 죽은 과거에게 맡기십시오. 바보들을 음침한 죽음의 세계로 인도한 어제 앞에 차단벽을 세우십시오. 어제의 짐에 내일의 짐을 더 얹어 오늘 지고 가면 제아무리 힘센 짐꾼이라도 다리가 후들거릴 것입니다. 미래의 문도 과거의 문만큼 단단하게 닫아거십시오. 미래는 곧 오늘입니다. 내일은 없습니다. 인간이 구원받는 날은 바로 지금입니다. 정력 낭비, 고민, 근심과 걱정은 늘 미래를 걱정하는 사람 뒤를 졸졸 따라다닙니다. 그렇게 과거와 미래로 연결되는 문을 꽉 닫고 뱃머리에서 배의 뒷부분에 이르는 곳곳에 큰 차단벽을 세운 다음 '오늘을 충실히 사는' 습관을 익힐 준비를 하십시오."

그럼 오슬러 박사의 이 말은 내일에 대한 대비는 전혀 할 필요가 없다는 뜻일까? 물론 전혀 그렇지 않다. 그는 계속해서 내일에 대비할 수 있는 가능한 최상의 방법은 자신의 모든 능력과 열정을 다해 오늘의 일을 아주 훌륭하게 마무리하는데 집중하는 것이라고 말했다. 이것이 미래를 대비할 수 있는 유일한 방법이다.

또 오슬러 경은 학생들에게 주기도문에 나오는 '오늘 우리에게 일용할 양식을 주옵소서.' 라는 기도로 하루를 시작하라고 권했다.

이 기도가 오늘 필요한 양식만 간구하고 있음에 주목하라. 그것은 우리가 어제 먹은 빵이 딱딱하다고 불평하지 않으며, 이렇게 칭얼대지도 않는다. "오, 하느님! 요즘 밀밭이 바짝 타들어가고 있습니다. 다시 가뭄이 시작될 모양입니다. 그렇게 되면 내년 가을에 먹을 빵은 어떻게 구하죠? 그게 아니라도 혹시 제가 실업자라도 되면 어떻게 배를 채울 수 있겠습니까?”

이런 기도가 아니다. 주기도문은 오늘 먹을 양식만 구하라고 가르친다. 오늘 먹을 양식이 우리가 먹을 수 있는 유일한 양식이다.

오래전 돈 한 푼 없던 철학자가 땅이 온통 돌투성이인 지역을 지나고 있었다. 당연히 그곳 주민들에게는 먹고 사는 일이 여간 어려운 게 아니었다. 어느 날 사람들은 언덕 위에 있던 철학자 주변으로 모여들었고, 그때 그는 아마 동서고금을 통틀어 가상 많이 인용되고 수백 년 동안 수많은 사람들의 귀에 메아리친 말을 들려주었다.

“그러므로 내일 일을 생각하지 말라. 내일 일은 내일 생각할 것이요. 한 날의 괴로움은 그날로 족하니라.”

많은 사람들이 ‘내일 일을 생각하지 말라.’ 는 예수의 말을 받아들이지 않았다. 그들은 그 말을 동양의 신비주의 전통에서 나왔음직한, 그저 듣기 좋은 완전한 삶에 대한 충고로 여기고 한 귀로 흘려버렸다. 그들은 이렇게 말했다. "내일 일을 생각하지 않을 수가 없어요. 가족을 위해 보험도 들어야 하고 노년에 대비해 저축도 해야죠. 또 미리 계획하고 준비를 해야 출세할 수도 있고요."

맞다. 물론 여러분은 그래야 한다. 하지만 300여 년도 더 전에 번역된 예수의 저 말은 제임스 왕이 통치하던 당시에 의미하던 뜻과 오늘날의 의미가 똑같지 않다. 300년 전에 생각(thought)이라는 말은 염려(anxiety)를 의미하는 경우가 많았다. 현대적으로 개역된 《성경》들은 '내일을 위하여 염려하지 말라.' 는 뜻으로 예수의 말을 더 정확하게 옮기고 있다. 따라서 우리는 당연히 내일 일을 생각해야 한다. 신중하게 생각하고 계획하고 준비해야 한다. 하지만 염려하고 불안해하지는 말라.

제2차 세계대전 중에 우리의 군 지휘자들은 내일 일을 계획했지만, 걱정하고 염려하면서 시간을 허비할 틈이 없었다. 미국 해군을 지휘한 어니스트 J. 킹 제독은 이렇게 말했다. "나는 최고의 병사들에게 우리가 지닌 최상의 물자를 보급했고, 그들에게 가장 합당한 임무를 부여했다. 그것이 내가 할 수 있는 전부였다. 나는 가라앉은 배를 끌어올릴 수도 없고, 가라앉는 배를 멈춰 세울 수도 없다. 어제의 일을 두고 괴로워하기보다는 내

일의 문제에 대한 해법을 생각하는데 시간을 쓰는 것이 백번 낫다. 게다가 과거의 일들에 계속 발목을 잡힌다면, 나는 제 명에 죽지도 못할 것이다."

전시거나 평상시를 막론하고 현명한 생각과 어리석은 생각 사이에는 큰 차이가 있다. 현명한 생각은 원인과 결과를 따져서 논리적이고 건설적인 계획을 세우게 하는 반면, 어리석은 생각은 긴장과 신경쇠약을 유발하는 경우가 많다.

최근에 나는 운 좋게도 세계에서 가장 유명한 신문의 하나인 <뉴욕 타임스>의 발행인 아더 헤이스 설즈버거와 대화할 기회가 있었다. 이때 그는 유럽 전역이 제2차 세계대전의 포성에 들썩일 때 자기는 너무 놀라고 앞날이 걱정되어 거의 잠을 이룰 수 없었노라고 고백했다. 그는 한밤중에 자주 깨어 캔버스와 물감을 준비하고는 거울을 보며 자기 초상화를 그렸다고 한다. 그림에 대해서는 문외한이었지만, 어떻게든 붓대를 놀려가며 마음속에서 걱정을 떨쳐버리려 했다. 설즈버거 씨는 찬송가에 나오는 '한 걸음씩만 늘 인도하소서.' 라는 구절을 자신의 좌우명으로 삼고 나서야 걱정을 덜어내고 평화를 찾을 수 있었다고 말했다.

인도하여 주소서, 빛 되신 주님……
내 발걸음을 지켜주소서.
멀리 보려 하지 않겠으니
한 걸음씩만 늘 인도하소서.

우리의 현재 생활 양태와 관련된 가장 무서운 사실 중 하나는 전체 병원 침상의 절반을 정신적 고통에 시달리는 환자들이 채우고 있는 현실이다. 이들은 누적된 과거와 두려운 미래가 주는 엄청난 압박감을 견디지 못하고 그냥 맥없이 주저앉은 환자들이다. 그러나 이 사람들 대다수도 '내일 일을 염려하지 말라.'는 예수의 말이나 '오늘을 충실히 살라.'는 오슬러 경의 말에 귀를 기울였다면, 지금 힘차게 거리를 활보하며 행복하고 보람찬 삶을 살고 있을 것이다.

우리는 지금 이 순간, 영원의 시간을 견뎌온 광대한 과거와 기록된 시간의 종착점으로 돌진해 오는 미래라는 두 개의 영원이 만나는 지점에 서 있다. 우리는 이 두 영원의 세계 어디서도 살 수 없다. 결코, 단 한 순간도 그럴 수 없다. 하지만 감히 그 세계에 발을 담그려 함으로써 우리는 자신의 몸과 마음을 파괴하게 된다. 그냥 우리가 살 수 있는 유일한 시간을 사는데 만족하자. 바로 지금부터 잠자리에 들 때까지의 시간 말이다. 로버트 루이스 스티븐슨은 이런 글을 남겼다. "사람은 누구나 아무리 힘들어도 해질녘까지는 자신의 짐을 질 수 있다. 누구나 아무리 힘들어도 하루 동안은 자신의 일을 할 수 있다. 누구나 서산에 해질 때까지는 달콤하게, 사랑스럽게, 순수하게, 인내하며 살 수 있다. 이것이 실제로 인생이 의미하는 전부다."

그렇다. 바로 이것이 인생이 우리에게 요구하는 전부다. 미시간 주 새기노 시 코트 가 815번지에 사는 E. K. 실즈 부인은 자살 직전까지 갈 정도까지 절망으로 내몰렸지만, 잠자리에 들 시간까지만 사는 법을 배우고 난 후 기사회생했다. 그녀는 내게 다음과 같이 자신의 이야기를 털어놓았다.

1937년에 남편을 잃었습니다. 정말 절망했지요. 돈도 거의 없었고요. 저는 전에 다니던 직장인 캔자스 시의 로치-파울러 컴퍼니에 도움을 청했습니다. 거기서 일할 때 상사로 모셨던 레온 로치 씨에게 편지를 썼고 전에 하던 일을 다시 하게 된 것이죠. 예전에 저는 시골과 도시의 교육위원회에 책을 팔아 밥벌이를 했습니다. 그보다 2년 전에 남편이 병을 얻은 후 제 차를 팔아버린 상태였지만 어떻게든 돈을 긁어모아 중고차를 할부로 구입할 수 있었고 다시 책을 팔기 시작했습니다.

저는 다시 일을 시작하면 우울한 기분을 좀 덜 수 있을 거라 생각했지요. 하지만 혼자 운전하고 혼자 밥을 먹는 일이 정말 감당이 안 되더군요. 어떤 지역에서는 판매 실적이 좋지 않아 얼마 안 되는 자동차 할부금도 제대로 못 낼 지경이었어요.

1938년 봄에 저는 미주리 주 베르사유에서 일을 하고 있었어요. 학교들은 가난했고 도로 상태는 엉망이었지요. 너무 외롭고 낙심하여 한 번은 자살까지도 생각했습니다. 성공적인 삶이 참 아득하고 요원해 보이더군요. 도대체 살아야 하는 이유를 찾을 수가 없었어요. 매일 아침 일어나 삶과 마주해야 하는 현실이 너무 두려웠습니다. 모든 게 두려웠지요. 자동차 할부금 못 갚는 게 두려웠고, 방세 못 내는 게 두려웠고, 먹을 게 부족한 것이 두려웠습니다. 또 건강이 나빠지고 병원에 갈 돈이 없는 게 두려웠습니다. 자살을 감행하지 못하게 만든 건 그저 제 언니가 겪을 마음의 고통과 제 장례비 치를 돈도 없다는 생각뿐이었지요.

그러던 어느 날 한 신문기사를 읽게 되었습니다. 그리고 그것이 제가 울적한 기분을 떨쳐내고 다시 살아갈 용기를 갖게 해주었지요. 그때 제 가슴을 때린 그 기사 속의 감동적인 한 문장에 대한 고마움은 죽어도 잊지 못할 겁니다. 바로 '현명한 사람에게는 매일 매일이 새로운 삶이다.' 라는 구절이었지요. 저는 그 문장을 타이핑해서 운전하면서 수시로 볼 수 있도록 자동차 앞 유리에 붙였습니다. 그리고 한 번에 하루씩만 사는 일은 그리 힘들지 않다는 것을 알게 됐지요. 또 어제를 잊고 내일을 생각하지 않는 법을 배웠습니다. 매일 아침 저는 스스로에게 말했습니다. "오늘은 새로운 삶이다."

저는 고독과 가난의 두려움을 극복하는데 성공했습니다. 지금은 행복하고 제법 성공도 했으며 삶에 대한 많은 열정과 사랑을 느낍니다. 이제 인생이 내게 무엇을 던져주든 두 번 다시 두려움에 떠는 일은 결코 없을 겁니다. 이제는 미래를 두려워할 필요가 없고 한 번에 하루씩만 살 수 있으며 '현명한 사람에게는 매일 매일이 새로운 삶' 이라는 사실을 알고 있으니까요.

아래의 시를 읽어보라. 누가 썼을 것 같은가?

행복하다, 그는 홀로여도 행복하다.
오늘을 자신의 것이라 외칠 수 있는 사람,
자신 있게 이렇게 말할 수 있는 사람,
"내일이여, 최악을 행하라. 나는 오늘을 살 것이니."

꽤 현대적으로 들린다. 그렇지 않은가? 하지만 이 시는 예수가 태어나기 30년 전에 로마 시인 호라티우스가 지은 것이다.

인간성에 대해 내가 알고 있는 가장 비극적인 사실 중 하나는 우리가 삶을 미루는 경향이 있다는 것이다. 우리는 오늘 우리 집 창 밖에 피어 있는 장미를 즐기는 대신 저 지평선 너머에 존재하는 어떤 마법의 장미 정원을 꿈꾸고 있다. 인간은 왜 이렇게 미련한 것일까? 왜 이토록 비극적으로 어리석은 것일까?

여기 스티븐 리콕의 글을 옮겨본다.

우리의 짧디짧은 인생행로는 참 이상도 하다! 어린아이는 '내가 이담에 큰 아이가 되면'이라고 말한다. 하지만 이게 무슨 소리인가? 이제 큰 아이가 된 그 애는 다시 '내가 성인이 되면'이라 말하고, 또 성인이 되고 나서는 '나중에 결혼하면'이라고 말한다. 그럼 결혼하고 나면 그 다음엔 또 뭘까? 이제 '내가 은퇴하면'으로 바뀐다. 그리고 드디어 은퇴하고 나면 지나온 길을 되돌아본다. 그 위로는 그저 찬바람만 휘몰아치는 듯하다. 그는 모든 걸 놓쳤고 인생은 가버렸다. 우리는 너무 늦게 배운다. 인생은 순간순간의 삶 속에 있다는 것을, 연속되는 매일, 매 시간 속에 있다는 것을.

여러분은 《거울나라의 앨리스》에서 하얀 여왕(White Queen)이 앨리스에게 한 말을 기억할 것이다. "규칙은 내일도 잼이 있고 어제도 잼이 있지만 오늘은 절대 잼이 없다는 것이지." 사람들은 대개 이와 같다. 지금 당장 빵에 오늘의 잼을 두껍게 바르는 대신 어제의 잼에 대해 안달하고 내일의 잼을 걱정한다.

심지어 유명한 프랑스 철학자 몽테뉴도 이런 실수를 저질렀다. 그는 "내 인생은 대부분 결코 일어나지 않은 끔찍한 불행들로 가득한 삶이었다."고 탄식했다. 내 삶도 그렇고 여러분의 삶도 그렇다.

단테도 "오늘은 결코 다시 시작되지 않는다는 사실을 기억하라."고 말했다. 인생은 말 그대로 살같이 흐른다. 우리는 초속 19마일의 속도로 우주 공간을 질주하고 있다. 오늘이야말로 우리의 가장 소중한 재산이며, 유일하게 확실한 재산이다.

이것이 로웰 토마스의 철학이기도 하다. 최근에 나는 그의 농장에서 주말을 보낸 적이 있는데, 그는 《성경》의 시편 118편에 나오는 다음 구절을 액자에 넣어 그의 방송 스튜디오의 벽에 걸어놓고는 자주 쳐다보곤 했다.

이 날은 여호와께서 정하신 것이라.

이 날에 우리가 기뻐하고 즐거워하리로다.

존 러스킨은 책상 위에 '오늘'이라는 한 마디를 새겨 넣은 작은 돌멩이를 놓아두고 있었다. 나는 책상 위에 돌멩이는 없지만 매일 아침 면도할 때마다 볼 수 있도록 거울에 시 한 편을 붙여두고 있다. 그것은 인도의 유명한 극작가 칼리다사가 지은 것으로, 늘 윌리엄 오슬러 경의 책상 위를 장식했던 시이기도 하다.

새벽에 바치는 인사

오늘을 잘 살아라!
오늘이 바로 삶이며, 삶 중의 삶이니.
이 짧은 시간 속에 들어 있도다.
네 존재의 진실과 실체가,
성장의 축복이
행동의 영광이
찬란한 아름다움이.
어제는 한낱 꿈일 뿐이고
내일 또한 환영에 불과하니,
오늘을 잘 살아낸 자에게
어제는 행복한 꿈이 되고,

내일은 희망 가득한 미래가 되리라.
그러니 오늘을 잘 살아라.
이것이 새벽에 바치는 인사이다.

그러므로 걱정에 대해 알아야 할 가장 중요한 사실은
이것이다. 만약 여러분의 인생에서 걱정을 차단하고 싶
다면, 다음처럼 윌리엄 오슬러 경의 방식을 따르라.

걱정에 대해 알아야 할 기본적인 사실 1

**과거와 미래에 철문을 닫아걸고 오늘에 충실한 삶
을 살아라.**

스스로에게 다음의 질문을 던지고 답을 적어보라.

1. 미래에 대한 걱정 때문에 현재의 삶을 미루거나
   '지평선 너머에 존재하는 마법의 장미 정원'을 고
   대하는 경향이 있는가?
2. 이미 지나가버린 과거에 대한 회한 때문에 현재를
   홀대하는가?
3. 아침에 일어나면 오늘을 즐기고 이 24시간을 최대
   한 이용하겠다며 마음을 다잡는가?

4. 오늘에 집중함으로써 인생에서 더 많은 것을 건져낼 수 있겠는가?

5. 언제부터 이런 삶을 시작할 수 있겠는가? 다음 주? 내일? 아니면 오늘?

2 걱정스런 상황을 해결하기 위한
마법의 공식

책의 진도를 더 나가기 전에 걱정스런 상황을 처리하기 위한 빠르고도 확실한, 지금 당장 활용할 수 있는 방법을 알고 싶은가?

그렇다면 윌리스 H. 캐리어가 이용한 방법을 소개하겠다. 캐리어는 냉난방 산업을 개척한 유능한 엔지니어이자 현재는 뉴욕 주 시러큐스에 소재한 세계적으로 유명한 캐리어 코퍼레이션의 사장이다. 이것은 내가 아는 한 걱정의 문제를 해결하는 가장 좋은 방법 중 하나다. 나는 그 방법을 뉴욕의 엔지니어스 클럽에서 캐리어 씨와 점심을 먹던 어느 날 그로부터 직접 전해 들었다. 직접 그의 말을 들어보자.

젊은 시절 저는 뉴욕 주 버펄로에 위치한 버펄로 포지 컴퍼니에서 일하고 있었습니다. 그때 미주리 주 크리스털 시에 있는 피츠버그 플레이트 글라스 컴퍼니의 한 공장에 가스 정화장치를 설치하라는 임무를 부여받았지요. 그건 수백만 달러가 투입된 공장이었습니다. 이 설치의 목적은 가스에서 불순물을 제거하여 엔진에 손상을 주지 않고 태울 수 있게 하는 것이었습니다. 이런 식의 가스 정화 방식은 새로운 것이었지요. 그것은 그 전에 다른 조건에서 딱 한 번 시도된 적이 있었습니다. 그래서 크리스털 시에서의 작업에는 예상치 못한 어려움이 발생했습니다. 어느 정도 작동은 했는데, 우리가 보장했던 수준에는 미치지 못했던 겁니다. 설치 작업이 실패하자 하늘이 노래지더군요. 마치 누구한테 된통 머리를 한 대 얻어맞은 기분이었습니다. 뱃속의 내장이 꼬이고 뒤틀리기 시작했습니다. 얼마 동안은 심한 걱정에 잠도 잘 수 없었지요.

마침내 냉정을 회복하고는 걱정해 봤자 아무 소용도 없다는 상식적인 생각을 하게 되었죠. 그래서 걱정하지 않고 문제를 처리할 수 있는 방법을 궁리해 냈고, 그 효과가 아주 훌륭했습니다. 저는 이 걱정 퇴치 방법을 30년 넘게 애용하고 있습니다. 방법은 간단합니다. 누구나 할 수 있죠. 3단계로 구성되어 있습니다.

제1단계 저는 상황을 두려움 없이 냉정하게 분석하고 이 실패의 결과로 일어날 수 있는 최악의 상황은 무엇일까를 생각했습니다. 실패한다 해도 저를 감옥에 보내거나 제게 총을 쏠 사람은 아무도 없었죠. 그건 확실했습

니다. 물론 제가 일자리를 잃거나, 회사가 그 기계들을
포기하고 우리가 투자한 2만 달러를 그냥 날려버릴 가
능성은 있었습니다.

제2단계 발생 가능한 최악의 상황을 생각해 낸 후에
필요하다면 그것을 수용하겠다고 마음먹었습니다. 저는
생각했죠. '이번 실패는 내 경력에 오점이 되어 아마 일
자리를 잃게 될지도 모르지. 하지만 그래도 언제든 다른
데 취직할 수 있어. 상황은 훨씬 나빠질 수도 있을 거야.
한편 내 고용주는 우리가 새로운 가스 정화 방법을 실험
하고 있다는 사실을 알고 있어. 혹시 이 경험에 대한 수
업료 격으로 2만 달러를 날리게 된다 해도 그 정도는 감
당할 수 있을 거야. 이차피 실험이었으니까 그 비용을
연구비로 처리할 수도 있겠지.'

일어날 수 있는 최악의 상황을 찾아내고 필요하다면
그것을 수용하기로 마음먹은 후 굉장히 중요한 일이 일
어났습니다. 저는 즉시 마음이 느긋해졌고 한동안 경험
하지 못했던 평화를 느꼈지요.

제3단계 그때부터는 차분하게 제가 이미 마음으로 수
용한 최악의 상황을 개선하는 일에 시간과 에너지를 집
중시켰습니다.

이제 그 2만 달러의 손실을 최소화할 방법과 수단을
강구한 것이지요. 저는 몇 차례 실험을 했고 마침내 추

가 장비에 5천 달러만 더 투입하면 문제를 해결할 수 있다는 사실을 알아냈습니다. 그래서 우리는 그렇게 했고, 회사는 2만 달러를 손해 보기는커녕 오히려 1만 5천 달러의 이익을 남겼습니다. 만약 제가 계속 걱정만 하고 있었다면 아마 이런 성과를 낼 수 없었을 겁니다. 걱정의 가장 나쁜 특성 중 하나가 집중 능력을 파괴하는 것이니까요. 걱정을 하게 될 때 마음은 갈피를 못 잡고 이리저리 방황하지요. 그래서 모든 결정 능력을 잃게 됩니다. 하지만 마음을 다잡고 최악의 상황과 대면하고 그것을 마음으로 수용한다면, 우리는 온갖 애매한 상상을 쓸어내고 문제에 집중할 수 있는 상황으로 복귀하게 됩니다.

제가 말씀드린 이 사건은 오래전 일이었지만 그 방법은 효과가 매우 좋아 그 이후로 계속 사용해 왔지요. 그 덕에 저는 걱정으로부터 거의 완전히 자유로운 삶을 살았습니다.

심리적인 측면에서 윌리스 H. 캐리어가 개발한 마법의 공식이 그토록 대단하고 실용적인 이유는 무엇일까? 그것은 그 방법이 우리가 걱정에 눈이 멀어 갈피를 못 잡고 우왕좌왕할 때 우리를 뒤덮고 있는 그 거대한 회색구름을 마술처럼 휙 쓸어가 버리기 때문이다. 그것은 우리의 두 발이 땅을 딛고 그 위에 굳건히 설 수 있게 해준다. 우리는 자신이 어디에 서 있는지 알 수 있다. 만약 단단한 대지가 우리의 발밑을 받쳐주지 않으면, 어떤 문제든 철저히 생각한다는 것이 도대체 가능할 수 있겠는가?

응용심리학의 아버지로 통하는 윌리엄 제임스 교수가 세상을 떠난 지도 어언 38년이 지났다. 하지만 그가 오늘 살아서 최악의 상황에 대처하는 캐리어의 공식을 듣는다면 그에 전적으로 동의할 것이다. 그걸 어떻게 아느냐고? 그가 직접 자기 학생들에게 이렇게 말했기 때문이다. "기꺼이 사실을 인정하라. …… 기꺼이 사실을 인정하라. …… 일어난 일을 받아들이는 것이 모든 불행의 결과를 극복하는 첫 걸음이기 때문이다."

중국의 작가 린위탕[林語堂]도 자신의 인기저작 《생활의 발견》에서 같은 주제를 토로했다. "진정한 마음의 평화는 최악의 상황을 받아들이는 데서 온다. 심리적인 측면에서 그것은 에너지의 해방을 의미하는 것과 같다."

바로 그렇다. 심리적으로 그것은 새로운 에너지의 해방을 의미한다. 최악을 받아들이면 더 이상 잃을 게 하나도 없게 된다. 그리고 그것은 자동적으로 얻을 것은 거의 무한해진다는 의미가 된다. 다시 캐리어의 말을 들어보자. "최악의 상황과 대면한 후에 저는 즉시 긴장이 풀렸고 한동안 경험하지 못했던 평화를 느꼈습니다. 그때부터 저는 생각할 수 있었죠."

말 된다. 그렇지 않은가? 하지만 무수한 사람들이 분노와 혼란에 휩싸여 스스로의 삶을 황폐화시켰다. 그것은 그들이 최악을 수용하려 하지 않았기 때문이고, 그 상황을 개선하려 하지 않았기 때문이며, 그 반신칭이 속에서 구해낼 수 있는 것을 구하려 하지 않았기 때문이다. 그들은 자신의 운명을 재건하려 하는 대신 경험과의 격렬하고도 폭력적인 싸움에 휘말려 결국은 우울증의 희생자로 전락하고 만 것이다.

캐리어의 마법의 공식을 받아들여 그것을 자신의 문제에 적용한 다른 사람의 사례를 알고 싶은가? 여기 뉴욕에 사는 석유판매업자이자 내 강좌의 학생이기도 했던 한 사람의 예를 소개한다. 직접 그의 말을 들어보자.

저는 협박을 당하고 있었습니다. 그런 일은 영화에서나 가능하다고 생각했었는데, 실제로 제가 그런 일을 당했던 것이죠. 일은 이렇게 된 겁니다. 제가 대표로 있던 석유회사에는 배달 트럭과 기사들이 많았습니다. 당시에는 물가관리국의 규제가 엄했기 때문에 우리는 고객에게 배달할 수 있는 석유의 양을 제한받았지요. 그런데 우리 기사들 일부가 우리의 단골고객에게 기름을 적게 배달하고 남는 분량을 자기 고객들에게 되팔아왔던 모양입니다. 전 그걸 몰랐어요.

제가 처음으로 불법거래를 눈치 채게 된 것은 어느 날 정부 조사관이라는 사람이 찾아와 입막음용 뇌물을 요구했을 때였습니다. 그는 우리 기사들이 해온 일을 증명하는 서류를 내밀며, 만약 돈을 주지 않으면 그 증거서류를 지방검찰에 넘기겠다고 으름장을 놓았지요.

물론 저는 걱정할 게 전혀 없다는 사실을 알고 있었습니다. 최소한 개인적으로는요. 하지만 법률적으로 기업은 종업원의 행동에 대한 책임으로부터 자유로울 수 없다는 사실도 알고 있었습니다. 더욱이 만약 사건을 법정까지 끌고 가면 신문에도 보도될 테고, 그러면 회사 이미지도 나빠지고 결국 제 사업이 치명타를 맞을 수도 있었습니다. 저는 제 사업에 대해 자부심을 갖고 있었어요. 그것은 제 아버님이 24년 전에 처음 시작하신 사업이었지요.

저는 심한 걱정에 병까지 났습니다. 사흘 밤낮을 먹지도 자지도 못했죠. 저는 미친 사람처럼 뱅뱅 돌며 고민했습니다. 그냥 5천 달러를 줘야 하나, 아니면 이 사람에게 그냥 해볼 테면 해보라고 해야 하나? 어느 쪽으로든 결정을 하려고 했지만, 결과는 악몽일 뿐이었어요.

그러던 중 어느 일요일 밤에 저는 뜻하지 않게 전에 카네기 대중연설 강좌에서 받은 《행복의 비결》이라는 소책자를 집어 들게 되었고, 읽기 시작했지요. 곧 윌리스 H. 캐리어 씨 이야기를 듣게 되었습니다. 거기서 '최악의 상황과 대면하라.'고 말하더군요. 그래서 저 자신에게 물었습니다. '만약 내기 끝까지 버티며 돈을 안 주고 그 사람들이 증거 기록을 지방검사에게 넘길 경우 발생할 수 있는 최악의 상황은 어떤 것일까?'

그에 대한 답은 이랬습니다. '내 회사가 망한다. 이것이 일어날 수 있는 최악의 상황이다. 내가 감옥에 갈 리는 없다. 그저 회사 이미지에 대한 타격으로 사업이 거덜 날 수도 있다는 것이다.'

그리고 저는 생각했습니다. '좋다, 사업이 망한다. 일단 그걸 수용하기로 하자. 그럼 그 다음엔?' 회사가 망하면 아마 다른 일자리를 알아봐야겠지요. 그건 괜찮았습니다. 저는 석유에 대해선 제법 일가견이 있었으니까 저를 기꺼이 채용할 회사들도 몇 군데 있을 거라고 생각하니 기분이 좀 나아지기 시작했습니다. 꼬박 사흘 밤낮제 목을 조였던 심한 공포감도 조금씩 잦아들기 시작했지요. 감정도 진정되었고요……. 그러자 놀랍게도 생각을 할 수 있게 되더군요.

저는 3단계―최악의 상황을 개선하라―를 시도할 정

도로 머리가 맑아졌습니다. 해결책을 생각할 때 완전히 새로운 각도에서 상황을 바라보게 되더군요. 만약 변호사에게 모든 상황을 털어놓으면 제가 미처 생각하지 못했던 해법을 찾아줄지도 모른다는 생각이 들었습니다. 어떻게 그 전에는 그런 생각을 못 했느냐고 의아해하시겠지만, 저는 사실 생각을 하지 않았습니다. 그저 걱정만 했을 뿐이지요. 저는 다음 날 아침에 일어나면 먼저 변호사부터 만나봐야겠다고 결심했습니다. 그리고는 침대에 몸을 던지고 늘어지게 잠을 잤습니다.

결말이 어찌되었을까요? 다음 날 아침 변호사는 제게 지방검사를 찾아가 모든 사실을 그대로 고하라고 말했습니다. 저는 시키는 대로 했습니다. 그런데 놀랍게도 그 검사는 이런 공갈협박으로 돈을 갈취하는 행위가 몇 달간 계속되어 왔으며, '정부조사관'이라는 사람은 사실 정부가 수배 중인 사기꾼이라는 말을 해주더군요. 이 전문 사기범에게 5천 달러를 주느냐 마느냐를 놓고 사흘 밤낮을 끙끙대며 마음고생이 심했는데 이런 얘기를 들으니 적이 안심이 되면서도 참 허탈했지요.

이 경험은 제게 귀중한 가르침을 주었습니다. 이제는 저를 걱정시킬 것 같은 어떤 절박한 문제가 생길 때마다 이른바 '윌리스 H. 캐리어 공식'을 사용합니다.

윌리스 H. 캐리어가 고생 좀 했을 거라고 생각한다면, 잠깐 기다려라. 여러분은 아직 진짜 고생이 뭔지 그 근처에도 못 간 것이다. 다음은 매사추세츠 주 윈체스터 위지미어 애비뉴 52번지에 사는 얼 P. 헤이니의 이야기이다. 헤이니는 보스턴에 있는 스타틀러 호텔에서 1948년 11월 17일에 내게 직접 이 이야기를 들려주었다.

20대에 저는 마음고생을 너무 심하게 하는 바람에 궤양에게 위벽을 뜯어 먹힐 정도였습니다. 어느 날 밤 저는 지독한 설사로 시카고의 노스웨스턴 의대와 제휴가 되어 있는 병원에 실려갔습니다. 체중은 80킬로그램에서 40킬로그램으로 반이나 줄었고, 증상이 너무 심각해서 손도 들어 올려서는 안 된다는 경고를 받았지요. 유명한 궤양 전문의가 포함된 세 명의 의사는 제 병이 '치료 불가능'하다고 진단했습니다. 저는 매 시간마다 알칼리성 분말과 함께 우유와 크림을 반반씩 섞은 걸 한 수저씩만 먹었습니다. 간호사는 매일 밤과 아침에 제 위 속에 고무 튜브를 넣어서 내용물을 빼냈지요.

이런 생활이 몇 달간 계속되었습니다. ……마침내 저는 저 자신에게 말했죠. '이봐, 얼 헤이니. 이제 기다릴 게 죽음밖에 없다면 얼마 남지 않은 시간이나마 최대한 즐겁게 사는 게 좋지 않을까? 넌 항상 죽기 전에 세계 일

주를 하고 싶어 했지. 그러니까 그걸 해야 한다면 지금밖에 시간이 없을 거야.'

그래서 의사들에게 제가 세계를 여행하면서 직접 하루에 두 번씩 위청소를 하겠다고 말했습니다. 물론 그들은 질겁했지요. 절대 불가능하다는 겁니다. 그분들도 이런 일은 듣지도 보지도 못 했으니까요. 그들은 만약 제가 여행길에 나서면 바다에 묻히게 될 거라고 경고했습니다. 제가 대답했죠. "아뇨. 그렇지 않을 겁니다. 저는 친척들에게 네브래스카 주 브로큰보에 있는 가족묘지에 묻힐 거라고 약속했습니다. 그래서 관도 같이 가져갈 겁니다."

그래서 저는 관을 구해서 배에 실었고, 어객선 회사와는 만약 제가 죽을 경우 배가 고향에 돌아올 때까지 시신을 냉동칸에 보관한다는 내용의 계약을 맺었습니다. 드디어 저는 페르시아의 시인 오마르 하이얌이 다음의 시에서 표현한 기분을 느끼며 여행길에 올랐습니다.

아직 쓸 것이 남았는가? 지금 몽땅 써버려라.
우리 역시 한 줌 흙으로 부서지기 전에,
흙에서 흙으로 부서져 그 흙 밑에 눕기 전에,
술도 없이, 노래도 없이, 가수도 없이, 그리고 끝도 없이!

드디어 로스앤젤레스에서 S. S. 프레지던트 애덤스 호에 몸을 싣고 동양을 향해 길을 떠나는 순간, 저는 기분이 좋아졌습니다. 차츰 알칼리성 분말과 위세척 펌프를 멀리하기 시작했지요. 그리곤 곧 온갖 음식을 먹어댔습니다. 심지어 먹으면 틀림없이 죽을 거라던, 뭔지 모를 것들을 뒤섞은 이상한 보착 음식과 혼합 음료들도 입에 댔습니다. 이렇게 몇 주가 지난 후 저는 검정색의 긴 시가도 뻐끔댔고 위스키에 소다수와 얼음을 섞은 하이볼을 홀짝대기도 했지요. 살면서 그렇게 즐거웠던 적은 없었어요. 계절풍과 태풍을 만나기도 했는데, 예전 같으면 두려움 때문만으로도 죽을 지경이었겠지만, 그때는 오히려 이 모든 모험을 한껏 즐기고 있었습니다.

저는 배 위에서 게임을 하고 노래도 부르고 친구도 사귀면서 거의 밤늦도록 놀았습니다. 제가 고국에서 겪었던 사업상의 문제들은 중국과 인도에 도착했을 때 그곳에서 목격한 가난과 굶주림에 비하면 천국이라는 사실을 깨달았지요. 저는 온갖 바보 같은 걱정에 대해 정지 신호를 보냈고 이내 마음이 편안해졌습니다. 미국에 돌아왔을 때는 체중이 40킬로그램이나 불어나 있었지요. 저는 다시 일을 시작했고, 이후로 단 하루도 아파본 적이 없습니다.

얼 P. 헤이니는 자신이 무의식적으로 월리스 H. 캐리어가 걱정을 정복한 것과 똑같은 방법을 사용했던 것 같다고 내게 말했다. 다시 그의 말이 이어진다.

첫째, 저는 저 자신에게 물었습니다. '일어날 수 있는 최악의 상황은 무엇인가?' 그에 대한 답은 죽음이었죠.
둘째, 저는 죽음을 수용할 준비를 했습니다. 그래야만 했지요. 선택의 여지가 없었으니까요. 제 병은 희망이 없다는 것이 의사들의 판단이었거든요.
셋째, 저는 남아 있는 얼마 안 되는 시간이나마 최대한 생을 즐기는 방법으로 상황을 개선하려 했습니다. ……만약 제가 배에 탄 후에도 계속 걱정이나 하고 있었다면, 귀국길에는 틀림없이 관 속에 누워 있었을 겁니다. 하지만 저는 긴장을 풀고 마음을 편하게 먹었지요. 모든 근심걱정을 내려놓았습니다. 이런 마음의 평정이 새로운 에너지를 샘솟게 했고, 이것이 제 생명을 구한 것입니다.

그러므로 만약 걱정되는 문제가 있다면 다음 세 가지를 실천함으로써 월리스 H. 캐리어의 마법의 공식을 적용하라.

1. 스스로에게 물어라. '내게 일어날 수 있는 최악의 상황은 무엇인가?'
2. 피할 수 없을 경우 그것을 수용할 준비를 하라.
3. 그 뒤에 치분히 그 최악의 상황을 개선하는 일에 나서라.

3 걱정이 미치는 효과

얼마 전 어느 날 저녁, 한 이웃이 우리 집 초인종을 누르더니 나와 가족에게 천연두 예방접종을 받으라고 권했다. 그는 단지 뉴욕시 곳곳에서 초인종을 눌러대는 수천 명의 자원봉사자 중 한 사람에 불과했다. 겁에 질린 사람들이 주사를 맞기 위해 몇 시간이나 줄을 서서 기다렸고 모든 병원은 물론 소방서, 경찰서, 심지어는 대형 공장에까지 예방 접종소가 마련되었다. 2천여 명이 넘는 의사와 간호사들이 밤낮 없이 일하며 사람들의 몸에 주삿바늘을 꽂아댔다. 이 모든 소란의 원인은 무엇이었을까? 뉴욕 시민 여덟 명이 천연두에 걸렸고 그중 두 명이 사망한 일이 있었다. 거의 800만 인구 중에서 두 사람이 목숨을 잃은 것이다.

그런데 지금까지 나는 37년 넘게 뉴욕에서 살았지만,

아무도 우리 집 초인종을 눌러 걱정이라는 감정의 질병에 대해 경고해 준 사람은 없었다. 이것이 지난 37년간 인간에게 천연두보다 만 배 이상 피해를 입힌 병인데도 말이다. 지금 미국에 살고 있는 열 사람 중 한 명은 대부분 걱정과 감정적 갈등이 원인인 신경쇠약의 희생자가 되리라고 경고해 준 사람은 아무도 없었다. 그래서 나는 지금 여러분의 집 초인종을 누르고 경고의 말을 전하기 위해 이 장을 쓰고 있다.

노벨의학상을 수상한 알렉시 카렐 박사는 "걱정을 다스릴 줄 모르는 사업가는 일찍 죽는다."고 말했다. 이는 사업가뿐만 아니라 가정주부, 수의사, 벽돌공의 경우도 다 마찬가지이다.

몇 년 전, 나는 O. F. 고버 박사와 함께 자동차를 타고 텍사스와 뉴멕시코 지역을 돌아다니며 휴가를 보낸 적이 있다. 고버 박사는 산타페 철도회사의 보건 담당 간부였는데, 그의 정확한 직함은 걸프, 콜로라도 앤 산타페 병원협회 수석 내과의였다. 대화의 주제가 걱정의 영향에 대한 것에 이르자 그는 내과의를 찾아오는 전체 환자들 중 70퍼센트는 두려움과 걱정만 떨쳐내면 건강을 회복할 수 있는 사람들이라고 말했다. 그의 말을 옮겨본다.

그들의 병이 상상병이라는 의미는 아닙니다. 그들의 병은 지끈거리는 치통만큼이나 실제적이며 때로는 그보다 백 배 이상 심각하기도 합니다. 그것은 가령 신경성 소화불량, 특정 종류의 위궤양, 심장 이상, 불면증, 특정 종류의 두통, 그리고 특정 유형의 마비로 분류할 수 있는 것들이지요.

이 병들은 진짜 몸에서 증상이 느껴지는 병들입니다. 전 제가 무슨 말을 하는지 알고 말하는 겁니다. 저 자신이 12년 동안 위궤양으로 고생한 적이 있으니까요.

두려움은 걱정을 일으키고, 걱정은 사람을 긴장시키고 불안하게 함으로써 위의 신경에 영향을 주어 실제로 위의 소화액을 정상적인 것에서 비정상적인 것으로 변화시키는데, 위궤양은 바로 이 때문에 생기는 경우가 많습니다.

《신경성 위 질환》이라는 책의 저자인 조셉 F. 몬태규 박사도 거의 같은 이야기를 한다. "위궤양은 우리가 먹는 것 때문이 아니라, 우리를 먹어대고 있는 것 때문에 걸린다."

메이오 클리닉의 W. C. 앨버레즈 박사도 "궤양은 흔히 감정적 스트레스의 강도에 따라 심해졌다 약해졌다 한다."고 말했다. 이 말은 메이오 클리닉에서 위 질환으

로 치료를 받은 환자 1만 5천 명을 대상으로 한 연구에
근거한 것이다. 환자 다섯 명 중 네 명은 신체적으로는
위 질환에 걸릴 이유가 전혀 없었다. 위 질환과 위궤양
의 원인은 주로 두려움, 걱정, 증오, 극도의 이기심, 현
실 적응 능력 부족 등이었다. 위궤양은 우리의 목숨까
지 앗아갈 수 있다. <라이프> 지에 따르면, 현재 위궤
양은 치명적 질병 목록에서 10위에 올라 있다.

　최근에 나는 메이오 클리닉의 해럴드 C. 하베인 박사
와 편지를 주고받은 적이 있다. 그는 전미산업보건의협
회 연례총회에서 평균 연령 44.3세의 기업체 간부 176
명을 대상으로 한 연구 결과를 소개하는 논문을 발표했
다. 그 연구에 따르면, 이들 중 3분의 1이 약간 넘는 사
람들이 고도로 긴장된 생활이 주요 원인인 세 가지 질
환 - 심장병, 소화기관 궤양, 고혈압 - 중 하나에 걸려
있었다. 생각해 보라. 기업체 임원들 중 3분의 1이 45세
가 되기도 전에 심장병, 궤양, 그리고 고혈압으로 몸을
결딴내고 있는 것이다. 성공에 대한 대가치고는 너무
비싸지 않은가? 게다가 그들은 성공했다고 보기도 뭣하
다. 사업적 성공에 대한 대가를 위궤양과 심장 질환으
로 치르는 사람을 성공했다고 말할 수 있을까? 온 세상
을 얻고도 건강을 잃는다면 그게 다 무슨 소용인가? 세

상을 다 가진 사람도 잠은 한 번에 한 침대에서만 자고 식사도 하루에 세 끼밖에는 먹지 못한다. 날품팔이 노동자도 이 정도는 한다. 그는 아마 돈 많고 지위도 높은 회사 중역보다 더 푹 자고 밥도 더 맛있게 먹을 것이다. 솔직히 나라면 철도회사나 담배회사를 경영하다가 나이 마흔다섯에 병으로 골골대느니 차라리 앨라배마의 어느 시골구석에서 밴조나 뜯으며 그렁저렁 속편하게 사는 농사꾼이 되겠다.

담배 이야기가 나왔으니 말인데, 세계에서 가장 유명한 담배회사 사장이 최근에 캐나다의 어느 숲속에서 휴식을 취하며 기분을 전환하다가 신장마비로 덜컥 목숨을 잃었다. 그는 수백만 달러의 재산가였지만, 61세에 갑자기 불귀의 객이 된 것이다. 그는 아마 그 '사업적 성공'이라는 것과 자신의 온전한 수명을 맞바꾼 것인지도 모른다. 그 많은 재산을 지녔던 이 담배회사 사장님도, 89세에 미주리의 농부로 돈 한 푼 안 남기고 돌아가신 내 아버지에 비하면 절반의 성공도 거두지 못했다는 것이 내 생각이다.

유명한 메이오 형제는 이 나라 병원 침상의 절반 이상을 신경 질환 환자들이 채우고 있다고 지적했다. 하지만 부검을 통해 고성능 현미경으로 이 사람들의 신경을 들여다보았을 때, 대부분의 경우 그들은 분명 세계 헤비급 챔피언 잭 뎀프시의 신경만큼이나 건강했다. 그들의 신경 질환은 신경이 물리적으로 쇠약해져서가 아니라 허무감, 좌절감, 불안, 걱정, 두려움, 패배감, 절망감 등의 감정적 요인에 의해 유발된 것이었다. 플라톤이 말했다. "의사들이 저지르는 가장 큰 잘못은 마음을 치료하지 않고 몸을 치료하려는 것이다. 마음과 몸은 하나이므로 그들을 별개로 다루어서는 안 된다."

의학은 이 위대한 진리를 이해하는데 2,300년이 걸렸다. 우리는 이제야 마음과 몸을 함께 치료하는 의학인 정신신체의학이라는 새로운 종류의 의학에 눈을 뜨기 시작하고 있다. 지금은 이런 현상이 일어나기에 꼭 알맞은 때이다. 의학은 물리적인 세균이 원인이 되는 끔찍한 질병들, 즉 무수한 사람들에게 때 이른 죽음을 안긴 천연두, 콜레라, 황열병, 그리고 수십 가지의 각종 질병들을 대부분 완전히 박멸했기 때문이다. 그러나 의학은 세균이 아니라 걱정, 두려움, 증오심, 좌절감, 그리고 절망감이 야기하는 정신적 육체적 질환에는 제대로 대처하지 못했다. 이런 감정적 질병의 희생자가 거의 재앙의 수준이라 할 수 있을 정도로 빠르게 증가 및 확산되고 있다.

의사들이 말하길, 현재 살아 있는 미국인 20명 중 한 명은 생애의 일정 시기를 정신병 치료 기관에서 보낼 것으로 내다본다. 제2차 세계대전 중에 징집된 청년 여섯 명 중 한 명은 정신적인 질환이나 문제 때문에 입대를 거부당했다.

정신병을 일으키는 원인은 무엇일까? 아무도 그 원인을 다 알지는 못한다. 그러나 두려움과 걱정이 주된 요인일 가능성이 매우 높다. 가혹한 현실세계에 잘 적응하지 못해 불안하고 초조해하는 사람들은 주변 환경과의 모든 접촉을 차단하고 자신이 만든 은밀한 꿈의 세계로 칩거하며, 이를 통해 자신의 걱정 문제를 해결한다.

지금 내 책상 위에는 에드워드 포돌스키 박사가 지은 《걱정을 멈추면 병이 낫는다》라는 책이 놓여 있다. 이 책의 장 제목 몇 가지를 소개한다.

걱정이 심장에 미치는 영향
걱정을 먹고 사는 고혈압
걱정하면 류머티즘에 걸린다
위를 위해서는 걱정을 줄여라
걱정하면 감기에 걸린다
걱정과 갑상선
걱정과 당뇨병

걱정의 실체를 드러내주는 또 다른 책은 칼 메닝거 박사가 지은 《내 안의 적》이다. 메닝거 박사의 책은 걱정을 피하는 법에 대한 어떤 규칙을 제시하지는 않지만 불안, 좌절, 증오, 분노, 반감, 두려움 등이 어떻게 우리의 몸과 마음을 파괴할 수 있는지에 대한 놀라운 사실들을 알려준다.

걱정은 신경이 가장 무딘 사람조차도 병의 올무에 걸려들게 한다. 그랜트 장군은 남북전쟁이 끝나갈 무렵 이 사실을 절감했다. 그는 리치몬드를 9개월째 포위하고 있었다. 헐벗고 굶주린 리 장군의 군대가 패배한 형국이었다. 전체 연대가 한꺼번에 탈영을 하기도 했다. 다른 병사들은 자기 텐트에서 기도회를 열고 소리를 지르고 울거나 환상을 보기도 했다. 상황은 종점을 향해 치닫고 있었다. 리 장군의 병사들은 리치몬드에 있는 목화와 담배 창고에 불을 지르고 무기고를 태우고는 하늘 높이 어둠을 뚫고 솟구치는 불길을 뒤로한 채 도시를 빠져나갔다. 그랜트는 맹추격을 하며 남군의 양 측면과 뒤에서 총질을 해댔고, 세리든의 기병대는 앞쪽에서 그들의 도주로를 차단한 채 철로를 뜯어내고 보급품을 실은 기차를 탈취했다. 극심한 두통으로 거의 눈을 뜰 수가 없었던 그랜트는 자신의 부대보다 뒤처진 채

한 농가에 머물렀다. 그의 회고록은 당시 상황을 이렇게 기록했다. "나는 겨자를 탄 뜨거운 물에 발을 담근 채 밤을 보냈으며 손목과 목 뒤에 겨자로 만든 반죽을 붙인 후 아침이면 고통이 사라져주기를 기대했다."

다음 날 아침, 그의 두통은 즉시 사라졌다. 그런데 그를 낫게 한 것은 겨자반죽이 아니라 말을 탄 병사가 들고 달려온 리 장군의 항복 편지였다.

그랜트의 글이 이어진다. "장교가 편지를 들고 내 앞에 도착했을 때도 나는 여전히 머리가 터질 듯 아팠다. 그러나 그 내용을 확인하는 순간 두통은 씻은 듯 사라졌다."

그랜트를 아프게 한 것은 분명 걱정, 긴장, 그리고 감정이었던 것이다. 그의 감정이 자신감, 성취감, 승리의 색조로 옷을 갈아입은 순간 그는 즉시 치유되었다.

그로부터 70년 뒤, 프랭클린 D. 루스벨트 내각에서 재무장관으로 재직 중이던 헨리 모건도 2세도 걱정은 현기증이 느껴질 정도로 그를 병들게 할 수 있다는 사실을 실감했다. 그는 자신의 일기에 대통령이 호밀 가격을 끌어올리기 위해 하루에 440만 부셀이나 매입한 것을 몹시 걱정했었다고 적고 있다. "나는 이 일이 진행되는 동안 말 그대로 머리가 팽팽 돌았다. 점심을 마치고 집에 가서 두 시간 동안 침대에 몸을 눕혔다."

걱정이 사람들에게 어떤 영향을 주는지 궁금할 때 나는 굳이 도서관에 가거나 의사를 찾을 필요가 없다. 지금 이 책을 쓰고 있는 우리 집의 창문 밖을 보면 한 블록 내에서도 걱정으로 신경쇠약에 걸린 사람의 집이 보이고, 걱정으로 당뇨병까지 앓는 사람의 집이 보인다. 주식시장이 곤두박질치면서 그의 혈액과 소변 속의 당수치는 급상승했다.

유명한 프랑스 철학자 몽테뉴는 자기 고향 도시인 보르도에서 시장으로 선출된 후 시민들에게 이렇게 말했다. "저는 여러분의 문제를 제 손으로 감당하겠지만, 그것을 제 간과 폐에까지 끌어오지는 않을 것입니다." 당뇨병에 걸린 내 이웃은 주식시장의 문제를 자신의 혈관 속으로까지 끌어왔고, 급기야 거의 목숨을 잃을 지경에까지 이른 것이다.

또 걱정의 파괴력이 얼마나 대단한지를 실감하고 싶을 때 나는 굳이 이웃집들을 살필 필요도 없다. 그저 지금 글을 쓰고 있는 바로 이 방을 보고 이 집의 전 주인이 걱정 때문에 때 이른 죽음을 만났다는 사실을 떠올리기만 하면 된다. 그리고 걱정은 우리를 류머티즘과 관절염으로 휠체어에 들어앉힐 수도 있다. 국제적인 명

성을 지닌 관절염 권위자이자 코넬 대학교 의대 교수인
러셀 L. 세실 박사는 관절염을 유발하는 가장 흔한 조건
으로 다음 네 가지를 꼽았다.

1. 결혼 생활의 실패
2. 재정적 파탄과 고통
3. 외로움과 걱정
4. 해묵은 분노

물론 이 네 가지 감정적 상황들만 관절염을 일으키는
것은 아니다. 원인이 다양한 만큼 관절염의 종류도 가
지각색이다. 그러나 다시 말하지만 관절염을 야기하는
가장 흔한 조건은 세실 박사가 제시한 위의 네 가지이
다. 예를 들어보겠다. 나의 한 친구는 대공황의 시기에
가스회사가 가스 공급을 끊고 은행이 그의 집에 대한
담보권을 행사하면서 굉장히 힘든 시기를 보냈다. 바로
그때 그의 아내에게 갑자기 통증이 수반되는 관절염이
찾아온 것이다. 약도 쓰고 식이요법도 해봤지만 별 효
과가 없다가 그들의 재정 형편이 나아지고 나서야 병세
도 수그러들었다.
심지어 걱정은 충치도 일으킬 수 있다. 윌리엄 I. L.

맥고니글 박사는 미국치과협회에서 행한 연설에서 "걱정, 두려움, 잔소리 등이 촉발한 불쾌한 감정들이 신체의 칼슘 균형을 교란시켜 충치를 일으킬 수 있다."고 말했다. 그러면서 맥고니글 박사는 자신의 환자였던 사람의 이야기를 들려주었다. 그 환자의 아내가 갑자기 병으로 입원해서 3주 동안 치료를 받는 동안, 마음고생을 하기 전까지는 완벽한 치아를 갖고 있던 그는 충치가 아홉 개나 생겼다고 한다. 그것은 모두 걱정이 만들어낸 충치였다.

혹시 급성 과잉 활동성 갑상선 질환에 시달리는 사람을 본 적 있는가? 나는 본 적이 있다. 그런 사람은 몸을 흔들고 벌벌 떠는 것이 꼭 공포로 곧 죽을 것처럼 보인다. 실제로 그들은 거의 죽음의 문턱에 이르렀다고 볼 수 있다. 신체를 조절하는 분비기관인 갑상선이 고장난 것이다. 그러면 심장이 급하게 방망이질을 해대고 몸 전체는 모든 통풍구를 완전히 열어젖힌 용광로처럼 맹렬하게 요동친다. 만약 수술이나 치료로 이를 제어하지 못하면 환자는 자신을 완전히 연소시키고 죽게 된다.

얼마 전에 나는 이 병을 앓고 있는 친구와 함께 필라델피아에 간 적이 있다. 우리는 스프루스 가 1633번지에 사는 이스라엘 브램 박사의 진찰을 받았다. 그는 38

년간 이런 종류의 질병을 치료해 온 유명한 전문의였다. 그의 대기실 벽 위에 걸린 커다란 나무 액자에는 다음과 같은 충고가 적혀 있었고, 나는 기다리는 동안 봉투 뒷면에 그 내용을 베껴 적었다.

평안과 활력

평안과 활력을 주는 가장 큰 힘은
건강한 종교, 수면, 음악, 그리고 웃음이다.
신을 믿고 푹 자라.
좋은 음악을 듣고 인생의 밝은 면을 보라.
그러면 건강과 행복을 선물 받게 되리라.

그는 내 친구에게 제일 먼저 "어떤 감정적 장애가 이런 병을 일으켰다고 생각하십니까?"를 물었다. 그러면서 내 친구에게 만약 걱정을 멈추지 않으면 심장 질환, 위궤양, 당뇨병 등의 다른 합병증도 얻게 되리라고 경고했다. 그 저명한 의사는 "이 모든 병들은 사촌 중에서도 친사촌간"이라고 말했다. 분명 그들은 친사촌들이다. 그들은 모두 걱정을 먹고 산다.

언젠가 메를 오베른과 대화할 기회가 있었는데, 그때

그녀는 자기는 걱정을 거부한다고 말했다. 걱정을 하면 직업이 영화배우인 자신의 주요 자산인 아름다운 얼굴이 망가지기 때문이다. 계속 그녀의 말을 들어보자.

처음에 영화판을 기웃거릴 당시 몹시 걱정이 되고 두려웠죠. 그때 저는 인도에서 막 건너온 침이었고 런던에는 아는 사람이 아무도 없었어요. 일자리를 구하려고 프로듀서를 몇 명 만나봤지만 아무도 절 쓰려고 하지 않았죠. 게다가 갖고 있던 얼마 안 되는 돈마저 다 떨어져갔고요. 2주 동안 크래커와 물만 먹고 살았습니다. 그런데 문제는 걱정만이 아니었어요. 배도 고팠던 거지요. 저는 생각했습니다. '난 바보인지도 몰라. 아마 난 절대 영화판에 발을 들여놓을 수 없을 거야. 무엇보다 난 경험이 없고 연기를 해본 적이 전혀 없잖아. 내가 도대체 예쁜 얼굴 말고 내세울 게 뭐가 있지?'

저는 거울로 다가갔습니다. 그때 걱정이 제 얼굴에 무슨 짓을 하고 있는지를 보았죠. 그 녀석이 제 얼굴에 줄을 긋고 있더군요. 전 불안한 표정을 보았습니다. 그래서 생각했죠. '이거 당장 멈춰야 돼. 너한테 걱정은 사치야. 네가 내보일 거라곤 얼굴밖에 없는데, 걱정을 하면 그나마 완전히 망가질 거야.'

걱정만큼 빨리 여자를 노화시키고 심술궂게 만들며 그 얼굴을 구겨놓는 것은 별로 없다. 걱정은 표정을 얼어붙게 하며 이를 악물게 하고 얼굴에 주름을 그어 놓는다. 그리고 찌푸린 표정이 영영 사라지지 않게 한다. 머리도 희게 물들이며 심지어는 아예 빠지게도 할 수 있다. 또 걱정은 얼굴 피부를 공격하여 피부 발진, 뾰루지, 여드름 등의 각종 피부 질환을 일으킬 수 있다.

오늘날 미국 최고의 킬러는 심장병이다. 제2차 세계대전 동안 100만의 병사들 중 거의 3분의 1이 전투 중에 사망했다. 하지만 같은 기간에 심장병은 200만의 민간인을 죽였고, 그들 중 100만 명은 걱정과 고도로 긴장된 생활에서 기인된 유형의 심장병에 의해 목숨을 잃었다. 그렇다. 알렉시 카렐 박사가 "걱정을 다스릴 줄 모르는 사업가는 일찍 죽는다."고 단정한 주요 근거 중 하나가 바로 심장병이다.

남부에 사는 흑인이나 중국인들은 걱정이 원인인 심장병을 앓는 경우가 별로 없다. 그들은 인생의 모든 일을 담담하게 받아들이기 때문이다. 심장병으로 죽는 사례는 의사들이 농부들보다 스무 배나 많다. 의사들의 생활은 긴장의 연속이며, 그들은 그에 대한 대가를 지불하는 것이다.

윌리엄 제임스가 말했다. "신은 우리의 죄를 용서하실지 모르지만 신경체계는 결코 그런 법이 없다."

여기 놀랍고도 정말 믿기 힘든 사실이 있다. 미국에서 매년 전염성이 가장 높은 5대 질병으로 사망하는 사람보다 자살로 생을 마감하는 사람들이 더 많다는 것이다.

왜 그럴까? 그 이유는 주로 '걱정' 때문이다.

예전에 중국의 잔인한 군벌들은 포로들을 고문할 때 그들의 손발을 묶고 머리 위로는 물이 든 자루를 매달아 놓은 후 밤낮으로 물이 한 방울씩 떨어지게 했다. 머리 위로 계속 떨어지는 이 물방울들이 나중에는 망치로 때리는 소리처럼 들리게 되어 포로들을 미치게 만들었다. 스페인의 종교재판과 히틀러 치하의 독일 강제수용소에서 이와 똑같은 고문 방법이 사용된 적이 있다. 이처럼 걱정도 물이 끊임없이 똑, 똑, 똑 떨어지는 것과 같아서, 계속해서 똑, 똑 떨어지면 종종 사람을 미치게도 만들고 자살로 몰고 가기도 한다.

미주리 촌구석의 어린아이였을 때 나는 부흥사 빌리 선데이가 저승의 지옥불을 묘사하는 말을 듣고는 거의 죽을 정도로 무서웠다. 하지만 그는 걱정꾼들이 지금 여기서 당해야 하는 육체적 고통의 지옥불에 대해서는 한 마디도 하지 않았다. 가령 만약 당신이 걱정을 달고 사는 사람이라면 아마 언젠가는 협심증이라는, 인간이 경험할 수 있는 가장 극심한 고통의 희생자가 될지 모른다.

만약 협심증에 덜미를 잡힐 경우 당신은 고통으로 비명을 지르게 될 텐데, 그때 당신의 비명은 단테가 묘사한 지옥의 신음을 그저 영화 <장난감 나라>에 나오는 소리 정도로 들리게 만들 것이다. 그때 당신은 이렇게 외칠지 모른다. "오 하느님, 오 하느님, 이 고통만 없애 주시면 앞으로는 절대 어떤 걱정도 하지 않겠습니다." (만약 내가 허풍이 좀 심하다고 생각되면 여러분의 주치의에게 물어보라.)

여러분은 인생을 사랑하는가? 건강하게 오래 살고 싶은가? 여기 그 방법이 있다. 다시 알렉시 카렐 박사의 말을 인용한다. "현대 도시생활의 혼란 속에서도 내면의 평화를 유지하는 사람은 신경 질환에 걸리지 않는다."

도시적 삶의 혼란 속에서도 내면의 평화를 지킬 수 있는가? 정상적인 사람이라면 "그렇다."고 대답한다. 그것도 힘차게 "예."라고 대답할 수 있다. 대다수 사람들은 자신이 알고 있는 것보다 강하다. 우리는 내면에 아마 한 번도 사용해 본 적이 없는 자원을 갖고 있다. 헨리 데이빗 소로는 불멸의 저작 《월든》에서 이렇게 말했다. "나는 인간이 의식적인 노력에 의해 자신의 삶을 고양시킬 수 있는 확실한 능력이 있다는 것보다 더 고무적인 사실을 알지 못한다. ……자신이 꿈꾸는 방향으로 당당하게 나아가며 자신이 상상하던 삶을 살고자 노력하는 사람은 평상시에는 기대도 할 수 없었던 성공을 거두게 될 것이다."

분명 이 책의 많은 독자들은 올가 K. 자비 못지않은 의지력과 내적인 자원을 갖고 있을 것이다. 그녀는 가장 비극적인 상황에서도 걱정을 떨쳐낼 수 있음을 깨달았다. 나는 이 책에 소개된 오래된 진리를 적용하기만 하면 여러분과 나 역시 걱정을 떨쳐낼 수 있다고 확신한다. 아래에 올가 K. 자비가 내게 전해 준 이야기를 소개한다.

8년 6개월 전에 저는 암으로 천천히 고통스럽게 죽을 운명이었지요. 이 나라 최고의 의사들인 메이오 형제들도 이 사형선고의 불가피성을 확인했습니다. 저는 막다른 길로 내몰렸고 최후가 저를 향해 입을 벌리고 기다리고 있었습니다. 저는 젊었습니다. 죽고 싶지 않았지요. 필사적인 심정으로 저는 켈로그에 있는 제 주치의에게 전화하여 제 마음속의 절망감을 눈물로 토해냈습니다. 그런데 그분은 차마 더 이상 못 들어주겠다는 듯 제 말

허리를 자르고는 호되게 꾸짖더군요. "왜 그래요, 올가? 그렇게 투지가 없어요? 그렇게 계속 칭얼대기만 하면 당신은 분명 죽을 겁니다. 그래요. 당신의 상황은 최악이에요. 그 사실을 받아들여요. 그리고 걱정 따위는 쓰레기통에 처넣고 문제 해결을 위해 뭐든 해봐요." 그래서 바로 그때 그 자리에서 저는 맹세했습니다. 손톱이 살 속 깊숙이 파고들고 냉기가 척추를 휙 쓸고 지나갈 정도로 정말 엄숙한 맹세였지요. "이제 걱정하지 않을 거야. 울지 않을 거야. 만약 정신력으로 승부를 걸어야 한다면, 난 이겨낼 거야. 난 살 거야!"

라듐을 처방할 수 없을 정도로 많이 진행된 암일 경우에는 보통 30일간 하루에 10분 30초씩 방사선 치료를 합니다. 저는 49일간 매일 14분 30초씩 방사선을 쏘였지요. 제 뼈들은 척박한 산비탈 위에 솟은 바위처럼 앙상한 몸에서 불거져 나왔고 발은 납덩이 같았습니다. 하지만 전 걱정하지 않았어요. 또 한 번도 울지 않았습니다. 그 대신 웃었지요. 네, 실제로는 억지로라도 웃었지요.

물론 저는 그냥 웃기만 해도 암이 나을 수 있다고 믿을 정도로 순진하지는 않았습니다. 하지만 마음가짐이 긍정적일 때 몸이 암과 더 잘 싸울 수 있다고 믿었습니다. 어쨌든 저는 기적적인 암 치료의 주인공이 됐습니다. 지난 몇 년이 제 인생에서 가장 건강한 시기였습니다. 그것은 다 '사실을 직시하라. 걱정일랑은 집어치우고 뭔가를 하라.'는 의욕과 투지를 자극하는 그 말 덕분이었죠."

나는 알렉시 카렐 박사의 말을 되풀이하는 것으로 이 장을 마무리하겠다. "걱정을 다스릴 줄 모르는 사업가는 일찍 죽는다."

예언자 모하메드를 광적으로 추종하던 사람들은 자기 가슴에 코란의 구절을 문신으로 새겨 넣는 경우가 많았다. 나는 이 말을 이 책을 읽는 모든 독자의 가슴에 문신으로 새겨 넣고 싶다. "걱정을 다스릴 줄 모르는 사업가는 일찍 죽는다."

혹시 카렐 박사는 여러분 이야기를 하고 있었던 것일까? 그럴지도 모른다.

걱정에 대해 알아야 할 기본적인 사실 3

걱정을 다스릴 줄 모르는 사업가는 일찍 죽는다.

규칙1. 만약 걱정을 피하고 싶다면 월리엄 오슬러 경의 방법을 따르라. 오늘을 충실히 살아라. 미래에 대해 염려하지 말라. 매일 잠들기 전까지의 시간만 살아라.

규칙2. 다음에 큰 문제가 여러분의 목을 조이고 여러분을 코너로 몰 경우에는 윌리스 H. 캐리어의 마법의 공식을 활용하라.

제1단계 스스로에게 물어라. "문제를 해결하지 못할 경우 일어날 수 있는 최악의 상황은 무엇인가?"

제2단계 필요하다면 정신적으로 최악의 상황을 수용할 준비를 하라.

제3단계 다음에는 차분하게 이미 받아들이기로 작정한 그 최악의 상황을 개선하려 노력하라.

규칙3. 걱정 때문에 건강이 치러야 할 엄청난 대가를 기억하라. "걱정을 다스릴 줄 모르는 사업가는 일찍 죽는다."

제2장

기본적인 걱정 분석법

1 걱정거리를 분석하고
해결하는 방법

> 내게는 충실한 하인이 여섯이다.
> (내가 아는 건 모두 그들이 가르친 것이다.)
> 언제, 어디서, 누가, 무엇을, 어떻게, 왜.
> 이상이 그들의 이름이다.
>
> — 러디어드 키플링

앞서 소개한 윌리스 H 캐리어의 마법의 공식으로 모든 걱정거리를 날려버릴 수 있을까? 물론 그렇지는 않다. 그러면 어떻게 해야 할까? 바로 문제 분석의 기본 3단계를 배워 갖가지 걱정에 대처할 준비를 하는 것이다. 다음이 그 3단계이다.

1. 사실을 확인한다.
2. 사실을 분석한다.
3. 결정을 내리고, 그에 입각하여 행동한다.

다 아는 얘기인가? 그렇다. 아리스토텔레스도 그것을 가르치고 이용했다. 그리고 여러분과 나도 이 방법을 이용하여 우리를 괴롭히고 우리의 삶을 지옥으로 만드는 문제들을 해결해야 한다.

먼저 '사실을 확인한다.'는 첫 번째 규칙을 보자. 사실 확인이 왜 그렇게 중요할까? 사실을 확인하지 않으면 현명한 문제 해결을 시도조차 할 수 없기 때문이다. 사실이 없으면 그저 혼란 속에서 초조해하며 마음을 졸이게 될 뿐이다. 이것이 내 의견이냐고? 아니다. 그것은 22년간 컬럼비아 대학 단과대 학장을 역임했던 고 허버트 E. 호크스의 생각이다.

그는 학생 22만 명의 걱정거리를 해결하는데 도움을 주었으며, 내게 직접 "걱정의 주된 원인은 혼란"이라고 말했다. 그는 그것을 이런 식으로 표현했다. "세상의 걱정 가운데 절반은 결정의 근거가 되는 지식을 충분히 확보하기도 전에 결론으로 치닫는 사람들이 만들어냅니다. 가령 저는 다음 주 화요일 3시에 처리해야 할 문제가 있을 경우, 그때가 되기 전까지는 그에 대해 무슨 결정을 하려는 시도조차 하지 않습니다. 그동안 그저 문제와 관련된 모든 사실을 확보하는데 집중합니다. 전 걱정하지 않습니다. 문제를 두고 고민하지도 않지요.

그 때문에 잠을 설치는 일도 물론 없습니다. 그저 사실을 확인하는데 집중하지요. 그리고 화요일이 될 때쯤, 모든 관련 사실들이 확보되면 문제는 대개 저절로 해결됩니다.”

나는 호크스 학장에게 그 말은 그가 걱정을 완전히 극복했다는 뜻이냐고 물었고, 이에 그는 이렇게 대답했다. “그렇습니다. 저는 걱정에서 거의 완전히 자유로운 삶을 살고 있다고 정직하게 말할 수 있습니다. 시간을 들여 공정하고 객관적인 자세로 사실을 확보하는데 주력할 경우, 대체로 걱정은 지식의 빛을 받아 증발해 버린다는 사실을 알게 되었지요.” 다시 한 번 반복한다. “시간을 들여 공정하고 객관적인 자세로 사실을 확보하는데 주력할 경우, 대체로 걱정은 지식의 빛을 받아 증발해 버린다.”

하지만 대부분의 사람들은 어떻게 하는가? 토마스 에디슨은 매우 진지하게 “인간은 생각의 수고를 덜 수만 있다면 무슨 짓이든 한다.”고 말했다. 비록 사실 확인에 신경을 쓴다 해도 우리는 마치 사냥개처럼 자신이 이미 갖고 있는 생각을 보강해 주는 사실만을 쫓아다니고 나머지는 전부 무시해 버린다. 우리는 자신의 행동을 정당화시켜주는 사실들만을 원한다. 바로 자기 마음에 드는 생각과 궁합이 잘 맞고 사전에 형성된 선입견을 정당화시켜주는 사실들 말이다.

앙드레 모로아의 말대로 "우리의 사적인 욕망에 아부하는 것은 무엇이든 진실해 보인다. 그렇지 않은 모든 것은 우리를 짜증나게 할 뿐이다." 그러니 우리가 지닌 문제에 대한 답을 찾는 것이 그토록 어렵게 느껴지는 것도 새삼스러운 일은 아니다. 2 더하기 2는 5라고 가정한 상태에서 산수 문제를 풀려고 할 때 어떤 일이 생길지 상상해 보라. 사실 세상에는 2 더하기 2는 5라고, 심지어는 500이라고 우겨댐으로써 자기 자신과 다른 사람들의 삶을 지옥으로 만드는 사람들이 적지 않다.

그럼 어떻게 해야 할까? 바로 생각에서 감정을 걷어내야 한다. 그리고 호크스 학장의 말대로 '공정하고 객관적인' 자세로 사실을 확인해야 한다.

그러나 걱정으로 속을 끓이고 있을 때는 이것이 쉽지 않다. 그때는 감정의 기운이 강해지는 탓이다. 여기 내가 내 문제에서 한 발 물러나 사실을 분명하고 객관적으로 보려고 할 때 큰 도움이 된 두 가지 방법을 소개하겠다.

1. 사실을 확인하려고 할 때 나는 이 정보를 나 자신

을 위해서가 아니라 누군가 다른 사람을 위해 수집하는 척한다. 이것은 증거를 냉정하고 공정한 눈으로 볼 수 있게 한다. 또 내 감정을 걷어내는 데도 유익하다.

2. 나를 걱정시키는 문제와 관련된 사실들을 수집할 때, 나는 때로 나 자신이 상대편 입장을 대변하는 변호사라고 가정한다. 다시 말해 나는 나에게 불리한 모든 사실들, 즉 내 욕망과 배치되며 내가 마주하고 싶지 않은 모든 사실들을 확보하려 한다.

그 다음에는 내 입장과 상대편 입장을 모두 기록한다. 그러면 대개 진실은 이 두 극단 사이의 어느 지점에 있음을 발견하게 된다.

내가 전하려는 요점은 이것이다. 여러분이든 나든 아인슈타인이든 또는 미국 대법원이든, 그 누구도 어떤 문제에 대해서건 먼저 사실을 확인하지 않고 현명한 결정을 내릴 수 있을 정도로 똑똑한 사람은 결코 없다는 것이다. 토마스 에디슨은 그것을 알고 있었다. 사망할 당시 그는 자신의 문제에 대한 사실들을 기록한 공책을 무려 2천500권이나 남겼다.

그러므로 문제 해결을 위한 제1규칙은, 사실을 확인

하라는 것이다. 호크스 학장이 한 대로 먼저 공정하게 모든 관련 사실들을 모아들이기 전에는 문제 해결을 시도조차 하지 말자.

그러나 세상에 있는 사실들을 모두 확보했다 해도 그것들을 분석하고 이해하지 않으면 아무 소용이 없다. 나는 값비싼 경험을 통해 사실을 먼저 기록한 후에 분석하는 것이 훨씬 쉽다는 점을 발견했다. 실제로 종이에 사실을 기록하고 문제를 명확하게 진술하는 것만으로도 합리적인 결정을 내리는데 큰 도움이 될 수 있다. 자동차 산업의 발전에 기여한 엔지니어 찰스 케터링이 말했듯이 "명확하게 진술된 문제는 절반은 해결된 거나 다름없다."

이 모든 원리가 실제로 어떻게 적용되는지를 보여주겠다. 중국 속담에 그림 하나가 천 마디 말에 값한다는 말이 있다. 그래서 이제 내가 여러분에게 지금까지 이야기해 온 것을 행동으로 구체화시키는 한 사람의 그림을 보여준다고 상상하라.

먼저 내가 몇 년 동안 알고 지낸 갈렌 리치필드라는 사람의 경우를 보자. 그는 극동 지역에서 가장 성공한 미국 사업가 중 한 사람이다. 리치필드는 1942년 일본이 상하이를 침공했을 당시 중국에 머물고 있었다. 다

음은 그가 손님으로 우리 집을 찾았을 때 내게 들려준
이야기이다.

　진주만을 기습한 직후에 일본군은 상하이로 밀고 들
어왔죠. 그때 저는 아시아생명보험회사 상하이 지사의
매니저였습니다. 일본군은 우리에게 '군 청산인'을 보
냈는데, 사실 그는 해군 장성이었습니다. 그리고 저는
우리 지사의 자산을 청산하는 업무를 맡게 된 그를 협조
하라는 지시를 받았습니다. 그 일에서 저는 선택의 여지
가 전혀 없었습니다. 협조하거나 아니면 목숨을 내놔야
하는 상황이었죠.
　저는 마지못해 시키는 대로 하는 척했지요. 달리 방법
이 없었으니까요. 그때 75만 달러 가치의 유가증권 뭉치
가 있었는데, 저는 그것을 그 해군 장성에게 준 목록에
서 뺐습니다. 그렇게 한 이유는 그것이 우리 홍콩 지사
의 소유이며 상하이 지사 자산과는 아무 관련도 없었기
때문입니다. 그래도 저는 일본 놈들이 만약 제가 한 일
을 알게 되면 큰 곤욕을 치르지 않을까 두려웠죠. 그런
데 결국은 그들이 알아냈습니다.
　이 사실이 드러났을 때 사무실에는 제가 아니라 제 상
사인 경리부장이 있었죠. 그는 제게 그 장군이 노발대발
하며 발을 구르고 악을 쓰면서 저를 도둑놈이니 반역자

니 하며 욕을 하고 있다고 전해 주더군요. 제가 일본군에게 저항을 했다는 겁니다. 그게 무슨 뜻인지는 알고 있었어요. 제가 곧 브리지하우스에 끌려간다는 의미였지요.

브리지하우스! 바로 일본군 게슈타포의 고문실이었습니다 제가 개인적으로 아는 사람들 몇 명은 그곳에 끌려가지 않으려고 자살을 택했지요. 거기서 열흘간 심문과 고문을 받은 후 죽은 친구들도 있었습니다. 그런데 이제 제가 그 후보 명단에 이름을 올리게 된 것입니다. 제가 어떻게 했을까요? 일요일 오후에 그 소식을 들었는데, 아마 공포로 심장이 오그라드는 게 정상이었을 겁니다. 사실 제 나름의 확실한 문제 해결 방법을 알고 있지 못했다면 무서워서 정신을 차리지 못했을 겁니다. 걱정이 생길 때마다 늘 타자기 앞에 앉아서 두 가지 질문과 이에 대한 답을 타이핑하는 것이 저의 오랜 습관이었습니다.

1. 나는 무엇을 걱정하고 있는가?
2. 이에 대해 나는 무엇을 할 수 있나?

그 전에는 기록을 하지 않고 이 질문들에 대한 답을 찾으려 했지요. 그러다가 나중에 습관을 바꿨습니다. 질문과 답을 모두 기록하는 것이 생각을 명료하게 해준다는 사실을 발견했지요. 그래서 그날 오후에 저는 곧장 상하이 YMCA의 제 방으로 가서는 타자기를 꺼낸 후 이 렇게 적었습니다.

1. 나는 무엇을 걱정하고 있는가?

나는 내일 아침 브리지하우스에 끌려갈 것을 두려워 하고 있다.

그 다음 두 번째 질문을 타이핑했습니다.

2. 그에 대해 나는 무엇을 할 수 있나?

저는 오랜 시간 깊이 생각하며 제가 취할 수 있는 네 가지 행동방침과 각 행동이 가져올 수 있는 가능한 결과 를 기록했습니다.

첫째, 일본군 장군에게 전후 사정을 설명한다. 하지만 그는 영어를 못 한다. 만약 통역관을 통해 설명을 시도 하면 나는 다시 그를 자극하게 될지 모른다. 그것은 곧 죽음을 뜻할 수 있다. 그는 잔인한 인물인지라 귀찮게 나와 말을 섞기보다는 그냥 브리지하우스에 던져버리기 쉽다.

둘째, 도망친다. 이건 불가능하다. 그들은 늘 나를 예 의주시한다. YMCA의 내 방에 드나들 때도 신고를 해야 하는 처지이다. 만약 도망하려 하면 바로 붙잡혀 총살되기 쉽다.

셋째, 그냥 이 방에서 꼼짝도 하지 않고 사무실 근처에는 얼씬도 하지 않는다. 하지만 그럴 경우 그 장군은 의혹을 품고 군인들을 보내 나를 잡아다가 한 마디 변명할 기회도 주지 않고 브리지하우스에 처넣을지 모른다.

넷째, 월요일 아침에 평소처럼 사무실에 출근한다. 혹시 그 장군은 너무 바빠 내가 한 일에 대해 신경 쓸 여력이 없을지도 모른다. 비록 의식을 한다 해도 기분이 풀어져 내게 굳이 따져 묻지 않을 수도 있다. 만약 그렇게 되면 나는 무사할 것이다. 혹시 따져 묻는다 해도 나는 그에게 설명할 기회가 있을 것이다. 따라서 월요일 아침에 평소처럼 출근하여 마치 아무 일도 없었던 양 태연하게 행동하면 브리지하우스를 피할 기회를 두 번 갖게 될 수 있다.

이 모든 시나리오를 꼼꼼히 따져본 후 네 번째 계획—월요일 아침에 평소처럼 출근하는 것—대로 하기로 마음을 굳히자마자 기분이 크게 안정되었습니다.

다음 날 아침 사무실에 들어서니까 그 장군이 입에 담배를 물고 앉아 있더군요. 그는 늘 하던 대로 저를 쏘아보기만 할 뿐 아무 말도 하지 않았습니다. 다행히 6주 뒤에 그는 도쿄로 돌아갔고 제 걱정도 끝이 났지요.

이미 말씀드렸듯이 제가 목숨을 구한 것은 아마 그 일요일 오후에 타자기 앞에 앉아 제가 취할 수 있는 모든 행동들과, 각 행동을 함으로써 일어날 수 있는 결과를 타이핑하고 침착하게 결정을 내렸기 때문일 겁니다. 만약 그렇게 하지 않았다면 아마 우왕좌왕하며 이도저도 못 하고 뜸을 들이다가 순간적인 충동으로 잘못된 선택을 했을지도 모르지요. 문제를 철저히 생각하고 결정을 내리지 않았다면 저는 일요일 오후 내내 걱정으로 정신이 돌아버렸을 겁니다. 그날 밤 잠도 못 잤을 테지요. 또 월요일 아침에 초조하고 불안한 표정으로 출근했을 겁니다. 그러면 그것만으로도 그 장군은 뭔가 수상한 낌새를 눈치 채고 어떤 끔찍한 결정을 했을지도 모릅니다.

저는 반복되는 경험을 통해 결정을 내리는 일이 굉장히 중요하다는 사실을 배웠습니다. 인간은 결단을 내리지 못하고 미친 사람처럼 갈피를 못 잡아 계속 허둥댈 때 신경쇠약에 걸리고 지옥 속의 삶을 살게 됩니다. 저는 분명하고 명확한 결정에 이르는 순간 제 걱정의 50퍼센트가 사라진다는 사실을 발견했습니다. 그리고 40퍼센트는 대개 그 결정을 실행하기 시작할 때 사라집니다.

결국 저는 다음 네 가지 단계를 밟아 제 걱정의 약 90퍼센트를 추방해 버립니다.

1. 내가 걱정하고 있는 바를 정확하게 기록한다.

2. 그에 대해 할 수 있는 일을 기록한다.
3. 해야 할 일을 결정한다.
4. 즉시 그 결정을 실행에 옮긴다.

갈렌 리치필드는 현재 뉴욕 존 스트리트 111번지에 있는 스타 파크 앤 프리먼사이 극동 지역 담당 책임자로 재직 중이며, 대형 보험 및 금융 조직의 이익을 대변하고 있다.

앞서 말했듯이 갈렌 리치필드는 현재 아시아에서 가장 영향력 있는 미국 사업가 중 한 사람이다. 그는 자신이 성공하게 된 것은 상당 부분 걱정을 분석하고 그것과 정면으로 맞서는 방법을 잘 이용한 덕이었다고 내게 고백했다.

그의 방법이 그토록 대단한 이유는 효율적이고 구체적이며 곧장 문제의 핵심으로 파고들기 때문이다. 이 모든 것 외에도 그 방법은 필수불가결한 세 번째 규칙을 추가하여 결정타를 날린다. 바로 문제 해결을 위해 뭔가를 하라는 것이다. 해야 할 일을 실행하지 않으면 모든 사실 확인 및 분석 작업은 한낱 공염불에 불과하며 순전히 에너지 낭비일 뿐이다.

월리엄 제임스도 이렇게 말했다. "일단 결정을 내리

고 실행으로 옮겨야 한다면 결과에 대한 책임감이나 걱정은 모두 잊어라.” 일단 사실을 근거로 신중한 결정을 내리면, 바로 행동에 돌입하고 더 이상 두 번 생각하지 말며, 망설이거나 불안해하거나 이미 지나온 길을 되짚지 말라는 것이다. 자신에 대한 의심에 빠져서는 안 된다. 이것은 다른 의심으로 이어진다. 자꾸 뒤돌아보지 말라.

나는 전에 오클라호마에서 가장 유명한 석유사업가 중 한 사람인 웨이트 필립스에게 그가 어떻게 결정을 실행하는지 물어본 적이 있고, 그때 그는 이렇게 대답했다. “일정한 지점을 넘어서까지 문젯거리를 계속 곱씹으며 물고 늘어지는 것은 혼란과 걱정을 유발할 수밖에 없다는 것이 제 생각입니다. 더 이상의 조사나 생각은 오히려 해가 되는 시점이 옵니다. 결정을 했으면 행동을 하고 결코 뒤돌아보지 말아야 할 시점이 있지요.”

지금 당장 여러분의 걱정에 갈렌 리치필드의 방법을 써보는 것은 어떤가?

다음에 제시된 각각의 질문에 대한 답을 빈칸에 적어보라.

질문 1. 나는 무엇을 걱정하고 있는가?

질문 2. 그에 대해 나는 무엇을 할 수 있는가?

질문 3. 문제 해결을 위해 이렇게 하겠다.

질문 4. 언제 행동을 시작할까?

2 사업 걱정을 절반으로 줄이는 방법

만약 여러분이 사업가라면 아마 지금 이런 생각을 할지도 모르겠다. "이거 웃기는 제목이군. 난 19년이나 사업을 해온 사람이야. 나도 남들만큼은 아는 사람이지. 내 사업 걱정을 절반이나 줄여준다고? 이거 허풍이 좀 심하군!"

그렇게 생각할 만하다. 나 역시 이런 제목을 몇 년 전에만 봤더라도 이와 똑같은 생각을 했을 것이다. 이 제목은 많은 것을 약속해 준다. 하지만 값도 싸고 쉽게 할 수 있는 게 또 약속이 아닌가.

솔직히 말하겠다. 아마 나는 여러분이 가지고 있는 사업 걱정을 절반이나 덜어내는데 별 도움을 주지 못할지도 모른다. 그것을 할 수 있는 사람은 결국 여러분 자신밖에 없으니까. 내가 할 수 있는 것은 그저 다른 사람들이 그 일을 어떻게 했는지 보여주고 나머지는 여러분에게 맡기는 것뿐이다.

여러분은 앞서 인용한 알렉시 카렐 박사의 "걱정을 다스릴 줄 모르는 사업가는 일찍 죽는다."는 말을 기억할 것이다.

걱정의 파괴력이 이 정도인데, 만약 내가 여러분 걱정의 10퍼센트나마 그 무게를 줄이는데 힘이 될 수 있다면 그런대로 만족하지 않겠는가? 그렇다고? 좋다! 자, 그럼 이제 자기 걱정의 50퍼센트가 아니라, 전에 사업 문제 해결을 위해 회의에 투입했던 전체 시간을 75퍼센트나 줄인 한 사업가의 이야기를 들려주겠다. 더욱이 이 이야기는 그 실체를 알 수 없는 사람과 관련된, 그래서 사실 여부를 확인할 수 없는 모호한 이야기가 아니다. 그것은 레온 심킨이라는 신분이 확실한 실제 인물에 관한 이야기이다. 심킨은 미국 최고의 출판사에 속하는 사이먼 앤 슈스터의 공동경영자이자 총괄책임자이다. 그리고 이 출판사는 뉴욕 주, 뉴욕 스트리트 20번지 록펠러 센터에 주소를 두고 있다. 이제 레온 심킨의 경험을 직접 그의 입으로 들어보자.

15년 동안 내가 일하는 시간의 거의 절반은 회의를 열고 온갖 문제를 논의하는데 소비했습니다. 회의실에 모인 사람들은 이걸 해야 하나, 저걸 해야 하나, 아니면 그냥 아무것도 안 하고 손 놓고 있어야 하나를 두고 신경을 곤두세웠지요. 우리는 잔뜩 긴장이 되어 의자에서 몸을 꼬거나 자리에서 일어나 방 안을 빙빙 돌며 갑론을박했습니다. 날이 어둑어둑해질 무렵이면 몸은 파김치가 되어 있었지요. 내 남은 인생도 계속 이런 식으로 살아갈 수밖에 없을 거라고 생각했습니다. 15년 동안 그렇게 살아왔지만, 단 한 번도 이보다 더 나은 방법이 있을 거라고는 생각해 본 적이 없었지요. 만약 누군가 내게 그 골치 아픈 회의 중에 허비되는 전체 시간의 4분의 3을, 또 내 압박감과 긴장감의 4분의 3을 줄여주겠다고 말했다면, 나는 그 사람을 무모하고 몽상적이며 생각이 모자란 대책 없는 낙천가라고 생각했을 겁니다 하지만 나는 바로 그것을 가능케 한 계획을 고안해 냈습니다. 나는 이 계획을 8년 동안 이용해 왔는데 나의 효율성, 건강, 그리고 행복에 기적과 같은 효과를 낳았습니다.

무슨 마술처럼 들리겠지만, 사실 마술 묘기라는 게 다 그렇듯이 이것도 속을 들여다보고 원리만 이해하면 정말 너무 단순합니다.

비법은 이렇습니다. 첫째, 내가 15년 동안 이용해 온 절차를 당장 없애버렸지요. 그 절차라는 것은, 문제를 안고 있는 동료들이 잘못된 일에 대한 온갖 자잘한 사항들을 시시콜콜 읊어대는 것으로 시작했다가 '이제 어떻게 할까요?’ 라는 물음으로 끝내는 회의 방식이었습니다.
둘째, 새로운 규칙을 만들었습니다. 그것은 내게 문제를
제시하려는 사람은 누구든 먼저 다음의 네 가지 질문에
답하는 글을 작성하여 제출해야 한다는 규칙입니다.

질무 1. 무엇이 문제인가?
(예전에는 회의를 할 때 아무도 진짜 문제가 무엇인지 확
실하고 구체적으로 알지도 못한 채 속이나 끓이며 한두 시
간을 허비하곤 했지요. 우리는 문제가 무엇인지 명확하게
기록하는 수고도 하지 않은 채 걱정으로 잔뜩 인상만 찌푸
리며 문제들을 토론했습니다.)
질문 2. 문제의 원인은 무엇인가?
(문제의 뿌리와 얽혀 있는 상황들을 정확히 파악하지도
않은 채 회의 중에 가슴이나 졸이며 그 많은 시간을 낭비한
그간의 행태를 생각하면 정말 끔찍하게 느껴질 정도입니다.)
질문 3. 문제 해결을 위해 가능한 모든 방법은 무엇
인가?
(전에는 회의 중에 한 사람이 한 가지 해결책을 제안하면
다른 사람이 그 사람과 논쟁을 하는 식이었습니다. 그러면
감정이 격해지곤 했지요. 토론의 방향이 주제에서 벗어날
때도 많았고, 회의가 끝났을 때에도 문제 해결을 위해 취할
수 있는 여러 조치를 기록한 사람은 아무도 없었습니다.)

질문 4. 내가 제안하는 해법은 무엇인가?

지금은 동료들이 자신의 문제를 들고 내게 오는 경우는 거의 없습니다. 왜 그럴까요? 위의 네 가지 질문에 답하려면 모든 사실을 확인하고 자신의 문제를 철저하게 생각해야 한다는 사실을 깨달았기 때문이지요. 이 과정을 거치고 나면 그들은 네 번 중 세 번은 나와 전혀 상의할 필요가 없다고 느낍니다. 마치 전기 토스터에서 빵조각이 튀어나오듯 적절한 해결책이 튀어나오기 때문이지요. 상의가 필요한 경우조차 논의 시간은 전에 걸렸던 시간의 3분의 1정도밖에 안 걸립니다. 전 과정이 정연하고 논리적인 절차를 거쳐 합리적인 결론을 향해 진행되기 때문입니다.

지금 사이먼과 슈스터 출판사에서는 문제에 대해 걱정하고 입씨름하는데 소비되는 시간이 훨씬 줄었습니다. 대신에 이런 문제들을 바로잡기 위한 행동은 훨씬 많이 하고 있지요.

미국 최고의 보험 판매원으로 인정받는 내 친구 프랭크 베트거는 이와 비슷한 방법으로 자신의 사업 걱정을 줄였을 뿐 아니라, 수입을 거의 두 배로 늘렸다고 내게 말해 주었다. 이번엔 프랭크 베트거의 말을 들어보자.

오래전 처음으로 보험 판매를 시작했을 때, 나는 내 일에 대한 무한한 열정과 사랑으로 가득 차 있었어. 그런데 어떤 문제가 생겼고, 난 너무 낙심한 나머지 일에 정나미가 떨어져 포기해 버릴까도 생각했지. 만약 어느 토요일 아침 차분히 앉아 내 걱정의 근본 원인을 찾아볼 생각을 하지 않았다면 아마 정말 포기했을 걸세.

1. 난 먼저 스스로에게 물었지. '도대체 뭐가 문제인가?' 문제는 이거였어. 내가 접촉하는 고객은 정신이 없을 정도로 많은데, 그에 비해 수입은 별로 신통치 않다는 거였지. 나는 고객을 설득하는 것까지는 제법 잘하는 듯한데, 막판에 도장을 찍을 순간이 되면 꼭 일이 틀어지더란 말이야. 그때 고객은 이렇게 말한다네. "알겠어요, 베트거 씨. 생각해 볼게요. 나중에 다시 오세요." 바로 이 후속 방문에 허비되는 시간이 내 기분을 엉망으로 만드는 원인이었지.

2. 그래서 또 자문했어. '가능한 해결책은 무엇인가?' 하지만 이 질문에 대한 답을 찾으려면 사실들을 연구해야 했지. 나는 지난 12개월의 상황을 적어놓은 기록을 꺼내서 수치들을 살펴봤어. 그런데 거기서 놀라운 발견을 한 거야. 바로 내 판매의 70퍼센트가 첫 만남에서 성사되었다는 사실을 알아낸 거지. 23퍼센트는 두 번째 상담에서 성사되었고, 겨우 7퍼센트만이 그 후의 세 번째, 네 번째, 다섯 번째 등의 만남에서 계약된 거야. 그리고 이 7퍼센트가 나를 지치게 만들고 내 시간을 갉아먹고 있었던 거지. 다시 말해 나는 내 근무 시간의 꼬박 절반을 전체 판매량의 고작 7퍼센트에 탕진하고 있었던 셈이야.

3. 그 다음엔 '답은 무엇인가?'를 물었지. 답은 분명했어. 나는 고객을 두 번 이상 방문하는 일을 즉각 중단했고, 나머지 시간은 신규고객을 찾는데 활용했지. 그 결과는 믿을 수 없을 정도였어. 아주 짧은 시간 내에 나는 고객 방문 건수당 현금 가치를 2.80달러에서 4.27달러로 끌어올렸다네.

이미 말했듯이 현재 프랭크 베트거는 미국에서 가장 유명한 생명보험 판매원으로 꼽힌다. 그는 필라델피아의 피델리티 뮤추얼에 근무하고 있으며, 1년에 100만 달러 가치의 판매실적을 올리고 있다. 하지만 그도 거의 포기하고 실패를 인정하기 직전의 상황에까지 내몰린 적이 있다. 그러던 그가 다시 성공을 향한 비상을 시작할 수 있었던 것은 문제에 대한 분석을 통해서였다.

여러분도 이 질문들을 자신의 사업 문제에 적용할 수 있겠는가? 감히 또 장담하는데, 그것들은 여러분의 걱정을 50퍼센트 줄여줄 수 있다. 다시 한 번 적어본다.

1. 무엇이 문제인가?
2. 문제의 원인은 무엇인가?
3. 문제 해결을 위해 가능한 모든 방법은 무엇인가?
4. 내가 제안하는 해법은 무엇인가?

기본적인 걱정 분석법

규칙 1. 사실을 확인하라. "세상의 걱정 가운데 절반
은 결정의 근거가 되는 지식을 충분히 확보하
기도 전에 결론으로 치닫는 사람들 때문에 생
긴다."는 컬럼비아 대학 호크스 학장의 말을
기억하라.

규칙 2. 모든 사실을 신중히 확인한 후 결정을 내려라.

규칙 3. 심사숙고 끝에 결정을 했으면, 이제 행동이
다! 적극적으로 결정을 실행에 옮겨라. 그리
고 결과에 대한 모든 불안을 잠재워라.

규칙 4. 여러분이나 동료가 어떤 문제에 대해 걱정하
는 마음이 생길 때는 아래의 질문들과 그에 대
한 답을 기록하고 답하라.
1) 무엇이 문제인가?
2) 문제의 원인은 무엇인가?
3) 문제 해결을 위해 가능한 모든 방법은 무
엇인가?
4) 내가 제안하는 해법은 무엇인가?

제3장

걱정하는 습관을
없애는 방법

1 마음속에서 걱정을 추방하는 방법

나는 몇 년 전의 그날 밤을 결코 잊지 못할 것이다. 당시 매리언 J. 더글러스는 내 강좌를 듣는 학생이었다.(이것은 그의 실명이 아니다. 그는 개인적인 이유로 신분의 공개를 원치 않았다.) 하지만 다음은 그가 우리의 성인교육 강좌에서 직접 전한 진짜 그의 이야기이다. 그는 한 번도 아니고 두 번이나 그의 가정을 강타한 비극에 대해 말해 주었다. 먼저 그는 그토록 애지중지했던 다섯 살짜리 딸을 잃었다. 그와 아내는 그 상처를 도저히 견딜 수 없을 것 같았다. 그러나 그것으로 끝이 아니었다. 그는 "10개월 뒤에 신은 우리에게 딸을 하나 더 주셨지만, 그 애는 5일 만에 죽었다."고 말했다.

그에게 거듭된 비극은 감당하기에 너무 큰 고통이었다. 그의 말을 들어보자. "견딜 수가 없었습니다. 잠을 잘 수도, 먹을 수도, 쉬거나 마음을 편히 할 수도 없었지요. 제 신경은 극도로 불안정했고 자신감은 사라졌습니다.” 마침내 그는 의사를 찾았는데, 한 사람은 수면제를 권했고 다른 의사는 여행을 권했다. 그는 두 가지 모두 해보았지만 별 도움이 되지 못했다. “마치 바이스에 꽉 물려 있는 제 몸에 양쪽 물음쇠가 점점 더 단단히 조여드는 느낌이었습니다.” 슬픔으로 온몸이 팽팽해지고 숨이 막힐 것 같은 느낌! 슬픔으로 미비된 적이 있는 사람은 그의 말이 무슨 뜻인지 알 것이다.

하지만 다행히도 제게는 자식이 하나 남아 있었습니다. 네 살짜리 아들이었죠. 그 애가 제게 문제에 대한 해결책을 가르쳐주더군요. 어느 날 오후 잔뜩 가라앉은 기분으로 앉아 있는데, 그 애가 물었습니다. “아빠, 제게 배를 만들어주실래요?” 저는 그럴 기분이 아니었습니다. 사실 뭐든 할 의욕이 없었어요. 하지만 녀석은 끈질기게 졸라댔고, 결국 제가 지고 말았습니다.

그 장난감 배를 만드는데 약 세 시간이 걸렸습니다. 그리고 작업이 끝났을 때 저는 배를 만들면서 보낸 그 세 시간이 몇 달 만에 처음으로 맛본 정신적 평안과 평화의 시간이었음을 깨달았지요.

이 깨달음에 퍼뜩 정신이 든 저는 무기력에서 벗어나 약간의 생각을 하게 되었습니다. 몇 달 만에 처음 해보는 진짜 생각이었죠. 저는 계획과 생각이 필요한 일을 하느라 바쁠 때는 걱정하기가 어렵다는 사실을 알게 되었습니다. 제 경우에는 배를 만드는 일로 걱정을 날려버린 셈입니다. 그래서 저는 계속 바쁘게 지내기로 했지요.

다음 날 밤에는 온 집안을 이리저리 오가며 해야 할 일들의 목록을 작성했습니다. 책장, 계단, 덧창, 블라인드, 손잡이, 자물쇠, 물이 새는 수도꼭지 등 손봐야 할 것들이 수십 개는 되더군요. 2주 동안 목록을 정리한 결과 놀랍게도 242개나 찾아냈습니다.

지난 2년 동안 저는 거의 대부분을 다 고쳤습니다. 그 외에도 제 삶의 공간을 에너지가 충만한 활동으로 채웠지요. 매주 이틀간 뉴욕에서 열리는 야간 성인교육 강좌에 참석하고, 제 고향의 시민활동에도 열심히 참여한 결과 지금은 교육위원회 위원장으로 있습니다. 모임에도 수십 군데 나가고 있지요. 적십자와 다른 활동을 위해 모금도 합니다. 그러니까 지금은 너무 바빠 걱정할 틈이 없을 정도입니다.

걱정할 틈이 없다! 이것이 바로 전쟁이 한창일 때 하루에 18시간을 일하던 윈스턴 처칠이 한 말이었다. 그 막중한 책임감 때문에 걱정이 되지 않느냐는 질문을 받았을 때, 그는 이렇게 대답했다. "너무 바빠요. 걱정할 틈이 없어요."

찰스 케터링도 자동차 엔진의 시동을 거는 자동전동기 개발을 시작했을 때 이와 똑같은 상황에 처해 있었다. 케터링은 최근에 은퇴하기 전까지 GM의 부사장으로 있으면서 세계적으로 유명한 GM연구소를 이끌었다. 하지만 그도 예전에는 너무 가난하여 건초를 쌓아두는 헛간을 연구실로 이용해야 했다. 식료품이니 집회를 사기 위해서는 아내가 피아노 교습을 해서 번 돈 1천500달러를 써야 했고, 나중에는 자신의 생명보험을 담보로 500달러를 빌려야 했다. 나는 그의 아내에게 그 시절 걱정이 많지 않았느냐고 물었고, 그녀는 이렇게 대답했다. "물론 걱정했지요. 마음고생이 너무 심해 잠도 못 잤어요. 하지만 남편은 그렇지 않았어요. 그이는 자기 일에 완전히 푹 빠져 걱정할 틈이 없었으니까요."

위대한 과학자 파스퇴르는 '도서관과 연구실에서 발견되는 평화'를 이야기했다. 어떻게 그런 곳에서 평화를 찾을 수 있다는 걸까? 도서관과 연구실에 있는 사람들은 대개 자기 일에 몰두하여 다른 걱정을 할 시간이 없기 때문이다. 연구원들은 신경쇠약에 걸리는 경우가 드물다. 그들에게 걱정이나 신경쇠약은 일종의 사치이며, 한가하게 그런 사치를 누릴 여유가 없는 것이다.

그냥 바쁘게 지내는 것 같은 이런 간단한 일이 어떻

게 불안을 쫓아낼 수 있다는 것일까? 그것은 심리학이 발견한 가장 기본적인 한 가지 법칙 때문이다. 바로 제아무리 똑똑한 사람도 한 번에 한 가지 이상을 생각하는 것은 거의 불가능하다는 법칙이다. 믿지 못하겠는가? 좋다. 그럼 당장 실험해 보자.

여러분이 지금 몸을 뒤로 젖히고 편안히 앉아 눈을 감은 채 자유의 여신상과 내일 아침에 할 일을 동시에 생각한다고 상상해 보라. 실제로 해보라.

여러분은 각각의 생각에 하나씩 집중할 수는 있지만 두 가지를 동시에 생각할 수는 없다는 사실을 알아냈을 것이다. 그렇지 않은가? 감정의 세계에도 마찬가지 원리가 적용된다. 우리는 뭔가 재미있는 일에 흥분과 열정을 느끼면서 동시에 걱정으로 우거지상이 되어 있을 수는 없다. 한 종류의 감정이 다른 종류의 감정을 밀어낸다. 이런 간단한 발견으로 정신치료를 담당했던 군의관들은 전쟁 중에 기적과 같은 치료 효과를 낳을 수 있었다.

전장에서의 끔찍한 경험으로 이른바 '정신신경증'에 걸려 만신창이가 된 병사들에게 군의관들은 치료 수단으로 그들을 '눈코 뜰 새 없이 바쁘게 만드는' 방법을 처방했다.

신경에 충격을 받은 병사들은 잠자는 시간만 빼고 어떤 활동이든 해야만 했다. 대개는 낚시, 사냥, 공놀이, 골프, 사진 찍기, 정원 가꾸기, 춤추기 등의 야외 활동이 주를 이루었다. 그들에게는 자신의 끔찍한 경험을 되새김질할 시간이 허락되지 않았다.

이른바 '작업치료'는 정신의학에서 어떤 일이나 활동을 마치 약처럼 처방하는 것을 지칭하는 용어이다. 이것이 새로운 것은 아니다. 예수가 태어나기 500년 전부터 이미 고대 그리스의 의사들은 이 방법을 권장했다.

벤저민 프랭클린 시절에는 필라델피아의 퀘이커 교도들이 이 방법을 사용했다. 1774년에 퀘이커교가 운영하는 요양소를 방문한 한 남자는 정신질환 환자들이 바쁘게 아마 섬유를 짜는 것을 보고는 크게 놀랐다. 그는 이 불행한 사람들이 착취당하고 있다고 생각했다. 나중에 퀘이커 신도들이 이 환자들은 오히려 일을 할 때 증상이 호전된다는 사실을 설명해 주고 나서야 그는 상황을 납득했다. 일이 그들의 신경에 진정 효과를 일으켰던 것이다.

정신과 의사라면 누구나 바쁘게 일하는 것이 신경 질환에 특효가 있는 마취제에 속한다고 말할 것이다. 헨리 W. 롱펠로도 젊은 아내를 잃었을 때 이 사실을 직접 확인했다. 어느 날 그의 아내가 봉인용 밀랍을 촛불에 녹이던 중이었는데, 그만 옷에 불이 옮겨 붙는 사고가 일어났다. 롱펠로는 아내의 비명을 듣고 달려갔지만 이미 때가 너무 늦었고, 아내는 결국 목숨을 잃었다. 한동안 롱펠로는 이 끔찍한 경험의 기억에 시달리다 못해 거의 미칠 지경에까지 이르렀다. 하지만 다행히도 어린 세 자녀들은 그의 주의와 관심을 필요로 했다. 자신의 슬픔에도 불구하고 롱펠로는 자식들에게 아버지와 어머니 역할을 해야 했다. 아버지는 아이들에게 산책을 시켜주고 이야기를 들려주었으며 함께 게임을 했고, 그의 시 <아이들의 시간> 속에서 서로간의 애정을 불멸의 것으로 승화시켰다. 또 그는 단테의 작품을 번역했다. 이 모든 일들로 너무 바빠진 그는 자기 자신을 완전히 잊고 마음의 평화를 되찾았다. 테니슨이 자신의 가장 가까운 친구인 아서 할람을 잃고 나서 말했듯이 "절망 속에 시들어가지 않으려면 행동에 몰입해야 한다."

코가 빠지게 일하고 있거나 그날 해야 할 업무를 수행하는 동안에는 '행동에 몰입하는 것'이 대다수 사람들에게 그리 어려운 일은 아니다. 그러나 위험한 것은 일이 끝난 후의 시간들이다. 걱정이라는 악마는 우리가 자유롭게 여가를 즐기고 가장 행복해야 할 바로 그 순간을 노려 우리를 공격해 들어온다. 바로 이때 우리는 도대체 내가 제대로 살고 있는 건지, 그저 자동기계처럼 습관처럼 살고 있는 것은 아닌지, 오늘 상사가 한 말에 어떤 의도가 깔려 있는 것은 아닌지, 또는 내 머리털이 자꾸 빠져나가는 것은 아닌지 고민하기 시작한다.

바쁘지 않을 때 우리 마음은 거의 진공 상태가 되는 경향이 있다. 물리학을 공부하는 학생이라면 누구나 '자연은 진공을 싫어한다.'는 말을 알고 있을 것이다. 아마도 우리가 볼 수 있는 진공에 가장 가까운 것은 백열전구의 내부일 것이다. 그 전구를 깨뜨리면 자연은 이론적으로 비어 있는 공간을 채우기 위해 공기를 밀어 넣는다.

또 자연은 비어 있는 마음도 그냥 두지 않고 뭔가를 채워 넣으려 한다. 무엇으로 채워 넣을까? 대개는 감정들이다. 왜 그럴까? 걱정, 두려움, 증오, 질투, 그리고 부러움의 감정들은 정글의 원시적인 활력과 역동적인 에너지를 동력으로 삼고 있기 때문이다. 이런 감정들은 대개 그 기세가 매우 맹렬하기 때문에 우리의 마음에서 모든 평화롭고 행복한 생각과 감정들을 쓸어낸다.

컬럼비아 대학의 사범대 교육학과 교수인 제임스 L. 머셀은 그 원리를 다음과 같이 아주 잘 표현해 주었다.

걱정은 대개 우리가 활동 중일 때가 아니라 하루 일을 다 끝났을 때를 노려 치고 들어와 우리를 기진맥진하게 한다. 그러면 우리의 상상력은 고삐 풀린 망아지가 되어 온갖 종류의 터무니없는 가능성을 생각하고 자그마한 실수 하나도 풍선처럼 부풀린다. 이때 우리의 마음은 부하가 걸리지 않은 채 작동하는 모터와 같다. 그것은 맹렬하게 헛돌면서 베어링을 태워버리거나 심지어는 산산조각이 날 것 같은 상태가 된다. 걱정을 치료하는 방법은 뭔가 건설적인 일을 하는데 푹 빠져드는 것이다.

이 얼마나 큰 축복인가! 세계에서 가장 유명한 여성 탐험가 오사 존슨은 최근에 내게 자신이 이렇게 걱정과 슬픔의 늪에서 벗어났는지를 들려주었다. 여러분은 책을 통해 그녀가 살아온 이야기를 이미 접했을지도 모른다. 바로《나는 모험과 결혼했다》라는 책이다. 만약 어떤 여성이 모험과 결혼했다면, 그것은 바로 그녀를 두고 하는 말일 것이다.

오사 존슨은 열여섯 살 때 마틴 존슨과 결혼한 후 캔자스 주 채누트 시를 떠나 보르네오의 거친 정글로 둥지를 옮겼다. 그로부터 25년 동안 캔자스 출신의 이 부부는 전 세계를 누비며 아시아와 아프리카의 사라져가는 야생 생물에 관한 영화를 만들었다. 몇 년 전에는 미국에서 강연 여행을 하며 자기들이 만든 유명한 영화들을 보여주었다. 그런데 그들이 덴버에서 탄 비행기가 해안 쪽으로 가다가 산으로 추락하는 사고가 발생했다. 마틴 존슨은 현장에서 즉사했고, 오사는 평생 침대를 벗어날 수 없으리라는 의사들의 진단을 받았다. 그러나 그들은 오사 존슨을 잘 몰랐다. 3개월 뒤에 그녀는 휠체어에 몸을 싣고 많은 관중들 앞에서 강연을 했다. 사실 그녀는 그 시즌에만 100회 이상 청중들 앞에 모습을 드러냈다. 모두 휠체어에서 이루어진 강연이었다. 내가 왜 그렇게 했느냐고 묻자 그녀는 이렇게 대답했다. "그렇게 해야 슬픔과 걱정에 빠질 시간이 없어지니까요."

오사 존슨은 테니슨이 그보다 약 100년 전에 노래했던 것과 똑같은 진리를 발견했다. "절망 속에 시들어가지 않으려면 행동에 몰입해야 한다." 버드 제독도 한 오두막에서 5개월 동안 혼자 살면서 이와 똑같은 진리에 눈을 떴다. 그 오두막은 문자 그대로 남극을 뒤덮고 있는 거대한 만년설 속에 묻혀 있었다. 그리고 그 만년설은 자연의 가장 오래된 비밀을 품은 채 미국과 유럽을 합한 것보다 더 큰 미지의 대륙을 덮고 있었다. 버드 제독은 그곳에서 홀로 5개월을 보냈다. 반경 100마일 이내에는 어떤 생명체도 존재하지 않았다. 추위가 얼마나 극심했던지 바람이 귓가를 스쳐갈 때 코로 내쉰 숨이 얼어서 결정화되는 소리를 들을 수 있을 정도였다. 자신의 책 《홀로》에서 버드 제독은 그 혼미하고 영혼을 난도질하는 암흑 속에서 보낸 5개월의 시간을 묘사하고 있다. 낮도 밤처럼 어두웠다. 그는 제정신을 잃지 않기 위해 계속 바빠야 했다. 그의 글을 따라가 보자.

밤이 되면 등불을 끄기 전에 습관적으로 내일 할 일에 대해 계획을 세웠다. 가령 이런 식이었다. 탈출 터널에 한 시간, 바람에 날려 쌓인 눈을 평평하게 고르는데 30분, 연료통들을 정리하는데 한 시간, 식량 터널 벽의 선반을 다는데 한 시간, 썰매의 부서진 다리를 고치는데 두 시간…… 이런 식으로 시간을 배분하는 일의 효과는 참으로 놀라웠다. 그것은 나 자신을 통제할 수 있는 힘을 크게 높여주었다. 이런 활동이 없었다면 시간은 아무런 목적 없이 흘러갔을 테고, 목적이 없었다면 그런 시간들이 으레 그렇듯이 결국은 파국으로 끝장났을 것이다.

마지막 말에 다시 주목해 보라. "목적이 없었다면 그런 시간들이 으레 그렇듯이 결국은 파국으로 끝장났을 것이다."

만약 여러분이나 내가 걱정을 하고 있다면 일이나 활

동이라는, 역사도 유구하고 효험도 좋은 처방을 약으로 쓸 수 있다는 사실을 기억하자. 이것은 다른 누구도 아닌 이 분야의 권위자이자 전 하버드 대학교 임상의학 교수였던 고 리처드 C. 캐벗 박사가 한 말이다. 자신의 책 《사람은 무엇으로 사는가》에서 캐벗 박사는 이렇게 발했다. "의심, 방설임, 우유부단, 두려움 등에서 비롯되는 영혼의 중풍으로 고생하던 많은 사람들이 일을 통해 치유된다. 이것을 확인하면서 나는 의사로서 큰 기쁨을 느꼈다. 일을 통해 얻게 되는 용기는 에머슨이 높이 떠받든 자신감과 비슷하다."

만약 부지런히 일하지 않고 그냥 가만히 앉아 생각의 늪에 빠져 지낸다면 우리는 찰스 다윈이 '위버 기버(wibber gibbers)'라 칭한 괴물 새끼들을 부화시키게 될 것이다. '위버 기버'는 바로 삶을 공허하게 만들고 행동 능력과 의지력을 파괴하는 그렘린, 곧 작은 악마들을 가리킨다.

조지 버나드 쇼가 옳았다. 그는 이 진리를 다음과 같이 요약했다. "비참해지는 비결은 자신이 행복한지 아닌지 고민할 시간을 갖는 것이다." 그러니 구태여 그런 거 알려고 하지 마라. 그런 거 따질 시간에 팔을 걷어붙이고 땀 흘리며 열심히 일하라. 그러면 피가 돌고 머리가 돌기 시작할 것이다. 그리고 머지않아 몸속에서 샘솟는 이 긍정의 에너지가 여러분의 마음에서 걱정을 쓸어낼 것이다. 바빠져라. 그것이 걱정을 퇴치하는 가장 값싸고도 가장 효과 좋은 약이다.

걱정하는 습관을 없애려면 다음의 규칙을 따르라.

걱정하는 습관을 없애는 방법 1

바쁘게 움직여라. 걱정을 달고 사는 사람은 행동에 몰입해야만 절망 속에 시들어가지 않는다.

② 딱정벌레의 먹이가 되지 말라

여기 평생 잊지 못할 극적인 이야기를 소개하겠다. 나는 이 이야기를 뉴저지 주 메이플우드 하이랜드 애비뉴 14번지에 사는 로버트 무어에게서 들었다.

저는 1945년 3월에 제 인생에서 가장 큰 교훈을 얻었습니다. 당시 저는 잠수함 바야 S. S. 318호의 승조원 88명 중 한 명으로 인도차이나 해안의 수심 80미터 지점에서 작전 중이었지요. 그때 일본의 소형 호위선 한 척이 우리 레이더망에 걸려들었고, 우리는 새벽에 공격을 위해 더 깊이 잠수했습니다. 저는 잠망경으로 일본의 호위 구축함, 유조선, 기뢰 부설함을 확인했습니다. 우리는 호위 구축함에 어뢰 세 발을 발사했지만 모두 빗나갔습니다. 각 어뢰의 기계장치에 뭔가 탈이 생긴 것이었지요. 그 구축함은 자신이 공격을 받았다는 사실도 모른 채 항진을 계속했습니다. 우리는 마지막 배인 기뢰 부설함을 공격할 준비를 했지요. 그런데 갑자기 그 배가 방향을 틀더니 곧장 우리 쪽으로 다가왔습니다. 일본군 비행기가 수심 18미터 지점에 있던 우리를 탐지하고는 그 기뢰 부설함에게 우리 위치를 알려준 겁니다. 우리는 탐지를 피하기 위해 45미터 깊이로 가라앉았고 적의 폭뢰 공격에 대비했습니다. 해치에는 잠금장치를 강화하고 소음 발생을 완전히 차단시키기 위해 선풍기, 냉각 장치, 전기 장치를 모두 껐습니다.

그로부터 3분 뒤에 지옥과 같은 상황이 전개되었습니다. 잠수함 주위에 폭뢰 여섯 발이 터지면서 우리는 수심 80미터의 바다 밑으로 밀려 내려갔습니다. 우리는 말 그대로 공포에 휩싸였지요. 수심 300미터 내에서 공격받으면 위험해지고, 150미터 이내라면 거의 항상 치명적입니다. 그런데 우리는 150미터의 절반이 약간 넘는 지점에서 폭뢰 세례를 받고 있었던 겁니다. 그 정도면 안전성 측면에서 볼 때 겨우 무릎에 해당되는 깊이였죠. 일본군 기뢰 부설함은 15시간 동안 계속 수중 폭탄을 퍼부어댔습니다. 폭뢰가 잠수함에서 반경 5미터 내에서 폭발하면 그 충격으로 배에 구멍이 뚫립니다. 이런 폭뢰 수십 발이 우리 잠수함으로부터 15미터 내에서 터진 겁니다. 우리는 각자 자신의 침상에 누워 꼼짝도 하지 말라는 명령을 받았습니다. 저는 공포에 질려 거의 숨도 못 쉴 지경이었지요. '이젠 끝이다! ……이젠 끝이다!'

선풍기와 냉각 장치를 꺼놓은 잠수함 내의 기온은 섭씨 37도가 넘었습니다. 하지만 저는 두려움 때문에 오한이 나서 스웨터와 안에 털가죽을 댄 웃옷을 더 껴입어야 했지요. 그래도 한기로 오들오들 떨었습니다. 이가 딱딱 맞부딪쳤고 몸에서는 차갑고 찐득찐득한 땀이 솟아났습니다. 이 공격은 15시간이나 계속되다가 갑자기 멈추었지요. 폭뢰가 다 떨어진 적군의 기뢰 부설함이 꽁무니를 뺀 것이 분명했습니다.

그 15시간의 공격은 마치 1,500만 년처럼 느껴졌습니다. 그동안 살아온 제 인생이 주마등처럼 눈앞을 스쳐가더군요. 제가 저지른 온갖 잘못된 행동들과 제 속을 끓였던 그 모든 하찮고 어리석은 걱정들이 떠올랐습니다. 해군에 입대하기 전에 은행원으로 일했는데, 그때는 긴 근무 시간, 낮은 급료, 희박한 승진 가능성 등이 제 걱정거리였습니다. 또 집도 없고 새 자동차를 살 수 없는 것과 아내에게 멋진 옷을 사주지 못하는 것을 걱정했습니다. 그리고 항상 잔소리를 하며 들들 볶던 상사를 참 많이 미워했었지요. 저녁이면 뚱하고 토라진 기분으로 퇴근해서 아내와 사소한 일로 다투던 일들도 기억났습니다. 거기다 자동차 사고로 이마에 생긴 흉터도 신경 쓰이는 일이었지요.

그때는 이 모든 일들이 큰 걱정거리였는데, 시시각각

폭뢰가 제 목숨줄을 쥐고 흔들어대는 상황을 당하니 그런 걱정들이 참 하찮아 보이더군요. 그때 그 자리에서 저는 맹세했습니다. 만약 다시 햇빛을 보게 된다면, 결코 다시는 걱정하지 않겠다고. 결코! 결코! 결코 걱정하지 않으리라! 저는 시러큐스 대학에서 4년 동안 책을 통해 배운 것보다 잠수함에서 보낸 그 지옥 같은 15시간 동안 더 많은 삶의 지혜를 깨우쳤습니다.

우리는 대개 인생의 큰 시련과는 용감하게 맞서지만 정작 우리를 쓰러뜨리는 것은 작고 사소한 골칫거리들이다. 예를 들어, 새뮤얼 피프스의 《일기》에는 해리 베인 경이 런던에서 참수를 당할 때의 장면이 묘사되어 있다. 그때 처형대에 올라선 해리 경은 사형집행인에게 목숨을 구걸하지는 않았지만, 목에 난 아픈 종기를 건드리지 않도록 조심해 달라고 부탁했다고 한다.

버드 제독 역시 극지의 밤을 물들이는 어둠과 가공할 추위 속에서 자신의 부하들이 큰일보다는 자잘한 불편 때문에 더 안달하며 신경질을 부린다는 사실을 발견했다. 그들은 위험, 고난, 그리고 종종 영하 80도 아래로 내려가는 맹추위는 불평 없이 잘 견뎌냈다. 여기서 버드 제독의 말을 직접 들어보자. "하지만 침상을 같이 쓰는 대원들은 상대의 침구가 자신의 공간을 조금씩 침범한다고 생각되면 앵돌아져 말도 안 하고 지냈다. 또 꼭 28번을 씹고 나서야 밥을 삼키는 감식주의자가 있었는데, 이 사람이 보이는 곳에서는 식사를 하지 못하는 대원도 있었다. 극지방의 캠프에서는 이러한 사소한 일들이 잘 훈련된 사람늘소자 서의 비지기 일보 직전의 상태에 이르게 한다.”

그리고 버드 제독은 이렇게 덧붙일 수도 있었을 것이다. 사람들을 거의 미칠 지경으로 몰아가고 ‘모든 심적 고통의 절반을 야기하는’ 것은 결혼생활 중에 발생하는 ‘소소한 일들’이라고.

적어도 이것이 권위자들의 말이다. 가령 4만 건이 넘는 불행한 결혼의 중재인으로 활동한 경력이 있는 시카고의 조지프 새바스 판사는 이렇게 단언했다. “대다수 불행한 결혼생활의 근저에는 사소한 일들이 있다.” 뉴욕 카운티의 프랭크 S. 호건 지방검사도 이렇게 추임새를 넣었다. “형사 사건의 거의 절반은 사소한 일들이 발단이 된다. 술집에서의 허장성세, 가정 내 말다툼, 모욕적인 발언, 험담, 무례한 행동 등의 작은 일들이 폭력과 살인으로 이어진다. 우리에게 정말 잔인한 짓을 하거나 큰 잘못을 저지르는 사람은 거의 없다. 이 세상의 마음

고통의 절반은 우리의 자부심이나 허영심이 입은 작은 상처와 모욕감에서 비롯된다."

신혼 시절에 일리노어 루스벨트는 새 요리사의 형편없는 요리 실력 때문에 "며칠씩이나 걱정했다."고 한다. "하지만 지금 그런 일이 생긴다면 어깨를 으쓱하고 잊어버릴 것"이라고 말했다. 그렇다. 이것이 감정적으로 어른답게 처신하는 것이다. 절대 전제군주였던 예카테리나 여제조차 요리사가 요리를 망쳤을 때 그냥 웃어넘기곤 했다고 한다.

전에 아내와 함께 시카고에 사는 한 친구 집에서 저녁 식사를 한 적이 있다. 그런데 친구가 고기를 썰다가 그만 실수를 하고 말았다. 나는 그것을 알아채지 못했다. 설사 알아챘다고 해도 신경 쓰지 않았을 것이다. 하지만 그의 아내는 그것을 보고는 우리가 있는 앞에서 남편에게 화를 냈다. "여보, 지금 뭐하는 거예요? 좀 제대로 할 수 없어요?" 그리고 그녀는 우리를 보며 말했다. "저이는 늘 저렇게 실수를 한답니다. 도대체 노력을 하지 않아요." 아마 내 친구는 고기를 잘 썰려는 노력은 하지 않았을지도 모르겠다. 하지만 나는 그가 20년 동안 아내와 함께 살기 위해 노력한 점은 높이 사지 않을 수 없다. 솔직히 나는 그녀의 잔소리에 시달리면서 북경 오리나 상어 지느러미를 먹느니 차라리 단란한 분위기에서 겨자 넣은 핫도그 두어 개로 만족할 것 같다.

이 일이 있은 지 얼마 지나지 않아 아내와 나는 친구 몇 명을 우리 집 저녁 식사에 초대했는데, 그들이 도착하기 직전에 아내는 냅킨 세 개가 식탁보와 어울리지 않는 것을 발견했다. 아내가 나중에 내게 말했다. "난 급히 요리사에게 달려갔는데 나머지 냅킨 세 장은 세탁소에 보냈다더군요. 손님들은 문 밖에 와 있었고, 바꿀 시간은 없었지요. 정말 울고 싶더군요. 마음속은 '이런 멍청한 실수 때문에 저녁 시간을 완전히 망치게 생겼다.'는 생각뿐이었어요. 하지만 다음 순간 생각했지요. '이따위 일 때문에 좋은 기분을 망칠 필요가 있을까?' 이렇게 나는 즐거운 시간을 망치지 않겠다는 마음으로 테이블로 갔어요. 그리고 정말 즐겁게 보냈죠. 친구들에게 내가 좀 엉성하고 센스 없는 가정주부라는 인상을 주는 것이 신경질적이고 성미 고약한 사람으로 인식되는 것보다는 낫다고 여겼지요. 어쨌든 냅킨에 주목한 사람은 아무도 없는 것 같더군요."

잘 알려진 법률 격언에 "법은 사소한 일에 관여하지 않는다."라는 말이 있다. 걱정이 많은 사람도 그래야 한다. 마음의 평화를 원한다면.

　대부분의 경우 사소한 일이 주는 불편함을 극복하려면 초점의 방향을 바꾸기만 하면 된다. 마음속에 새롭고 유쾌한 관점을 형성하는 것이다.《그들은 파리로 갔다》를 비롯한 10여 권의 책을 저술한 내 친구 호머 크로이는 이것이 어떻게 가능한지를 보여주는 인상적인 사례를 제시한다. 그는 자신이 사는 뉴욕의 아파트에서 집필 작업 중에 라디에이터의 소음이 들리면 반쯤 미쳐버리곤 했다. 스팀이 텅텅 소리를 내며 지글지글 끓기 시작하면 그 친구 역시 짜증으로 속이 지글지글 끓어오르곤 했다.

　친구의 말을 들어보자. "그 후에 친구들과 캠핑 여행을 떠난 적이 있었지. 불길 속에서 나뭇가지들이 탁탁 타오르는 소리를 듣자니 그것이 라디에이터가 내는 소음과 아주 비슷하다는 생각이 들더군. 나는 왜 이 소리는 좋아하면서 저 소리는 싫어하는 거지? 그래서 집에 돌아온 후 생각했지. '불 속에서 타는 나뭇가지들의 탁탁 소리는 기분 좋은 소리였어. 라디에이터 소음도 대체로 비슷해. 이제 그 소리에 대해선 신경 끄고 잠이나 자야겠다.' 그리고 실제로 그렇게 했지. 그 뒤 며칠 동안은 라디에이터 소리가 전처럼 귀를 자극했지만, 곧 전혀 의식하지 않게 되더군.

그 많은 하찮은 걱정거리들도 마찬가지라는 생각이 들었어. 사람들이 그것들 때문에 속을 태우고 마음을 졸이는 것은 그것들의 중요성을 과장하기 때문이지……."

디즈레일리는 "작은 일에 연연해하기에는 인생이 너무 짧다."고 말했다. 이 말에 대해 앙드레 모로아는 <디스 위크>라는 잡지에서 이렇게 말했다. "고통스러운 많은 경험을 헤쳐 나가는데 이 말이 내게 큰 힘이 되었다. 우리는 무시하고 잊어버려야 마땅할 하찮은 일에 격동될 때가 많다. 이 땅에서 기껏해야 몇 십 년 살 수 있을 뿐인데, 우리는 1년도 지나지 않아 자기 자신과 모두의 기억에서 지워질 불만을 되새김질하며 그 무엇으로도 대체될 수 없는 숱한 시간들을 허비한다. 이래선 안 된다. 이제는 가치 있는 행동과 감정, 위대한 생각, 진실한 애정과 오래 지속되는 과업에 우리의 삶을 불사르자. 하찮은 일로 속 끓이며 살기에는 인생이 너무 짧으니까."

러디어드 키플링 같은 명사조차 이 진리를 망각할 때가 있었다. 그 결과는 어땠을까? 그는 처남과 버몬트 역사상 가장 유명한 법정 싸움에 휘말렸다. 이 싸움은 너무도 유명해져서 《러디어드 키플링의 버몬트 혈전》이라는 책이 나왔을 정도였다.

사건의 전말은 이렇다. 키플링은 버몬트 출신의 여인 캐롤라인 발레스티어와 결혼한 후 버몬트의 브래틀버로에 멋진 집을 짓고는 그곳에 정착했고 여생을 그곳에서 보낼 계획이었다. 그의 처남 비티 발레스티어는 곧 키플링의 가장 가까운 친구가 되었다. 두 사람은 일도 같이 하고 노는 것도 함께했다. 얼마 후에 키플링은 발레스티어로부터 땅을 샀다. 해마다 철이 되면 처남이 건초를 베어갈 수 있다는 양해가 전제된 거래였다. 그런데 어느 날 발레스티어는 키플링이 이 건초용 풀밭에 꽃밭을 조성할 계획임을 알게 되었다. 이에 처남은 불같이 화를 내며 길길이 날뛰었고, 키플링도 지지 않고 맞받아쳤다. 버몬트 주 그린 산맥의 공기가 한기로 싸늘해졌다.

며칠 뒤, 키플링이 자전거를 타고 가는데 그의 처남이 말 몇 마리가 끄는 짐마차를 몰고 갑자기 길을 가로질렀고 이 바람에 키플링은 자전거에서 굴러 떨어졌다. '주변의 모든 사람이 이성을 잃고 당신에게 욕을 해대도 당신이 냉정을 유지할 수 있다면'이라는 글을 쓴 적이 있었던 키플링이지만, 상황이 이렇게 되자 그도 냉정을 잃고는 처남을 감옥에 처넣겠다며 이를 갈았다. 그리고 세상을 떠들썩하게 만든 재판이 이어졌다. 대도

시의 기자들이 마을로 몰려들었고, 관련 소식이 세계의 신문 지면을 후끈 달구었다. 하지만 해결된 것은 아무 것도 없었다. 이 싸움으로 키플링 부부는 여생을 보내기로 했던 미국의 보금자리를 포기했다. 그 많은 마음고생과 요란한 법석은 다 무엇 때문이었을까? 바로 별것도 아닌 그놈의 건초더미 탓이었다.

2,400년 전에 페리클레스가 말했다. "모두 진정합시다. 우리는 하찮은 일에 너무 오래 끙끙대고 있어요." 그렇다. 우리도 바로 그렇게 살고 있다.

여기 해리 에머슨 포스딕 박사가 들려준, 숲의 거인이 이기고 진 싸움들에 관한 정말 재미있는 이야기 하나를 소개한다.

콜로라도의 롱스 피크 경사지에는 거대한 나무의 잔해가 놓여 있다. 그 나무는 약 400년 동안 그 자리에 서 있었다는 것이 식물학자들의 주장이다. 콜럼버스가 산살바도르에 첫발을 디뎠을 때 그것은 어린 묘목이었고, 영국 청교도들이 플리머스에 정착했을 때는 반쯤 자라 있었다. 긴 생애를 살면서 벼락을 14번이나 맞았고, 400년 동안 눈사태와 폭풍우를 온몸으로 받아낸 것은 헤아릴 수도 없을 정도였다. 그 나무는 그 모든 것을 견뎌내고 살아남았다. 하지만 이 거목도 딱정벌레 군단의 대대적인 공격 앞에서는 더 이상 버티지 못했다. 이 곤충들은 껍질을 뚫고 나무의 속살을 파고들었으며, 미약하지만 끊임없는 공격으로 서서히 나무의 내적인 힘을 파괴시켰다. 세월도 시들게 하지 못하고 번개도 태우지 못했으며 폭풍우도 쓰러뜨리지 못한 그 숲의 거인은 어처구니없게도 인간이 손가락 두 개로 짓이길 수 있을 만큼 작은 딱정벌레 앞에 무릎을 꿇은 것이다.

우리도 온갖 적들에 맞서 싸움을 벌이는 그 숲의 거목과 같지 않을까? 우리는 드물게 일어나는 인생의 폭풍우, 눈사태, 그리고 번개와는 어떻게든 잘 싸워내면서도, 손가락 두 개로 으깰 수 있는 그 걱정이라는 작은 딱정벌레에게 자기 마음을 먹잇감으로 내주고 있지는 않은가?

몇 년 전에 나는 와이오밍 주의 고속도로 관리책임자 찰스 세이프레드와 그의 몇몇 친구들과 함께 티턴 국립 공원 지역을 여행한 적이 있다. 우리는 공원 내에 있는 존 D. 록펠러 저택을 향하고 있었다. 하지만 내가 타고 있던 차가 방향을 잘못 잡는 바람에 다른 차들보다 한 시간 늦게 저택 입구에 다다르게 되었다. 덕분에 저택 대문의 열쇠를 갖고 있던 세이프레드 씨는 우리가 도착할 때까지 무덥고 모기가 우글대는 숲에서 한 시간을 기다려야 했다. 모기들은 성인군자라도 미치게 만들 정도로 그 기세가 맹렬했다. 하지만 녀석들도 찰스 세이프레드를 이기지는 못했다. 그는 우리를 기다리는 동안 포플러 나뭇가지를 꺾어서는 호루라기를 만들었다. 우리가 도착했을 때 그는 모기에게 욕을 퍼붓고 있있을까? 아니다. 그는 호루라기를 불고 있었다. 나는 작은 일에 연연해하지 않는 법을 아는 사람에 대한 기념으로 그 호루라기를 계속 보관하고 있다.

다음은 걱정하는 습관을 없애버리기 위한 제2의 규칙이다.

걱정하는 습관을 없애는 방법 2

무시하고 잊어버려야 마땅할 작은 일들에 마음 상하지 말라.
"작은 일로 끙끙대기에는 인생이 너무 짧다."는 사실을 명심하라.

3 많은 걱정을 날려버릴 법칙

어렸을 때 나는 미주리의 한 농장에서 자랐다. 어느 날 어머니와 함께 체리의 씨를 빼던 나는 느닷없이 울음을 터뜨렸다. 어머니가 의아해하며 물으셨다. "데일, 도대체 왜 그러니?" 내가 흐느끼며 대답했다. "땅 속에 산 채로 묻힐까 봐 무서워요."

그때 나는 걱정이 너무 많았다. 천둥과 번개가 치면서 폭풍우까지 몰아치면 벼락에 맞아 죽을까 두려웠고, 집안 형편이 어려워질 때면 먹을 게 떨어지면 어쩌나 불안했으며, 죽으면 지옥에 갈까 겁이 났고, 또 나보다 나이 많은 샘 화이트라는 동네 형이 위협한 대로 정말 내 큰 귀를 잘라버릴까 봐 공포에 떨었다. 또 모자를 조금 올려 인사하면 여자애들이 나를 비웃을까 걱정했고, 나와 결혼하겠다는 여자가 하나도 없을까 봐 걱정했다. 하다못해 결혼하고 난 후에 아내에게 하는 말 하나하나까지도 신경이 쓰였다. 심지어 나는 시골 교회에서 결혼식을 치른 후 꼭대기를 수술 장식으로 꾸민 마차를 타고 농장으로 돌아오는 상상을 하곤 했는데, 그 상황에서 무슨 대화를 나누어야 할지도 고민거리였다. 어떻게 하지? 나는 쟁기질을 하면서도 한참 동안이나 이런 '극히 중차대한' 문제로 속을 끓였다. 그러다가 시간이 흐르고 철이 들면서 차츰 내가 걱정하던 일의 99퍼센트는 결코 일어나지 않는다는 사실을 깨달았다.

이를테면, 이미 말했듯이 나는 벼락에 맞을까 봐 몹시 두려웠다. 하지만 이제 내가 어느 한 해에 벼락에 맞아 죽을 확률은 35만분의 1에 불과하다는 사실을 알고 있다. 이것은 국가안전위원회의 계산이다. 산 채로 땅에 묻히는 것에 대한 내 두려움은 더욱 터무니없는 것이었다. 정말 산 채로 땅 속에 묻히는 사람은 천만 명중 한 명도 안 될 거라고 생각한다. 하지만 나는 그게 무서워 울기까지 한 것이다. 암으로 죽는 사람은 여덟 명 중 한 명꼴이다. 만약 걱정할 게 있다면 나는 벼락에 맞거나 산 채로 땅에 묻히는 것 대신 암에 걸릴 것을 걱정했어야 했다.

지금까지 말한 것은 분명 내가 어린 시절 철없을 때 하던 걱정들이다. 하지만 성인들이 하는 걱정의 상당수도 거의 예전의 내 걱정 못지않게 터무니없는 것들이다. 만약 두려움에 마비된 마음을 진정시키고 평균의 법칙으로 볼 때 우리가 하는 온갖 걱정이 정말 실질적인 근거가 있는 것인지 확인하기만 하면 아마 그 걱정들의 90퍼센트를 당장 없애버릴 수 있을 것이다.

세계에서 가장 유명한 보험회사인 런던로이즈사는 좀처럼 일어나지 않는 일을 두고 걱정하는 인간의 성향을 이용하여 엄청난 돈을 벌었다. 이 회사는 사람들이 두려워하는 큰 재난은 결코 일어나지 않는다는 쪽에 내기를 건다. 물론 그들은 그것을 내기라 부르지 않고, 보험이라 부른다. 하지만 사실 그것은 평균의 법칙에 근거한 내기이다. 이 대단한 보험사는 200년 동안 계속 튼실한 운영을 해왔다. 인간성이 바뀌지 않는 한 그들은 평균의 법칙으로 볼 때 사람들이 상상하는 것만큼 그리 자주 일어나지는 않는 재난에 대비해 신발, 선박, 밀봉용 밀랍에도 보험을 들게 함으로써 앞으로도 5천 년 동안은 끄떡없이 짭짤한 수익을 올리며 탄탄하게 운영될 것이다.

평균의 법칙을 연구하다 보면 그 과정에서 밝혀지는 여러 사실에 놀라는 경우가 많을 것이다. 예컨대, 만약 내가 앞으로 5년 동안 게티즈버그 전투만큼이나 피비린내 나는 전투를 치러야 한다면, 나는 공포에 질려 가입 가능한 생명보험에는 모두 가입할 것이다. 유언장도 작성하고 속세의 모든 일들을 하나둘 정리할 것이다.

그리고 이렇게 말할 것이다. "난 아마 그 전투에서 살아남지 못할 거야. 그러니 남은 시간이나마 최대한 활용할 수밖에 없어." 그러나 평균의 법칙에 의하면 평상시에 50세에서 55세까지 사는 것은 게티즈버그 전투를 치르는 것 못지않게 위험하고 치명적이라고 한다. 무슨 말이냐 하면, 평상시에 50세에서 55세 사이의 인구 천 명당 사망자 수는 게티즈버그에서 싸운 병사 16만 3천 명 중 천 명당 전사자 수와 같다는 것이다.

나는 이 책의 몇 장을 캐나다 로키 산맥의 보 호숫가(Bow Lake)에 있는 제임스 심슨의 '넘티가 로지'라는 오두막에서 집필했다. 어느 여름에 그곳에 머무르는 동안 나는 샌프란시스코 퍼시픽 애비뉴 2298번지에 사는 허버트 H. 샐린저 씨 부부를 만났다. 차분하고 조용한 샐린저 부인에게서 나는 평생 걱정이 뭔지 모르고 살아온 여성이라는 인상을 받았다. 어느 날 저녁 모닥불 앞에 앉아 나는 그녀에게 걱정으로 괴로워한 적이 있는지 물었다. 그녀가 대답했다.

걱정 때문에 괴로워한 적이 있느냐고요? 제 인생은 그것 때문에 거의 파탄 지경에 이르렀지요. 걱정을 정복하는 법을 배우기 전까지는 11년이라는 세월을 저 자신이 만든 지옥 속에서 살았으니까요. 저는 짜증을 잘 내고 욱하는 성질이 있었어요. 늘 팽팽한 긴장 속에서 살았습니다. 매주 샌마티오에 있는 집에서 버스를 타고 샌프란시스코로 쇼핑을 나가곤 했었는데, 쇼핑을 하는 동안에도 걱정으로 속을 태웠지요. 코드도 안 빼고 다리미를 다리미판 위에 그냥 올려두고 나온 건 아닐까? 집에 불이 나진 않았을까? 하녀가 아이들을 놔두고 저 혼자만 도망가지는 않았을까? 아이들이 자전거를 타고 놀다 차에 치어 죽은 건 아닐까? 쇼핑 중에도 이런 식으로 걱정에 시달리다 식은땀까지 흘릴 정도였어요. 그럴 때면 급히 뛰어나가 버스를 타고 집으로 돌아와서는 모든 것이 무사한지를 확인했죠. 제 첫 번째 결혼이 실패한 것도 놀랄 일은 아니었어요.

제 두 번째 남편은 변호사였는데, 무슨 일에 대해서든 절대 걱정하는 법이 없는 조용하고 분석적인 사람이었지요. 제가 긴장하고 불안해하면 그이가 말하곤 했습니다. '진정해요. 자, 차근차근 생각해 보자고. 당신이 정말 걱정하는 게 뭐지? 평균의 법칙을 이용해서 그게 정말 일어날 가능성이 있는지 따져봅시다.'

한 번은 뉴멕시코의 앨버커키에서 칼즈배드 캐번즈 국립공원으로 여행한 적이 있었지요. 길은 비포장이었는데, 심한 폭풍우를 만났습니다. 차는 제멋대로 이리저리 미끄러지며 통제가 안 되는 상황이었어요. 이러다간 꼼짝없이 길옆 도랑에 빠질 거라고 생각했지요. 하지만 남편은 계속 저를 안심시켰습니다. '아주 천천히 가고 있으니까 아무 일도 안 일어날 거야. 설사 차가 도랑에 처박혀도 평균의 법칙에 의해 우린 아무 탈 없을걸.' 그이의 침착함과 자신감이 저를 진정시켰지요.

또 어느 여름에 캐나다 로키 산맥의 톤퀸 계곡으로 캠핑 여행을 떠난 적이 있었어요. 밤에 해발 2천 미터 지점에 텐트를 쳐놓고 있었는데, 폭풍우가 텐트를 갈가리 찢어놓을 기세로 세차게 몰아치더군요. 텐트는 나무 받침대에 텐트를 고정시키는 가이 로프로 묶여 있었습니다. 바깥쪽 텐트가 바람에 심하게 흔들리고 부들부들 떨며 비명을 질러댔습니다. 저는 텐트가 바람에 찢겨 훨훨 날아가리라고 생각했어요. 무서워 죽을 지경이었지요. 그때도 남편이 다독이며 말했습니다. '진정해, 여보. 우리는 지금 브루스터스사의 가이드와 여행 중이야. 그들은 이런 일에 전문가들이지. 이런 산에서 자그마치 60년이나 텐트를 박아온 사람들이라고. 이 텐트도 오래도록 이 자리에 박혀 있었지만, 아직 바람에 날려간 적은 없었어. 또 평균의 법칙에 의하면 오늘 밤에 날아갈 일도 없을 거야. 설사 날아간다 해도 다른 텐트로 들어가면 되잖아. 그러니 마음 편하게 먹어.' 저는 남편 말대로 마음을 가라앉히고 남은 밤을 편히 잘 수 있었습니다.

몇 년 전에는 소아마비 전염병이 우리가 사는 캘리포니아 지역을 기습한 적이 있었습니다. 옛날 같았으면 거의 히스테리 상태가 되었겠지만, 남편은 이때도 침착하라며 절 다독였습니다. 우리는 할 수 있는 모든 예방조치를 취해 아이들을 사람 많은 곳에 데려가지 않고 학교와 영화관에도 못 가게 했습니다. 공중위생국에 알아보니까 그 전에 캘리포니아에 그 전염병이 가장 심하게 창궐했을 때도 캘리포니아 주 전역에서 그 병에 걸렸던 아이는 1,835명에 불과했다더군요. 그리고 환자 수는 대개 200~300명 정도였다는 사실도 알아냈습니다. 이 수치들도 적은 게 아니라 안타깝긴 했지만, 그래도 우리는 평균의 법칙에 의해 어느 한 아이가 병에 걸릴 가능성은 아주 희박하다고 생각했습니다.

'평균의 법칙에 의하면, 그 일은 일어나지 않는다.' 이 말이 제 걱정의 90퍼센트를 날려버렸습니다. 그리고 지난 20년간의 제 삶을 기대 이상으로 아름답고 평안하게 해주었지요.

미국 역사상 인디언과의 전쟁에서 가장 큰 업적을 남긴 것으로 평가되는 조지 크룩 장군은 자신의 자서전

77쪽에서 인디언들의 "거의 모든 걱정과 불행은 실제 현실이 아니라 상상에서 비롯된 것"이라고 말했다. 지금껏 살아온 수십 년 인생을 돌아볼 때 내가 한 걱정 대부분도 마찬가지였음을 확인하게 된다.

앨 스미스가 뉴욕 주지사로 재직할 때 나는 그가 정적들의 공격을 받을 때마다 "기록을 살펴봅시다."라는 답변을 반복하는 점에 주목했다. 그리고 그는 관련 사실들을 제시했다. 다음에 또 무슨 일이 일어날까 걱정이 되면 이제 앨 스미스의 현명한 충고에 따라 기록을 살펴보고 과연 우리를 초조하게 하는 불안이 근거가 있는 것인지, 만약 있다면 그게 타당한 것인지를 따져보자. 프레더릭 J. 말슈테트는 자신이 죽을지도 모른다는 두려움에 빠졌을 때 바로 그렇게 했다. 다음은 그가 들려준 이야기이다.

1944년 6월 초, 저는 오마하 해변 근처에 있는 작은 참호에 누워 있었습니다. 저는 999통신중대 소속이었고, 우리는 노르망디에 막 참호를 구축해 놓은 상태였습니다. 땅바닥에 파놓은 직사각형 모양의 구멍에 불과한 그 작은 참호를 둘러보며 무덤이 따로 없다는 생각을 했습니다. 그곳에 누워 잠을 청하려니 꼭 무덤처럼 느껴지

더군요. '아마 이곳이 내 무덤이 될지도 모른다.' 는 생각
이 저절로 들었지요.

　밤 11시에 독일군 폭격기가 폭탄을 살포하기 시작했
을 때 저는 두려움으로 온몸이 뻣뻣해졌습니다. 처음 2,
3일간은 전혀 잠을 잘 수가 없었고 4, 5일쯤 되자 거의
신경쇠약 상태가 되었지요. 그냥 이대로 있다가는 완전
히 미쳐버릴 것 같더군요. 그래서 저는 스스로, 5일 밤
이 지났는데도 내가 여전히 살아 있다는 사실을 떠올렸
습니다. 그리고 우리 전체 부대원들도 살아 있었지요.
부상자는 겨우 두 명뿐이었고, 그나마 독일군 폭탄이 아
니라 아군 고사포의 유탄에 맞은 것이었습니다.

　저는 뭔가 건설적인 일을 통해 걱정을 멈추기로 했습
니다. 그래서 떨어지는 유탄을 막기 위해 제 개인 참호
위로 두꺼운 나무 지붕을 만들었습니다. 또 우리 부대가
포진해 있는 방대한 지역을 생각했습니다. 그리고 이렇
게 깊고 좁은 참호에서 죽으려면 적의 포탄에 직통으로
맞아야 할 텐데, 그렇게 억세게 재수 없는 일이 나한테
일어날 확률은 만분의 1도 안 된다고 계산했습니다. 이
틀 밤을 이런 식으로 생각하니 마음이 진정되었고 적의
공습 중에도 잠을 잘 수 있게 되었습니다.

미국 해군은 장병들의 사기를 높이기 위해 평균의 법

칙이 제시하는 통계를 이용했다. 전에 해군에 근무했던 한 사람은 내게 그와 동료들이 고옥탄가 유조선에 배치되었을 때 모두 몸이 굳어버릴 정도로 불안에 떨었던 상황을 전해 주었다. 그들은 만약 고옥탄가 휘발유를 실은 유조선이 어뢰 공격이라도 받는 날엔 배가 폭발하여 모두가 몰살하게 되리리고 믿었다.

하지만 실상은 다르다는 것을 미국 해군은 알고 있었다. 그래서 어뢰에 맞은 유조선 100척 중 60척이 멀쩡했고, 침몰한 40척 중에서 10분 이내에 가라앉은 배는 5척밖에 안 된다는 사실을 보여주는 정확한 통계수치를 공개했다. 그것은 배에서 빠져나올 시간이 있다는 의미였고, 또 사상자가 극소수에 불과하다는 의미였다. 이것이 사기 진작에 도움이 되었을까? 이 이야기를 전한 클라이드 W. 매스의 말을 옮긴다. "평균의 법칙에 대해 알고 나니 신경과민 증상이 말끔히 사라졌습니다. 전체 승조원들도 기분이 더 안정되었지요. 우리에게는 기회가 있고, 평균의 법칙에 비추어볼 때 전사할 확률은 지극히 낮다는 것을 알게 되었습니다."

다음은 걱정하는 습관을 없애버리기 위한 세 번째 규칙이다.

"기록을 살펴보자." 스스로에게 물어보자. "평균의 법칙에 비추어볼 때, 내가 걱정하고 있는 이 사건이 일어날 확률은 얼마나 되는가?"

4 불가피한 상황과 타협하라

어린 시절, 나는 친구 몇 명과 미주리 주 북서부 지역에 있는 낡고 버려진 오두막집 다락방에서 놀다가 다락에서 내려올 때 잠시 창턱에 발을 걸친 뒤 뛰어내렸다. 그때 왼쪽 둘째손가락에 반지를 끼고 있었는데, 뛰어내릴 때 반지가 그만 못에 걸리는 바람에 손가락이 잘려나갔다. 나는 비명을 질렀다. 공포에 휩싸였다. 이제 곧 죽을 거라고 믿었다. 하지만 손이 치유된 후에는 단 한 번도 그 일로 걱정해 본 적이 없다. 무슨 소용이 있었겠는가? 나는 불가피한 결과를 받아들였다. 지금은 한 달 내내 내 왼쪽 손가락이 네 개뿐이라는 사실을 전혀 의식하지 못하고 지낼 때가 많다.

몇 년 전에 뉴욕의 한 업무용 건물에서 화물용 엘리베이터를 관리하는 사람을 만난 적이 있다. 그는 왼손이 손목에서 잘려 나가고 없었다. 그때 나는 그에게 손이 없어서 마음이 괴롭지 않느냐고 물었고, 그는 이렇게 대답했다. "아뇨. 손이 없다는 걸 거의 의식하지도 않습니다. 전 아직 미혼입니다. 그걸 의식하는 경우는 바늘에 실을 꿸 때뿐이죠."

참 놀랍게도 인간은 필요할 때는 거의 어떤 상황이든 재빨리 받아들이고 그에 적응하며 이후에는 그것을 잊어버린다. 나는 네덜란드 암스테르담에 있는, 15세기에 세워진 성당의 폐허에 새겨져 있는 비문을 떠올릴 때가 많다. 플라망어로 쓰인 그 비문의 뜻은 이렇다. "이미 그러한 것은 그렇지 않은 것이 될 수 없다."

여러분과 나는 앞으로 수십 년을 사는 동안 이미 그러하여 어쩔 수 없게 된 불쾌한 상황들을 많이 만나게 될 것이다. 그들은 그렇지 않은 것이 될 수도 없고, 되돌릴 수도 없다. 하지만 우리에게는 선택의 여지가 있다. 그들을 불가피한 것으로 받아들이고 적응하든가, 아니면 거부하고 반항함으로써 스스로의 삶을 파괴하며 신경쇠약 환자로 끝장을 보는 것이다. 내가 좋아하는 철학자 윌리엄 제임스는 이렇게 충고했다. "피할 수 없는 상황은 기꺼이 수용하라. 이미 일어난 일을 받아들이는 것이 모든 불행의 결과를 극복하기 위한 첫걸음이다." 오리건 주 포틀랜드 북동부 49번가 2840번지에 사는 엘리자베스 콘리는 아주 힘들게 이 진리를 체득했다. 다음은 그녀가 최근에 내게 보낸 편지의 내용이다.

미군이 북아프리카에서의 승리로 들떠 있던 바로 그 날, 저는 국방성으로부터 전보 한 통을 받았습니다. 제가 정말 사랑했던 조카가 작전 중 실종되었다는 소식이었죠. 그리고 얼마 지나지 않아 다시 그의 사망 소식을 알리는 전보가 도착했습니다.

저는 슬픔으로 몸을 가누지 못했습니다. 그때까지 저는 인생이 제게 매우 호의적이라고 생각했지요. 제가 좋아하는 일을 하면서 살았고, 이 조카를 키우는데도 한몫 거들었습니다. 조카는 제게 청년이 지니는 아름답고 좋은 모든 것을 대변하는 존재였습니다. 마치 내가 물 위로 던져 넣은 빵조각들이 전부 케이크가 되어 내게 되돌아오는 것 같은 기분이었지요. ……그리고 이 전보가 왔습니다. 한 순간에 저의 모든 세계가 무너져내렸고 살아야 할 이유가 모두 사라진 듯했어요. 저는 일도 하지 않았고 친구들도 멀리했습니다. 만사를 될 대로 되라는 심정으로 내팽개쳤습니다. 비통했고 분노에 가득 차 있었지요. 왜 내 사랑하는 조카가 그런 꼴을 당해야 하는가? 도대체 왜 이 앞날이 창창한 착한 아이가 죽어야 한단 말인가? 받아들일 수 없었습니다. 슬픔에 압도당한 저는 일도 그만두고 눈물과 비애의 감옥 속에 스스로를 유폐시키기로 했습니다.

책상을 정리하고 사표 쓸 준비를 하던 중 잊고 있던

편지 한 통을 발견했습니다. 그것은 죽은 조카가 보낸 것이었고, 그보다 몇 년 전 제 어머니가 돌아가셨을 때 내게 쓴 편지였습니다. 편지엔 이렇게 적혀 있었습니다. '물론 우리는 그분을 그리워할 겁니다. 특히 이모님께서는 더욱 그러실 테지요. 하지만 이모님은 잘 견뎌내실 겁니다. 이모님은 분명한 철학이 있는 분이니까요. 저는 이모님이 가르쳐주신 아름다운 진리들을 결코 잊지 못할 겁니다. 제가 어디에 있든, 우리가 얼마나 멀리 떨어져 있든, 항상 웃고 무슨 일이든 남자답게 받아들이라던 이모님의 가르침을 늘 기억할 겁니다.'

저는 그 편지를 읽고 또 읽었습니다. 마치 그 애가 제 옆에서 이렇게 말하는 것 같았습니다. '이모님이 제게 가르쳐주셨잖아요? 무슨 일이 생기든 이겨내라고. 마음 속 슬픔을 미소 뒤에 가리고 꿋꿋이 견뎌내라고. 그런데 이모님은 왜 그렇게 못 하시죠?'

그래서 다시 일을 시작했습니다. 더 이상 슬퍼하거나 반항하지 않았습니다. 그리고 끊임없이 스스로를 일깨웠습니다. '이미 일어난 일이야. 되돌릴 수 없지. 하지만 그 애가 원하는 대로 난 견뎌낼 수 있고 또 그렇게 할 거야.' 저는 제 모든 힘과 에너지를 일에 쏟았습니다. 그래서 장병들에게 편지도 쓰고, 야간 성인교육 강좌에 등록하여 새로운 관심거리를 찾고 새로운 친구를 사귀었습

니다. 제게 일어난 변화는 믿을 수가 없을 정도지요. 저
는 돌이킬 수 없는 과거 때문에 더 이상 징징대지 않습
니다. 제 조카가 원했던 것처럼 지금은 하루하루를 즐겁
게 살고 있습니다. 저는 인생과 화해했고, 제 운명을 받
아들였습니다. 지금은 그 어느 때보다 더욱 충만하고 완
전한 삶을 살고 있습니다.

엘리자베스 콘리는 결국에는 누구나 배워야 할 것,
즉 불가피한 일을 수용하고 그것과 타협해야 한다는 진
리를 배웠다. "이미 그러한 것은 그렇지 않은 것이 될
수 없다." 이것은 배우기 쉬운 가르침이 아니다. 늘 이
진리를 기억해야 하는 것은 용상에 앉은 왕이라 해도
예외가 아니다. 조지 5세는 다음의 글귀를 액자에 넣어
버킹엄 궁에 있는 자신의 서재 벽에 걸어두었다. "달을
따달라며 보채지도 않고 엎질러진 우유가 아까워 울지
도 않게 하소서." 이와 똑같은 주제를 쇼펜하우어는 이
런 식으로 변주했다. "인생이라는 여행길에서 가장 중
요한 준비물은 충분한 양의 체념이다."
　환경 자체는 분명 인간의 행·불행을 좌우하지 못한
다. 우리의 감정을 결정하는 것은 우리가 환경에 반응
하는 방식이다. 예수는 천국이 우리 안에 있다고 말했

다. 그리고 그곳은 지옥이 머무는 곳이기도 하다. 꼭 그래야만 한다면 인간은 누구나 재난과 비극을 견디고 이겨낼 수 있다. 우리는 그럴 수 없다고 생각할지 모르지만 우리는 이용할 의지만 있다면 자신을 끝까지 버티게 해줄 놀라울 정도로 강력한 내적 자원을 지니고 있다. 우리는 자신이 생각하는 것보다 강하다. 작가 부스 타킹턴이 항상 한 말이 있다. "나는 한 가지만 빼고 인생이 내게 주는 것은 무엇이든 감내할 수 있다. 그 한 가지는 바로 앞을 못 보는 것이다. 그것만은 견디지 못할 것 같다."

60대의 삶을 살고 있던 어느 날, 타킹턴은 바닥의 카펫에 흘끗 눈길을 주었다. 그런데 색깔이 흐릿하고 무늬가 제대로 보이지 않았다. 그는 전문의를 찾아갔고, 곧 비극적인 사실을 확인했다. 시력을 잃어가고 있다는 것이다. 한쪽 눈은 거의 실명 상태였고, 나머지 한쪽도 곧 그리 될 거란다. 그가 가장 두려워했던 일이 일어난 것이다.

타킹턴은 이 '최악의 재난'에 어떻게 반응했을까? "바로 이거야! 이게 바로 내 인생의 끝이야!"라고 생각했을까? 아니다. 그는 자신도 놀랄 정도로 꽤 유쾌한 모습을 보였다. 심지어는 유머를 발휘하며 너스레를 떨기

도 했다. 떠다니는 '작은 반점'들이 그의 눈가를 어른
거리며 시야를 막아 그에게 불편을 주었다. 그중 가장
큰 반점이 눈앞에서 헤엄을 칠 때 그는 이렇게 말했다.
"안녕하세요, 할아버지! 또 오셨네요. 이 좋은 아침에
어딜 가시나요?"

　과연 운명이 이런 정신을 무릎 꿇릴 수 있을까? 절대
그럴 수 없다. 완전한 암흑이 그의 눈을 덮었을 때 타킹
턴은 말했다. "인간이 여타의 모든 것을 받아들일 수 있
듯이 나도 내가 더 이상 앞을 못 본다는 사실을 받아들
일 수 있음을 알았다. 비록 내 다섯 개 감각 모두를 잃
는다 해도, 나는 계속 살아갈 수 있음을 안다. 그것을
알든 모르든 우리는 마음으로 보고 마음으로 살아가기
때문이다."

　타킹턴은 시력 회복에 대한 기대로 부분 마취만 한
채 1년에 열두 번이 넘는 수술을 받아야 했다. 그는 욕
을 하며 신세를 한탄했을까? 그는 어쩔 수 없다는 사실
을 알고 있었다. 어차피 피할 수 없는 일이었으므로 그
고통을 줄일 수 있는 길은 품위 있게 받아들이는 것뿐
임을 알고 있었다. 그는 개인 병실을 거부하고 병동에
들어가서 자기처럼 고통받고 있는 다른 사람들과 함께
지냈다. 그는 그들의 기운을 북돋아주려 했다. 자신의

눈에 일어나는 일을 또렷이 의식하며 반복되는 수술을 받아야 했을 때, 그는 자신이 얼마나 운 좋은 사람인지를 기억하려 했다. 그는 말했다. "참 놀라워요! 인간의 눈처럼 정교한 것도 수술할 정도의 기술이 있다는 것이 참으로 놀랍습니다!"

열두 번이 넘는 수술을 받고도 앞을 못 보게 될 경우, 보통사람이라면 신경쇠약으로 완전히 만신창이가 되었을 것이다. 하지만 타킹턴은 "나는 이 경험을 더 행복한 경험과 맞바꾸지 않겠다."고 선언했다. 그것은 그에게 수용의 지혜를 가르쳐주었고, 인생의 그 어떤 시련도 그가 견뎌내지 못할 것은 없다는 사실을 가르쳤다. 그리고 그것은 "비참한 것은 앞을 못 보는 것이 아니라, 그것을 견디지 못하는 것"이라던 존 밀턴의 말이 진리임을 깨닫게 해주었다.

뉴잉글랜드 여권주의자 마가렛 풀러는 자신의 신조를 이렇게 밝혔다. "나는 우주를 받아들인다!" 영국에서 이 이야기를 전해들은 늙고 뚱한 토마스 칼라일은 콧방귀를 뀌며 맞받았다. "물론 그러셔야지!" 그렇다. 여러분이나 나도 불가피한 일은 받아들이는 편이 낫다. 욕을 퍼붓고 발길질 한다 해도 불가피한 일을 바꾸지는 못한다. 하지만 자신을 바꿀 수는 있다. 나도 해봐서 안다.

나는 한때 내게 닥친 불가피한 상황을 인정할 수 없다며 악을 쓴 적이 있다. 바보처럼 그것에 주먹질을 하며 저항하고 반항하며 내 밤들을 불면의 지옥으로 만들었다. 내가 원치 않던 모든 것을 스스로 끌어들인 셈이었다. 이렇게 1년 동안 스스로를 고문한 끝에 마침내 애초부터 바꿀 수 없음을 알고 있던 현실을 받아늘여야 했다.

나는 이미 오래전에 월터 휘트먼처럼 이렇게 외쳤어야 했다.

오, 밤과 폭풍우와 굶주림에,
비웃음과 사고와 냉대에 의연할 수 있기를!
저 나무와 짐승들이 그러하듯이.

나는 12년간 소떼와 동고동락했다. 하지만 뉴저지의 암소가 비가 오지 않아 메말라버린 목초지 때문에, 추위나 진눈깨비 때문에, 혹은 지나치게 다른 암소를 곁눈질하는 자신의 남자 친구 때문에 화를 내는 모습은 한 번도 본 적이 없다. 동물들은 밤과 폭풍우와 굶주림에 의연하게 맞선다. 그래서 그들은 결코 신경쇠약이나 위궤양에 걸리지 않으며 정신이 돌아버리지도 않는다.

내가 자신에게 닥치는 모든 불행에 그냥 굴복해야 한다고 말하는 것 같은가? 전혀 그렇지 않다. 그것은 숙명론일 뿐이다. 상황을 역전시킬 가능성이 조금이라도 있다면 적극 나서서 싸워라. 그러나 상식적으로 우리가 마주한 상황이 "이미 그러한 것이고, 그렇지 않은 것이 될 수 없는" 어떤 것임을 알아볼 수 있다면, 더 이상 이리저리 재며 돌이킬 수 없는 일에 대한 미련으로 심신을 닦달하지 말자.

컬럼비아 대학 학장을 지낸 호크스는 자신의 좌우명 중 하나가 영국의 전래동요 '엄마 거위의 노래' 라고 내게 말했다.

해 아래 존재하는 모든 병에는
치료법이 있거나 전혀 없다네.
있다면 찾으려 애쓰고
없다면 그냥 잊어야지.

이 책을 쓰는 동안 나는 미국의 여러 성공한 기업가와 면담을 했고, 그들이 불가피한 일과 타협하고 걱정으로부터 자유로운 삶을 살았다는 사실에 깊은 인상을 받았다. 만약 그렇지 못했다면, 그들은 피로와 스트레스로 심신이 망가졌을 것이다. 다음에 몇 가지 관련 사례를 소개하겠다.

전국에 체인망을 형성하고 있는 페니 스토어의 설립자 J. C. 페니는 내게 이렇게 말했다. "전 가진 걸 몽땅 잃어도 걱정하지 않을 겁니다. 걱정한다고 달라질 게 하나도 없다는 걸 알고 있으니까요. 그저 내가 할 수 있는 범위 내에서 최선을 다하고 결과는 신에게 맡길 뿐이지요." 헨리 포드도 비슷한 이야기를 했다. "내 힘으로 상황을 통제할 수 없을 때는 그냥 알아서 굴러가게 내버려둡니다."

크라이슬러의 사장 K. T. 켈러에게 어떻게 걱정과 담을 쌓고 사는지를 물었을 때 그는 이렇게 대답했다. "어려운 상황과 맞닥뜨릴 때, 뭔가 할 수 있는 일이 있으면 그것을 합니다. 만약 없다면 그냥 잊어버리지요. 저는 절대 미래에 대해 걱정하지 않습니다. 살아 있는 사람 그 누구도 앞으로 일어날 일을 예측할 수 없다는 사실을 알고 있기 때문이죠. 미래에 영향을 주는 힘들은 아주 많습니다. 이런 힘들을 발생시키는 요인이 무엇인지 알거나 이해할 수 있는 사람은 아무도 없어요. 그러니 걱정한들 뭐가 달라지겠습니까?" K. T. 켈러에게 "당신은 철학자군요."라고 말해 준다면 그는 당황해할 것이

다. 그는 단지 유능한 사업가일 뿐이다. 하지만 우연히
도 그의 철학은 1,900년 전에 에픽테토스가 로마에서
가르쳤던 내용과 궤를 같이한다. 에픽테토스는 로마인
들에게 이렇게 가르쳤다. "행복에 이르는 길은 단 하나
뿐이다. 바로 내 의지력의 힘이 미치지 못하는 일에 대
해서는 걱정을 멈추는 것이다."

'성스러운 사라'로 알려진 사라 베르나르는 불가피한
일과 타협하는 법을 안다는 것이 무엇인지를 생생히 보
여준다. 50여 년 동안 그녀는 4개 대륙의 극장을 지배
하는 여왕이자 세계에서 가장 사랑받는 여배우였다. 사
라가 71세가 되어 가진 돈을 모두 잃고 파산했던 암울
한 시기에 주치의였던 포치 교수는 그녀에게 다리를 절
단해야 한다고 말했다. 대서양을 건널 때 폭풍우를 만
나 갑판에서 떨어져 다리를 크게 다쳤던 것이다. 부상
은 정맥염으로 발전했고, 다리는 오그라들었다. 고통은
더욱 극심해졌으며 의사는 다리를 잘라내야 한다고 판
단했다. 하지만 성미가 불같은 사라에게 그 사실을 어
떻게 전해야 할지 두려웠다. 그는 그 끔찍한 소식에 사
라가 히스테리 증상을 보일 것으로 예측했다. 하지만
그것은 착각이었다. 사라는 잠시 그를 쳐다보더니 침착
하게 말했다. "그 방법밖에 없다면 그렇게 해야지요."

그것은 운명이었다. 사라가 수술실로 들어갈 때 아들이 울며 서 있었다. 그녀는 아들에게 밝은 표정으로 손을 흔들며 유쾌하게 말했다. "어디 가지 마라. 금방 돌아올 테니."

수술실로 가는 동안 그녀는 자신이 출연했던 연극의 한 장면을 재연하며 대사를 암송했다. 누군가가 기운을 내기 위해 그러는 거냐고 물었을 때 그녀가 답했다. "아니에요. 의사와 간호사님들 힘내라는 거지요. 그분들도 부담을 느낄 테니까요."

수술에서 회복한 후 사라 베르나르는 다시 7년 동안 세계를 돌며 관객을 매료시켰다. 엘시 맥코믹은 <리더스 다이제스트>에 이런 글을 남겼다. "불가피한 일과의 씨름을 중단할 때, 우리는 더 풍요로운 삶을 창조하게 하는 에너지를 뿜어낸다."

불가피한 일과 싸우는 동시에 새로운 삶을 창조할 수 있을 정도로 감정 에너지와 활력이 차고 넘치는 사람은 없다. 이것 아니면 저것을 택할 수 있을 뿐이다. 피할 수 없는 인생의 폭풍우 앞에서 유연하게 휘며 적응하거나, 아니면 끝까지 저항하다가 부러지는 것이다.

나는 내가 소유하고 있는 미주리의 농장에서 실제로 이런 일이 일어나는 것을 보았다. 나는 그 농장에 나무

수십 그루를 심었다. 처음에 그 나무들은 굉장히 빨리 자랐다. 어느 날 진눈깨비가 내리는 바람에 가지마다 얼음이 두껍게 얼어붙었다. 그런데 이 나무들은 자신을 짓누르는 무게에 맞춰 유연하게 휘어지는 대신 뻣뻣하게 버티다가 결국은 그 무게를 감당하지 못하고 부러지고 쪼개졌다. 그 나무들은 북부에 있는 숲이 지닌 지혜를 배우지 못했다. 나는 수백 마일에 이르는 캐나다의 상록수림 지역을 여행한 적이 있는데, 진눈깨비나 얼음에 짓눌려 부러진 전나무나 소나무는 하나도 보지 못했다. 이 상록수림은 구부러지고 휘어지는 법을, 불가피한 일과 타협하는 법을 알고 있었던 것이다.

유술 사범들은 수련생들에게 '버드나무처럼 휘어져라. 참나무처럼 너무 꼿꼿이 버티지 말라.' 고 가르친다. 자동차 타이어가 길 위에서 어떻게 그 많은 충격과 압력을 견딜 수 있다고 생각하는가? 처음에 타이어 제조업자들은 도로의 충격에 저항할 수 있는 타이어를 만들었지만, 곧 걸레처럼 너덜너덜해지고 말았다. 그래서 다음에는 도로의 충격을 흡수하는 타이어를 만들었다. 이 타이어는 충격을 견뎌낼 수 있었다. 우리도 험난한 인생길의 충격과 심한 흔들림을 흡수하고 받아들이면, 더 오래 버티고 더 부드러운 여행을 즐길 수 있다.

인생의 충격을 흡수하는 대신 그것에 저항할 때 어떤 일이 일어날까? 버드나무처럼 휘어지지 않고 참나무처럼 뻣뻣이 버티려고 할 때 무슨 일이 일어날지에 대한 답은 쉽게 할 수 있다. 우리는 끝없는 내적 갈등에 시달리며, 걱정하고 긴장하고 압박감에 짓눌리며 신경과민이 되기 쉽다. 더 나아가 가혹한 현실세계를 서부하고 자신이 만든 꿈의 세계로 후퇴할 때, 우리는 바로 미쳐버리게 될 것이다.

제2차 세계대전 중에 겁에 질린 수백만의 장병들은 불가피한 현실을 수용하든가, 아니면 압박감을 견디지 못하고 무너져야 했다. 가령 뉴욕 주 글렌데일 67번가 7126번지에 사는 윌리엄 H. 캐설리어스의 경우를 보자. 다음은 그가 뉴욕에서 열린 내 성인교육 강좌에서 발표하여 상까지 받은 이야기이다.

해안경비대에 입대한 직후 저는 대서양 연안에서 가장 위험한 지역에 배치받아 폭발물 감독관으로 임명되었습니다. 상상해 보십시오. 과자나 팔던 사람이 폭발물 감독관이라니요! 수천 톤의 TNT 위에 서 있어야 한다는 생각만으로도 이 과자 판매원은 뼛속까지 한기를 느꼈습니다. 게다가 교육은 단 이틀밖에 받지 못했습니다. 그리고 거기서 배운 것은 저를 더욱 공포에 떨게 했지요. 제가 받은 첫 임무는 결코 잊을 수 없을 겁니다. 안개가 짙게 껴서 어둡고 춥던 어느 날, 저는 뉴저지 주 베이언에 있는 캐번 곶의 개방형 잔교로 출동하라는 명령을 받았습니다.

저는 우리 배의 5번 짐칸에 배치되었고, 인부 다섯 명과 함께 그 짐칸에서 일해야 했죠. 그들은 힘은 좋았지만, 폭발물에 대해서는 일자무식이었습니다. 그들이 싣고 있던 건 각각 1톤이 넘는 TNT가 들어 있는 초대형 폭탄들이었습니다. 그 정도면 그 낡은 배를 날려버리기에 충분한 폭발력이었지요. 이 폭탄들은 두 개의 케이블에 묶여 내려왔는데, 계속 이런 생각이 들더군요. '이 케이블 중 하나라도 헐거워져 풀리거나 끊어신다면? 오, 하느님!' 무서웠느냐고요? 몸이 덜덜 떨릴 정도였습니다. 입은 바싹 타들어갔지요. 무릎에 힘이 쑥 빠지고 심장은 다급히 방망이질을 해댔습니다. 그래도 도망칠 수는 없었습니다. 그건 탈영이 될 테니까요. 그런 일은 저에게 수치일 뿐 아니라, 제 부모님에게도 수치이며, 나중에 잡히면 총살을 당할 수도 있었죠. 도망은 안 될 일이었어요. 나는 인부들이 폭탄을 대충대충 다루는 것을 보며 간이 오그라들었습니다. 어느 때든 배가 폭발하여 산산조각 날 것 같았지요. 한 시간 정도 머리털이 쭈뼛서는 듯한 공포에 시달린 후 저는 약간의 상식을 회복하기 시작했습니다. 저는 스스로를 호되게 꾸짖었습니다. '야, 이놈아! 그래, 폭발이 일어나 네 몸이 산산조각 난다고 해보자. 그래서 어떻다는 거냐? 무슨 차이가 있다는 거지? 그처럼 쉽게 죽는 방법도 없을 거다. 암으로 죽는 것보다야 백배 낫지. 바보처럼 굴지 마라. 어차피 천년만년 살 것도 아닌데. 넌 이 일을 해야만 돼. 아니면 총살이야. 그러니 기왕이면 일을 즐기는 게 낫지 않겠니?'

한참을 이렇게 생각하니 마음이 편안해지기 시작하더군요. 마침내 저는 억지로라도 불가피한 상황을 수용하는 방법으로 걱정과 두려움을 극복했습니다. 전 결코 이 교훈을 잊지 못할 겁니다. 도저히 내 힘으로 바꿀 수 없는 상황에 대해 걱정하는 마음이 들 때마다 저는 어깨를 으쓱하고는 '잊어버려!' 라고 말합니다. 이 방법은 과자 판매원한테도 통하는 것 같습니다.

참 대단하다! 우리 모두 이 피너포어 출신의 과자 판매원에게 우레와 같은 박수갈채를 보내자.

예수가 십자가에 못 박혀 죽은 사건을 제외하면 역사상 가장 유명한 죽음의 장면은 소크라테스의 죽음이다. 앞으로 만 년이 지난 후에도 사람들은 플라톤이 묘사한 그의 죽음에 대한 기록을 읽고 감동할 것이다. 그것은 분명 모든 문학을 통틀어 가장 감동적이고 아름다운 묘사로 꼽힌다. 나이든 맨발의 소크라테스를 시기하고 질투한 아테네의 몇몇 사람들은 그에게 거짓으로 죄를 덮어씌운 후 재판을 받게 하고 사형을 선고받게 했다. 소크라테스에게 호의적이었던 간수는 독배를 건네며 말했다. "피할 수 없는 일이라면 담담히 받아들이시게나." 소크라테스는 그렇게 했다. 그는 거의 신성의 경지라 할 정도의 평정과 달관의 마음으로 죽음을 맞았다.

"피할 수 없는 일이라면 담담히 받아들이자." 이것은 예수가 태어나기 399년 전에 나온 말이다. 그러나 걱정이 가실 날이 없는 이 세상에는 그 어느 때보다 지금 이 말이 필요하다. "피할 수 없는 일이라면 담담히 받아들이자."

지난 8년 동안 나는 책이든 잡지 기사든 조금이라도 걱정 퇴치와 관련된 글이면 무엇이든 가리지 않고 모조리 읽어보았다. 그 모든 독서를 통해 내가 찾아낸 걱정에 관한 최고의 충고가 무엇인지 알고 싶은가? 여기 그것을 공개한다. 여러분과 나는 그것을 욕실 거울에 붙여놓고 얼굴을 씻을 때마다 우리 마음에 도사린 모든 걱정도 함께 씻어내야 한다. 다음의 감동적인 기도문은 뉴욕 브로드웨이 120번가에 있는 유니언 신학교 응용신학 교수인 라인홀트 니부어 박사가 쓴 것이다.

주여, 제게 허락해 주소서.
바꿀 수 없는 것을 받아들이는 평정과
바꿀 수 있는 것을 바꾸는 용기를,
그리고 그 둘을 분별할 줄 아는 지혜를.

다음은 걱정하는 습관을 없애기 위한 네 번째 규칙이다.

피할 수 없는 일과는 타협하라.

5 당신의 걱정을 손절매하라

월스트리트에서 돈 버는 법을 알고 싶은가? 하지만 그걸 알고 싶은 사람이 어디 한둘이겠는가! 그리고 내가 그 답을 안다면 이 책을 한 권에 만 달러씩 받고 팔 수도 있을 것이다. 그래도 일부 성공한 중개인들이 사용하는 한 가지 좋은 방법을 귀띔해 줄 수는 있다. 다음은 뉴욕 동부 42번가 17번지에 사무실을 두고 있는 투자상담사 찰스 로버츠가 내게 들려준 이야기이다.

처음에 텍사스를 떠나 뉴욕에 왔을 때 저는 손에 2만 달러를 들고 있었습니다. 그 돈은 주식시장에 투자하라며 친구들이 모아준 것이었지요. 하지만 그만 몽땅 날려버렸습니다. 저 나름으로는 주식시장을 제법 안다고 생각했었는데 말이죠. 물론 그 전에 몇 차례의 거래에서 많은 이익을 남기기도 했지만, 결국에는 모든 걸 잃고 빈털터리가 된 겁니다. 내 돈을 잃은 것은 크게 신경 쓰지 않았지만, 친구들의 돈을 그렇게 만든 것이 참 괴로웠습니다. 친구들이 그 정도는 감내할 수 있었다 해도 말입니다. 투자가 그렇게 보기 좋게 실패한 후 다시 그 들을 만나기가 두렵더군요. 하지만 놀랍게도 친구들은 결과를 의연하고 품위 있게 받아들였을 뿐 아니라, 상황 을 상당히 낙관하고 있었습니다.

사실 저는 주로 운에 기내거나 다른 사람들이 이견을 커닝하며 될 대로 되라는 식의 투자를 해왔습니다. H. I. 필립스의 말마따나 '귀로 주식놀이를 한' 셈이지요.

저는 제 실수들을 반성하기 시작했고, 다시 시장에 뛰어들기 전에 그 생리를 제대로 공부해야겠다고 결심했습니다. 그래서 가장 잘나가는 투자자라 할 만한 인물을 물색했고, 마침내 버튼 S. 캐슬즈를 알게 되었습니다. 저는 그에게서 많은 것을 배울 수 있다고 믿었지요. 그는 해마다 투자를 성공시켜 이름을 날렸고, 단지 운만 좋아서는 그런 결과가 나올 수 없다는 것이 제 판단이었기 때문입니다.

그는 저의 과거 거래 방식에 대해 몇 가지 물어본 후에 주식 거래의 가장 중요한 원칙을 알려주었습니다. 그가 이렇게 말하더군요. "나는 모든 주식 매매 약정에 대해 손절매 주문을 넣어놓습니다. 가령 주당 50달러에 주식을 사면 45달러에서 즉각 손절매하는 것이지요." 이 것은 주가가 매수 가격에서 5포인트 떨어지면 바로 그 순간 자동으로 주식을 매도함으로써 손실을 5포인트로 제한한다는 의미입니다.

캐슬즈가 계속 말을 이었습니다. "애초에 매매 약정을 잘해서 좋은 가격에 샀다면 당신의 수익은 평균 10포인트, 25포인트, 심지어는 50포인트로 불어날 수도 있습니다. 따라서 손실을 5포인트로 제한하면 예측이 빗나간 경우가 절반 이상이라 해도 꽤 많은 돈을 벌 수 있지 않을까요?"

저는 당장 이 원칙을 받아들였고 그 이후 계속 이용하고 있습니다. 그 덕택에 저는 물론 제 고객들도 큰 수익을 얻을 수 있었지요.

얼마 뒤에 저는 이 손절매 원직이 주식시장이 아닌 다른 영역에서도 활용될 수 있다는 사실을 깨달았습니다. 돈 걱정 외의 다른 걱정들도 손절매하기 시작한 겁니다. 그러니까 제가 느끼는 온갖 불쾌감이나 분노에 대해서도 손절매 주문을 넣은 것이지요. 그 효과가 참 대단하더군요.

예를 들면 저와 자주 점심을 같이하는 친구가 있는데, 이 친구는 제때 나타나는 경우가 별로 없습니다. 예전에는 점심 식사 시간의 절반이 지날 때까지도 그가 오지 않아 속을 부글부글 끓이곤 했었지요. 마침내 저는 친구에게 걱정에 대한 저의 손절매 주문 원칙을 설명해 주었습니다. "이봐, 빌. 자네를 기다리는 일에 대한 내 손절매 기준은 딱 10분일세. 만약 자네가 10분 이상 늦으면 우리 점심 약속은 물 건너가는 거야. 그 이상 자네를 기다리지 않겠다는 거지."

그렇나. 나 자신도 오래전부디 조급함, 분노, 자기정당화 욕구, 후회, 그 외에 온갖 정신적 감정적 스트레스를 손절매할 수 있었다면 훨씬 행복한 삶을 살았을 것이다. 왜 나는 내 평화를 위협하는 모든 상황을 저울질한 후 이렇게 말하는 지혜가 없었을까? '이봐, 데일 카네기. 이 상황은 딱 그 정도만 걱정하면 돼. 더 이상은 필요 없어.'

그럼에도 적어도 한 가지 경우에는 내가 지각 있게 행동했다고 할 수 있다. 이것 역시 심각한 상황이었고 내 인생의 위기였다. 그것은 내 꿈과 장래 계획과 오랜 시간의 수고가 물거품이 되어 사라지는 것을 지켜봐야 했을 때의 위기였다. 일의 전말은 이렇다.

30대 초에 나는 소설을 쓰며 살기로 작정했다. 제2의 프랭크 노리스나 잭 런던이나 토마스 하디가 되고 싶었다. 이 꿈이 너무 강렬하여 나는 유럽에서 2년을 보냈다. 당시 유럽에서는 제1차 세계대전 이후 미국에서 마구 찍어낸 달러 덕택에 생활비가 많이 들지 않았다. 나는 그곳에서 2년을 머물며 필생의 역작 《눈보라》를 완성했다.

다코타의 대평원에 몰아치는 눈보라만큼이나 차가웠던 출판사들의 반응을 생각하면, 참 더할 나위 없이 적절한 제목이었다. 내 출판 에이전트로부터 그 소설이 아주 형편없으며, 내가 소설가로서 함량 미달이라는 말을 들었을 때는 심장이 멎는 듯했다. 나는 넋이 나간 사람처럼 그의 사무실을 나섰다. 그가 몽둥이로 내 머리를 후려쳤다 해도 그 정도로 충격이 심하지는 않았을 것이다. 나는 얼이 빠져버린 듯했다. 나는 지금 내가 인생의 기로에 서 있으며 중대한 결단을 내려야 할 시점임을 직감했다. 이제 뭘 해야 하지? 어디로 가야 할까? 이런 멍한 상태에서 빠져나오는데 몇 주일이 걸렸다. 그때 나는 '당신의 걱정을 손절매하라.'는 말을 들어본 적이 없었다. 그러나 지금 돌아보면 그때 내가 한 일이 바로 그것이었다. 나는 그 소설을 쓰는데 들인 2년간의 땀과 시간을 그저 그 정도의 가치, 곧 귀중한 실험으로서의 가치만 지닌 것으로 평가하고는 거기서부터 앞으로 나아갔다. 나는 본업으로 돌아와 다시 성인교육 강좌를 준비하고 진행했으며, 짬짬이 시간이 날 때 여러분이 지금 읽고 있는 것과 같은 논픽션 도서와 전기를 썼다.

그때 그렇게 결정한 것을 지금 나는 잘했다고 생각할까? 잘했다고 생각하는 정도가 아니다. 그 결정을 생각할 때마다 나는 너무 기뻐 거리로 뛰쳐나가 춤이라도 추고 싶은 심정이다. 그 이후로 내가 또 다른 토마스 하디가 되지 못한 것을 아쉬워하며 보낸 석은 난 한 순긴도 없었다고 정직하게 말할 수 있다.

월든 호숫가의 숲에서 올빼미가 새된 소리로 울어대던 100여 년 전의 어느 날 밤, 헨리 소로는 집에서 만든 잉크에 깃펜을 적신 후 자신의 일기에 이렇게 적었다. "어떤 것의 가치는 지금 당장이든 장기적으로든 그것을 위해 지불해야 하는 인생의 양으로 결정된다."

다시 말해, 어떤 일에 대해 자기 인생을 너무 많이 희생시키는 사람은 어리석다는 것이다.

길버트와 설리번이 저지른 실수가 바로 그것이다. 그들은 유쾌한 대사와 즐거운 음악은 만들 줄 알았지만, 자신의 삶에서 즐거움을 창조해 내는 법에 대해서는 안타까울 정도로 아는 것이 별로 없었다. 그들이 창작한 <페이션스>, <군함 피너포어>, <미카도> 등의 아름다운 경가극은 많은 사람들을 즐겁게 했지만, 정작 그들 자신은 스스로의 마음을 다스리지 못했다. 그래서 카펫 가격 같은 하찮은 문제 때문에 오랜 시간을 괴로워하며 보냈다.

설리번은 그들이 매입한 극장에 깔 새 카펫을 주문했다. 그러나 청구서를 받아본 길버트는 머리끝까지 화가 났다. 급기야 그들은 이 싸움을 법정까지 끌고 갔고, 이후 평생 만나지도 않고 말도 하지 않으며 지냈다. 설리번은 작곡을 마친 새 곡을 길버트에게 우편으로 보냈고, 길버트는 작사를 한 후 그것을 설리번에게 우편으로 보냈다. 함께 커튼콜을 받아야 할 경우에도 그들은 서로 무대 반대편에 서서 다른 방향으로 인사했다. 서로 마주치지 않기 위함이었다. 그들에게는 링컨처럼 자신들의 분노를 손절매하는 지혜가 없었다.

남북전쟁 중에 링컨의 친구 몇 명이 그를 격렬하게 공격하는 정적들을 비난했을 때, 링컨은 이렇게 말했다. "자네들이 나보다 더 크게 분노하는 것 같군. 아마 내게는 그런 감정이 너무 적은지도 모르지. 하지만 그래봤자 득이 될 게 없다고 생각하네. 자기 인생의 절반을 싸움이나 하면서 소진할 정도로 시간이 남아도는 사람은 없지. 누구든 나에 대한 공격을 중단하면, 난 더 이상 그와 관련된 과거를 기억에 담아두지 않는다네."

벤저민 프랭클린은 7살 때 한 실수를 70년 동안이나 잊지 못했다. 그때 일곱 살 소년은 호루라기와 사랑에 빠졌다. 호루라기를 굉장히 좋아한 나머지 장난감 가게에 가서는 가지고 있던 동전을 계산대 위에 모두 쏟아 놓고 가격도 묻지 않은 채 호루라기를 달라고 했다. 그는 70년 뒤에 한 친구에게 보낸 편지에서 이렇게 쓰고 있다 "집에 돌아온 나는 잔뜩 들떠서 집안을 이리저리 휘젓고 다니며 호루라기를 불어댔지." 그러나 그가 호루라기를 터무니없이 비싸게 샀다는 사실을 알게 된 형과 누나들은 한심하다는 표정을 지으며 큰 소리로 웃어댔다. "난 분을 못 참고 왈칵 울음을 터뜨렸네."

훗날 세계적인 명사가 되고 프랑스 대사로 일할 때도 프랭클린은 여전히 자신이 호루라기를 너무 비싸게 샀다는 사실 때문에 그것으로 인해 얻은 기쁨보다 분노를 더 많이 느꼈던 경험을 잊지 못했다. 그러나 그것이 프랭클린에게 가르친 교훈은 결국 그리 비싼 것이 아니었다. 그의 글을 더 따라가 보자. "성인이 되고 세상에 나가 사람들의 행동을 관찰하면서 나는 호루라기 값으로 터무니없이 비싼 비용을 치른 사람들을 아주 많이 만났지. 간단히 말해, 인간이 겪는 불행의 상당 부분은 사물의 가치를 잘못 판단한 결과라는 것이 내 생각이네. 말하자면 호루라기를 너무 비싸게 산 탓이지."

길버트와 설리번도 그들의 호루라기에 대해 너무 비

싼 값을 치렀고 데일 카네기도 그랬다. 나도 그런 실수를 많이 저질렀다. 그 점에서는 《전쟁과 평화》, 《안나 카레니나》 같은 세계적인 명작을 탄생시킨 레오 톨스토이도 예외가 아니었다.

《브리태니커 백과사전》에 따르면, 톨스토이는 그의 생애 마지막 20년 동안 '아마 전 세계에서 가장 존경받는 사람'이었던 모양이다. 타계하기 전까지 20년 동안, 즉 1890년부터 1910년까지 한 번이라도 그의 얼굴을 보거나 목소리를 듣거나 심지어는 옷자락이라도 만져보려고 그의 집에 순례를 오는 숭배자들의 행렬이 끝없이 이어졌다. 그의 입에서 나오는 모든 밀들은 마치 신의 계시라도 되는 양 노트에 기록되었다. 그러나 평범한 일상의 삶을 잘 사는 문제에 있어서 70세의 톨스토이는 일곱 살적 프랭클린만도 못한 분별력을 보여주었다. 사실은 분별력이 전혀 없었다.

무슨 말인고 하니, 톨스토이는 자신이 몹시 사랑한 여인과 결혼했다. 사실 그들은 너무 행복하여 영원히 이런 순수하고 완전한 행복 속에 살아가게 해달라고 신에게 무릎을 꿇고 기도할 정도였다. 그러나 톨스토이의 아내는 천성적으로 질투심이 많은 여인이었다. 그녀는 농부처럼 차려입고 톨스토이를 미행하기도 하며 일거

수일투족을 감시했다. 심지어는 숲속까지 따라오기도 했다. 말다툼도 심하게 했다. 또 자기 자식들에게까지 질투심을 느껴 총으로 자기 딸의 사진에 구멍을 낼 정도였고, 아편 병을 입에 물고는 바닥을 구르며 죽어버리겠다는 위협까지 했다. 그러면 아이들은 방구석에 웅크린 채 공포의 비명을 질러댔다.

톨스토이는 어떻게 했을까? 불같이 화를 내며 집안의 가재도구를 박살냈다 해도 그를 탓할 생각은 없다. 그럴 만한 이유가 충분했으니까. 하지만 그는 그보다 더욱 나쁜 짓을 했다. 몰래 일기를 쓴 것이다. 그렇다. 그 일기에다 아내에 대한 온갖 험담을 늘어놓은 것이다. 그것이 그의 '호루라기'였다. 그는 후대의 사람들이 자신에게 면죄부를 주고 아내에게 모든 책임을 덮어씌우게 할 작정이었다. 이에 대해 그의 부인은 어떻게 했을까? 물론 그녀는 일기장을 박박 찢고 불태워버렸다. 더나아가 자신의 일기를 쓰기 시작했고, 거기서 남편을 악마로 만들었다. 심지어는 《누구의 잘못인가》라는 소설까지 쓰면서 남편을 가정의 악마로, 자신을 순교자로 묘사했다.

이 모든 법석은 무엇을 위한 것이었을까? 그들은 어쩌자고 자기들의 유일한 보금자리를 톨스토이 자신의 표현대로 '정신병원'으로 만들어버린 걸까? 분명 여기에는 몇 가지 이유가 있다. 그중 하나는 여러분이나 나에게 어떤 인상을 남기려는 강렬한 욕구였다. 그렇다. 그들은 자기들에 대한 후대의 의견을 걱정했다. 그런데 정작 우리는 어떤가? 우리 후손들 중에 두 사람 중 누가 잘못했는지 조금이라도 신경 쓰는 사람이 있는가? 하나도 없다. 우리는 우리 자신의 문제에 너무 골몰하여 단 한 순간도 톨스토이 집안을 엿보는데 허비할 시간이 없다. 이 불행한 두 부부가 자신의 호루라기 값으로 얼마나 비싼 값을 치렀는지 생각해 보라! 자그마치 50년을 지옥 속에서 산 것이다. 그것은 순전히 그들 중 누구노 '이제 그만!' 이라고 외칠 만한 분별력이 없었기 때문이다. 두 사람 모두 "이거 당장 손절매합시다. 우리는 지금 인생을 탕진하고 있소. 이제 당장 멈춥시다."라고 말할 수 있을 정도로 가치에 대한 판단력이 부족했기 때문이다.

그렇다. 나는 올바른 가치의식이야말로 진정한 마음의 평화에 이를 수 있는 가장 큰 비밀 중 하나라고 확신한다. 또 일종의 개인적인 황금 기준, 즉 삶이라는 관점에서 보았을 때 우리에게 진정으로 가치 있는 것은 무엇인가를 판단하는 절대적인 기준을 개발한다면, 우리가 하는 모든 걱정의 절반이 당장 휘발되리라는 것이 내 믿음이다.

다음은 걱정에게 장악당하기 전에 걱정하는 습관을
없애버리기 위한 다섯 번째 규칙이다.

별로 중요하지 않은 일에 신경 쓰며 자기 인생을
낭비하고 싶은 생각이 들 때마다 잠시 멈추고 다음
의 세 가지 질문을 자문하라.

1. 내가 걱정하는 이 일이 실제로 내게 얼마나 중요
   한가?

2. 어느 시점에 나는 이 걱정에 대해 손절매 주문을
   내고 그만 잊어버릴 것인가?

3. 이 호루라기에 나는 정확히 얼마의 대가를 지불
   할 것인가? 이미 그에 합당한 값 이상을 지불한
   것은 아닌가?

6 톱밥에 톱질하지 말라

이 글을 쓰는 지금, 창 밖으로 시선을 던지니 정원에 있는 공룡 발자국 몇 개가 눈에 잡힌다. 이판암과 돌로 이루어진 지층 속에 파묻혀 있던 것이다. 나는 그 발자국들을 예일대학 피바디 박물관에서 구입했다. 그리고 그 발자국들이 1억 8천만 년 전에 형성된 것임을 말해주는, 피바니 박물관장이 보낸 편지도 갖고 있다. 설사 다운증후군 환자라도 1억 8천만 년 전으로 되돌아가 그 발자국을 바꿔보겠다는 망상을 품지는 않을 것이다. 그러나 이에 못지않게 어리석은 일은, 과거로 돌아가 180초 전에 일어난 일을 바꿀 수 없다며 애태우고 끌탕하는 것이다. 그런데 현실에서는 바로 이런 바보짓을 하는 사람들이 적지 않다. 물론 180초 전에 일어난 일의 결과를 바꾸기 위해 뭔가를 할 수는 있겠지만, 이미 일어난 일 자체를 바꿀 수는 없다.

과거가 건설적이 될 수 있는 길은 단 하나밖에 없다. 차분하게 과거의 잘못들을 분석하고 거기서 교훈을 얻은 후 그냥 잊는 것이다. 나는 이것이 옳다는 것을 안다. 그러면 나는 그렇게 할 만한 용기와 지혜를 늘 갖추고 있었을까? 이 질문에 답하기 위해 내가 오래전에 겪은 기막힌 경험을 공개하겠다. 그때 30만 달러가 넘는 돈이 한 푼의 이익도 남기지 못한 채 내 손가락 사이로 빠져나간 적이 있다. 사건의 전말은 이렇다.

나는 성인교육 사업을 크게 벌여 여러 도시에 분원을 내고 간접비와 광고비로 돈을 펑펑 쏟아부었다. 나는 강의에 전념하느라 재정 상황을 살필 만한 시간도 없었고 그럴 마음도 없었다. 참 순진하게도 제반 경비를 관리할 유능한 비즈니스 매니저가 필요하다는 사실을 깨닫지 못한 것이다. 약 1년 뒤에 나는 마침내 정신이 번쩍 드는 충격적인 진실을 발견했다. 막대한 수입을 올렸음에도 순이익은 한 푼도 없었던 것이다. 그 후에 나는 두 가지 조치를 취했어야 했다. 첫째, 나는 흑인 과학자 조지 워싱턴 카버가 은행 부도로 평생 모아두었던 4만 달러를 잃었을 때 한 일을 했어야 했다. 누군가가 그에게 자신이 파산한 사실을 아느냐고 물었을 때, 그는 대답했다. "예, 들었어요." 그리고 늘 하던 대로 계속 학생들을 가르쳤다. 그는 그 엄청난 손실을 다시는 입에 올리지 않았고 마음속에서 완전히 지워버렸다.

내가 했어야 하는 두 번째 일은, 내 실수들을 분석한 후 교훈을 얻는 것이었는데, 솔직히 말해 나는 두 가지 모두 하지 않았다. 그 대신 걱정으로 의기소침해졌다. 몇 달 동안 정신이 멍한 상태가 되어 잠도 못 자고 살도 빠졌다. 이 엄청난 실수로부터 교훈을 얻기는커녕 비록 규모는 더 작지만 다시 똑같은 실수를 저질렀다.

이 모든 어리석음을 고백하자니 마음이 쓰리다. 하지만 나는 오래전에 "스무 명에게 해야 할 일을 가르치는 것이, 그 가르침을 실천하는 스무 명 중 한 사람이 되는 것보다 쉽다."는 사실을 깨달았다.

내가 이곳 뉴욕에 있는 조지 워싱턴 고등학교에 들어가 폴 브랜드와인 박사님 밑에서 공부했더라면 얼마나 좋았을까 하는 생각이 든다. 그 브랜드와인 박사님 밑에서 가르침을 받은 학생 중 하나가 뉴욕 브롱크스 우디크레스트 939번지에 사는 앨런 손더스다.

손더스는 위생학 수업을 담당하던 브랜드와인 박사님을 통해 정말 귀중한 교훈 하나를 배웠다고 내게 말했다. 앨런 손더스의 말을 직접 들어보자.

당시 저는 10대에 불과했는데도 참 걱정이 많았습니다. 제가 저지른 온갖 실수에 대해 마음 졸이며 초조해

했지요. 시험 답안지를 제출한 날에는 뜬눈으로 밤을 새우며 시험에 떨어질까 두려워 손톱을 물어뜯었습니다. 항상 이미 한 일을 되새김질하며 그렇게 하지 말고 이렇게 했더라면 하고 아쉬워했습니다. 또 이미 내뱉은 말에 대해서도, 그때 그렇게 말하지 말고 이렇게 말할 걸 하며 속을 끓였시요.

어느 날 아침, 우리 반이 과학 실험실에서 수업을 하게 되었습니다. 그곳에 브랜드와인 선생님이 계셨죠. 그리고 책상 가장자리에 우유 한 병이 잘 보이도록 놓여 있었어요. 우리는 자리에 앉았고 우유를 쳐다보며 저것이 위생수업과 무슨 상관이 있나 의아해했습니다. 그런데 갑자기 브랜드와인 선생님이 벌떡 몸을 일으키더니 그 우유병을 싱크대로 던져 깨버리고는 이렇게 외쳤습니다. "쏟아진 우유 때문에 울지 마라."

그리고 선생님은 우리 모두에게 싱크대로 와서 깨진 병의 잔해를 보게 한 후 말씀하셨습니다. "잘 봐라. 앞으로 살아가면서 오늘 배운 이 교훈을 잊지 말기 바란다. 우유는 사라졌다. 저 하수구 밑으로 말이다. 아무리 울고불고 난리를 피워도 한 방울도 되찾을 수 없다. 물론 좀 더 신중하고 조심했더라면 우유가 저 지경이 되지는 않았을지 모르지. 하지만 이미 너무 늦었다. 우리가 할 수 있는 것은 그것을 손실 처리하고 그만 잊은 후 다음

일로 눈을 돌리는 것이다.”

　이 한 차례의 작은 시범교육은 제게 강한 인상을 남겼고, 입체기하학이나 라틴어를 몽땅 잊은 뒤에도 오래도록 제 기억에 남아 있었습니다. 사실 그것은 고등학교 4년 동안 배운 그 어떤 것보다 실제적인 삶에 대해 제게 더 많은 것을 가르쳤지요. 그것은 가능하면 우유를 쏟지 않는 법을, 그리고 혹시 잘못하여 쏟아버린 후에는 더 이상 미련 두지 않고 완전히 잊는 법을 가르쳤습니다.

　‘쏟아진 우유 때문에 울지 말라.’는 어린아이도 아는 진부한 속담을 두고 웬 말이 그리 많냐며 콧방귀를 꾸는 독자들도 있을 것이다. 나도 그것이 흔해 빠지고 곰팡내 풀풀 나는 상투적 표현임을 알고 있다. 여러분이 수천 번은 들었을 말이라는 것도 안다. 하지만 나는 이런 닳고 닳은 속담에 만대를 거치며 증류된 지혜의 정수가 담겨 있음도 알고 있다. 그들은 인류의 절절한 경험에서 우러난 것이고 무수한 세대를 거쳐 전해진 것이다. 고금의 위대한 현자들이 걱정에 대해 쓴 글을 모조리 다 읽는다 해도, ‘다리에 이르기도 전에 미리 건너지 마라.’나 ‘쏟아진 우유 때문에 울지 말라.’ 같은 케케묵은 격언보다 더 근본적이고 심오한 통찰은 결코 찾을 수 없을 것이다. 이 두 속담만 (콧방귀 뀌지 말고) 실생활에 적용해도 우리는 전혀 이 책이 필요 없을 것이다. 사실 오랜 세월 인류의 지혜가 녹아 있는 대부분의 격언을 삶 속에서 실천한다면, 우리는 거의 완전한 삶을 살 수 있을 것이다. 그러나 지식은 실제 삶 속에 적용되기 전까지는 빛 좋은 개살구나 마찬가지이나. 그리고 이 책의 목적은 뭔가 새로운 것을 말하는 것이 아니라, 모두가 이미 알고 있는 것을 상기시킨 후 여러분의 등짝을 후려치면서 그것을 실천하도록 자극하는 것이다.

나는 항상 프레드 풀러 쉐드 같은 사람을 존경해 왔다. 쉐드는 오래된 진리를 새롭고도 마치 그림을 그려 보여주는 것처럼 생생하게 표현하는 재능이 있었다. <필라델피아 불리턴>의 편집장이던 그는 대학 졸업반 학생들에게 연설을 하다가 이렇게 물었다. "나무에 톱질해 본 사람들 있나요? 있으면 손들어 보세요." 대부분이 손을 들었다. 그러자 쉐드가 다시 물었다. "그러면 톱밥에 톱질해 본 사람은요?" 이번엔 손을 드는 사람이 아무도 없었다.

"물론 톱밥에 톱질할 수야 없지요!" 쉐드가 외쳤다. "이미 톱질이 된 거니까요. 과거도 마찬가지입니다. 이미 끝나버린 일을 두고 고민하는 것은 톱밥에 톱질하는 것과 같습니다.”

야구계의 대선배 코니 맥이 81세였을 때, 나는 그에게 패배한 경기 때문에 속상해한 적이 있느냐고 물어보았고 그는 이렇게 대답했다. “물론 그랬었지요. 하지만 오래전에 그런 바보짓과는 작별했습니다. 그래봤자 죽은 자식 고추 만지기라는 걸 깨달은 거지요. 이미 흘러가버린 물로는 물레방아를 돌릴 수 없으니까요.”

그렇다. 이미 흘러가 버린 물로는 물레방아를 돌릴 수 없고 나무를 벨 수도 없다. 하지만 얼굴의 주름살과 위궤양은 없앨 수 있다.

어느 추수감사절에 잭 뎀프시와 저녁 식사를 한 적이 있다. 그때 그는 칠면조 고기에 크랜베리 소스를 발라 먹으면서 헤비급 결승전에서 진 터니에게 패배한 경기 이야기를 들려주었다. 당연히 그는 자존심에 상처를 입었다. 그의 말을 들어보자.

한창 치고받는 중에 갑자기 ‘내가 이제 늙었구나.’를 절감했지요. ……10회전이 끝났을 때 계속 버티며 서 있긴 했지만 그냥 그게 전부였습니다. 얼굴은 찢겨지고 퉁퉁 붓고 눈은 거의 감긴 상태였죠. ……심판이 진 터니의 손을 들어주는 게 보였어요. …… 난 더 이상 세계 챔피언이 아니었죠. 비를 맞으며 군중 속을 뚫고 탈의실로 돌아왔습니다. 지나가는데 몇 사람이 내 손을 잡으려 했고, 눈물을 흘리는 사람도 있더군요.

1년 뒤에 다시 터니와 맞붙었습니다. 하지만 소용이 없었죠. 난 영원히 끝났던 겁니다. 그로 인한 번민을 멈추는 일은 쉽지 않았지만 난 생각했지요. '더 이상 과거에 파묻혀 살거나 쏟아진 우유 때문에 칭얼대진 않겠어. 턱에 된통 한 방 맞았지만 그것 때문에 바닥에 나뒹굴 순 없지.'

잭 뎀프시는 바로 그렇게 했다. 어떻게 했을까? 스스로에게 '과거 따위는 걱정하지 않겠어.' 라고 말하며 거듭 이를 악물었을까? 아니다. 이건 오히려 과거의 걱정거리들을 되불러오기만 했을 것이다. 그는 자신의 패배를 인정하고 손실 처리한 후 미래를 위한 계획에 집중하는 방법으로 과거를 극복했다. 또 잭 뎀프시 레스토랑을 운영하고 프로 권투 경기를 후원하며 권투 전시회를 개최했다. 그리고 뭔가 건설적인 일을 하느라 너무 바빠 과거를 걱정할 시간도 없고 그럴 마음도 들지 않게 만드는 방법을 이용했다. 다시 그의 말을 옮긴다. "난 챔피언이었을 때보다 지난 10년 동안 더 값진 시간을 보냈습니다."

잭 뎀프시는 책을 많이 읽지는 않았다지만, 실은 자기도 모르게 셰익스피어의 충고를 따르고 있었다. "현명한 사람은 손실이나 패배를 당했을 때 앉아서 탄식만 하지 않고, 즐겁게 그것을 만회할 방법을 모색한다."

역사와 전기를 읽고 역경에 처한 사람들을 관찰하면서 나는 걱정과 비극을 극복하고 계속 행복한 삶을 이어가는 사람들의 능력에 늘 놀라고 감동받는다. 전에 싱싱 교도소를 방문했을 때 나는 그곳의 죄수들이 밖에 있는 보통사람들 못지않게 행복해 보인다는 사실에 적잖이 놀란 적이 있다. 교도소장이던 루이스 E. 로스에게 이 느낌을 전했더니 그는 싱싱에 처음 들어오는 죄수들은 대개 분노와 증오심에 사무쳐 있다고 말했다. 하지만 몇 개월 지나면 좀 더 똑똑한 대다수의 수감자들은 빚을 탕감하듯 자신의 불행을 청산하고 마음을 가라앉히며 감옥생활을 차분하게 수용하고 그 상황에서 최선을 다한다는 것이다. 그러면서 로스 소장은 싱싱의 한 수감자 이야기를 들려주었다. 그는 정원사였는데, 교도소 담장 안에서 채소와 꽃들을 키우며 노래를 불렀다고 한다.

꽃을 키우며 노래한 그 죄수는 우리 대다수보다 훨씬 현명한 사람이었다. 그는 다음의 진리를 알고 있었다.

손가락을 움직여 글을 쓰고,
쓰고 나면 다음으로 넘어갈 뿐.
네 모든 경건과 지혜로도
그 손을 되돌려 반줄도 못 지우게 하며,
네 눈의 모든 눈물로도
그중 단 한 자를 씻어내지 못하리라.

그러니 왜 쓸데없이 눈물을 낭비하는가? 물론 우리는
실수도 하고 멍청한 짓도 한다. 그래서 어떻다는 건가?
그 누가 그런 인간적인 불완전함에서 자유로울 수 있는
가? 나폴레옹조차 직접 참여한 모든 중요한 전투에서
세 번에 한 번꼴로 패배했다. 아마 우리의 타율이 나폴
레옹의 그것보다 낮다고 단정할 수는 없을 것이다. 누
가 알겠는가? 어쨌든 왕의 모든 병마와 신하들을 다 동
원해도 과거를 되돌려놓을 수는 없다. 그러므로 다음
여섯 번째 규칙을 꼭 기억하자.

톱밥에 톱질하지 말라.

걱정하는 습관을 없애는 방법

규칙 1. 바쁘게 움직여 걱정을 몰아내라. 활동을 많이 하는 것이 걱정병을 없애는 최고의 치료법이다.

규칙 2. 작은 일로 소란 떨지 마라. 인생의 흰개미에 불과한 하찮은 일들에게 자신의 행복을 갉아먹히지 말라.

규칙 3. 평균의 법칙을 이용하여 무익한 걱정을 추방시켜라. 자신에게 물어라. "내가 걱정하는 이 일이 실제로 일어날 확률은 얼마나 되는가?"

규칙 4. 불가피한 일과 타협하라. 상황을 바꾸거나 바로잡기에 당신의 힘이 역부족이라면, 스스로에게 이렇게 말하라. "이미 그러한 것은 그렇지 않은 것이 될 수 없다."

규칙 5. 당신의 걱정을 손절매하라. 어떤 일이 어느 정도 고민할 가치가 있는지를 판단한 후, 그 이상의 고민은 사절하라.

규칙 6. 과거는 과거로 묻어버려라. 괜히 톱밥에 톱질하며 힘 빼지 말라.

제4장

평화와 행복을 부르는 정신 자세를 갖기 위한 7가지 방법

1 인생을 바꿔놓을 한 문장

몇 년 전, 한 라디오 프로그램에서 이런 질문을 받은 적이 있다. "선생님이 배운 가장 큰 교훈은 무엇인지요?"

답하기 쉬운 질문이었다. 내가 배운 가장 중요한 교훈은 단연 생각의 중요성이었다. 누가 어떤 생각을 하는지 알면, 그가 어떤 사람인지를 알 수 있다. 내가 하는 생각이 나를 만든다. 내 운명을 가름하는 결정적 요인은 나의 정신 자세이다. 에머슨이 말했다. "사람은, 그가 하루 종일 생각하는 것이다." 어떻게 그 외에 다른 것이 될 수 있겠는가?

나는 여러분과 내가 해결해야 하는 가장 큰 문제, 사실은 거의 유일한 문제가 올바른 생각을 선택하는 것이라고 절대 확신한다. 그렇게만 할 수 있다면 우리가 지닌 모든 문제를 수월하게 해결할 수 있을 것이다. 로마 제국을 통치한 위대한 철학자 마르쿠스 아우렐리우스는 그것을 "내 삶은 내 생각의 창조물이다."라는 한 문장으로 요약했다. 그것은 당신의 운명을 결정지을 수 있는 한 문장이다.

그렇다. 행복하다고 생각하면 행복해지고, 불행하다고 생각하면 불행해진다. 두렵다고 생각하면 두려워지고, 병약하다고 생각하면 병에 걸리기 쉽다. 실패를 생각하면 실패하기 십상이고, 자기연민에 빠지면 모두에게 외면당할 것이다. 노먼 빈센트 필은 이렇게 말했다. "내가 생각하는 나는 진짜 나가 아니다. 나의 생각, 그게 바로 진짜 나다."

내가 모든 일을 그저 밝게만 보는, 지나치게 낙천적인 태도를 장려한다고 생각하는가? 그렇지 않다. 불행히도 인생은 그렇게 단순하지 않다. 내가 말하는 것은 부정적인 태도 대신 긍정적인 태도로 무장해야 한다는 것이다. 다시 말해, 우리의 문제에 대해 관심은 가져야 하지만, 걱정을 해서는 안 된다는 것이다. 그러면 관심과 걱정은 뭐가 다를까? 예를 들어보자. 교통이 혼잡한 뉴욕의 거리를 걸을 때마다 나는 내가 하는 일에 대해 관심을 갖는다. 걱정이 아니다. 관심은 문제가 무엇인지를 이해하고 침착하게 그에 맞서기 위한 조치를 취한다는 의미이다. 반면 걱정은 생산적인 활동은 전혀 없이 그저 미친 사람처럼 같은 자리에서 뱅뱅 맴도는 것이다.

우리는 자신의 심각한 문제에 관심을 가지면서도 단
춧구멍에 카네이션을 꽂은 채 고개를 꼿꼿이 들고 걸어
갈 수 있다. 나는 로웰 토마스가 그렇게 하는 것을 보았
다. 나는 영광스럽게도 제1차 세계대전 중의 알렌비 –
로렌스 군사작전을 다룬 로웰 토마스의 유명한 영화를
공개할 때 그와 어울릴 기회가 있었다. 그와 동료들은
여러 전선에서 전쟁의 상황을 사진에 담았다. 그중 백
미는 T. E. 로렌스와 그가 이끄는 아라비아 군대에 대
한 화려한 사진 기록과 알렌비가 성지를 정복하는 모습
을 그린 영화였다. <팔레스타인의 알렌비와 아라비아
의 로렌스>라는 제목으로 영화와 사진을 이용하여 진
행한 그의 강연은 런던과 전 세계를 떠들썩하게 했다.
런던 오페라 시즌도 6주나 연기되어 토마스가 계속 자
신의 흥미진진한 모험 이야기를 전하고 코벤트 가든 로
열 오페라 하우스에서 사진을 전시할 수 있게 했다. 런
던을 한바탕 들었다 놓으며 대성공을 거둔 후에는 여러
나라를 돌며 의기양양하게 강연을 이어갔다. 그 뒤 2년
동안은 인도와 아프가니스탄 사람들의 삶을 주제로 한
영화 제작을 준비하며 보냈다. 그런데 어이없는 불운에
계속 연타를 맞더니 결국 믿을 수 없는 일이 일어나고
말았다. 토마스가 런던에서 파산한 것이다.

당시 나는 그와 함께 있었다. 그때 우리는 라이언스 코너 하우스 식당에서 싸구려 음식으로 배를 채워야 했다. 토마스가 스코틀랜드 출신의 유명 예술가 제임스 맥베이에게서 돈을 빌리지 못했다면 그곳에서도 밥을 먹을 수 없었을 것이다. 이야기의 요점은 이렇다. 엄청난 빚을 진데다 실망이 이만저만이 아니었지만, 로웰 토마스는 관심을 가졌지 걱정을 하지는 않았다는 것이다. 그는 만약 이대로 무너지면 채권자를 비롯한 모두에게 자신이 무가치한 사람으로 낙인찍힐 것임을 알고 있었다. 그래서 매일 아침 일을 시작하기 전에 꽃을 사서는 단춧구멍에 꽂고 머리를 높이 들고 씩씩하게 옥스퍼드 거리를 활보했다. 그는 긍정적이고 용기 있는 생각으로 무장했으며 패배주의의 희생자가 되기를 거부했다. 그에게 시련이란 게임의 일부에 불과했고, 정상에 오르고자 할 경우 의당 거쳐야 하는 훈련 같은 것이었다.

정신 자세는 우리의 육체적 힘에도 거의 믿을 수 없을 정도의 영향을 준다. 영국의 유명 정신과의사 J. A. 해드필드는 54쪽짜리 소책자 《힘의 심리학》에서 이 사실을 매우 인상적으로 예시한다. 거기서 그는 이렇게 기록하고 있다. "나는 세 남자에게 정신적인 암시가 근력에 미치는 영향을 실험해 보자고 제안했고, 이 근력은 악력계를 힘껏 쥐는 방식으로 측정되었다.” 해드필드는 그들에게 온 힘을 다해 악력계를 꽉 쥐라고 말했고, 세 가지 다른 조건에서 실험을 진행했다.

정상적으로 깨어 있는 조건에서 테스트를 진행했을 때, 그들의 평균 악력은 45킬로그램이었다. 반면 그들에게 최면을 걸고 그들이 매우 나약하다는 암시를 준 후 측정했더니 겨우 13킬로그램의 악력이 나왔다. 이것은 정상적인 근력의 3분의 1에도 못 미치는 수준이었다.(세 사람 중 하나는 프로 권투선수였다. 최면 상태에서 그가 약하다는 말을 들었을 때 그는 자신의 손이 “마치 아기의 손처럼 작게 느껴졌다.”고 말했다.)

이제 세 번째 실험을 진행하여 다시 최면 상태에서 그들이 매우 강하다는 암시를 주자 이번에는 평균 64킬로그램의 악력을 보여주었다. 그들의 마음이 자신의 힘에 대한 긍정적인 생각으로 채워졌을 때, 실제 육체적 힘도 거의 50퍼센트 증가했던 것이다. 이렇듯 정신 자세는 놀라운 힘을 갖고 있다.

미국 역사상 가장 놀라운 이야기 하나를 통해 생각이 지닌 신비한 힘을 소개하겠다. 이에 대해서는 책을 한 권 쓸 수도 있지만, 일단은 간단히 요약하겠다. 남북전쟁이 끝난 직후인 10월의 어느 추운 밤에 부랑자처럼 집도 돈도 없이 떠돌던 한 여인이 퇴역 해군 장교의 부인인 '마더' 웹스터의 집 문을 두드렸다. '마더' 웹스터는 매사추세츠 주 에임즈베리에 살고 있었다.

문을 연 웹스터 부인은 '피골이 상접하여 45킬로그램도 채 안 나갈 것 같은' 연약하고 겁에 질린 표정의 작은 여성이 서 있는 것을 보았다. 글로버 부인이라고 밝힌 이 낯선 여인은 자신을 밤낮으로 괴롭혀온 큰 문제에 관해 생각하며 해결책을 찾을 수 있도록, 자신이 머물 집을 찾고 있다고 설명했다.

이에 웹스터 부인이 대답했다. "여기 머물지 그래요? 나도 이 큰 집에 혼자 살고 있거든요."

웹스터 부인의 사위인 빌 엘리스가 뉴욕에서 휴가를 보내러 그곳에 오지만 않았다면, 글로버 부인은 '마더' 웹스터의 집에 아예 둥지를 틀었을지도 모른다. 글로버 부인을 보았을 때 그는 "이 집에 부랑자를 들일 수는 없어요."라고 외치며 이 갈 곳 없는 여인을 집 밖으로 쫓아냈다. 밖에는 비바람이 휘몰아치고 있었다. 그녀는 잠시 빗속에 떨며 서 있다가 머물 곳을 찾아 발걸음을 옮겼다.

이 이야기의 놀라운 부분은 이제부터다. 빌 엘리스가

집 밖으로 쫓아낸 그 부랑자는 인류의 생각에 매우 지대한 영향을 끼칠 여성이 될 운명이었다. 그녀는 현재 수백만의 헌신적인 추종자들에게 메리 베이커 에디로 알려진 크리스천 사이언스의 창시자이다.

그러나 그 이전까지 에디는 병, 슬픔, 비극으로 점철된 인생을 살았다. 첫 번째 남편은 그들이 결혼한 지 얼마 안 돼 세상을 떠났고, 두 번째 남편은 그녀를 버리고 다른 유부녀와 도망가 버렸다가 나중에 한 구빈원에서 죽었다. 에디에게는 아들이 하나 있었는데, 가난과 질병과 질투심 때문에 아이가 네 살 때 그마저 포기해야 했다. 이후 그녀는 아들에 관한 소식은 전혀 듣지 못했고 31년 동안 두 번 다시 만나지 못했다.

자신의 부실한 건강 때문에 에디는 오랜 기간 '정신 치유의 과학'에 관심을 보였다. 그러던 차에 매사추세츠 주 린에서 그녀의 인생에서 극적인 전환점이 될 만한 사건이 일어났다. 몹시 추웠던 어느 날, 에디는 시내를 걷다가 발이 미끄러져 얼어붙은 도로 위에 넘어졌고 그 충격으로 그만 의식을 잃었다. 이때 입은 척추의 부상이 너무 심해 그녀는 경련으로 몸을 부들부들 떨었다. 의사도 그녀가 죽을 것으로 예상했고, 혹시 기적적으로 살아난다 해도 다시는 걷지 못하리라고 단언했다.

침대에 누워 죽음을 기다리는 동안 에디는 《성경》을 펼쳤고, 그녀의 말을 빌리면 신의 인도에 의해 <마태복음>에 나오는 다음 구절을 읽게 되었다. "침상에 누운 중풍병자를 사람들이 데리고 오거늘 예수께서…… 중풍병자에게 이르시되 작은 자야 안심하라. 네 죄 사함을 받았느니라. ……일어나 네 침상을 가지고 집으로 가라 하시니 그가 일어나 집으로 돌아가더라."

에디의 증언에 따르면, 예수의 이 말은 그녀의 내면에 엄청난 힘과 강한 믿음과 거대한 파도와도 같은 놀라운 치유력을 폭발시켜 "즉시 침상에서 일어나 걷게 했다."고 한다.

에디의 말을 더 따라가 보자. "이 경험은 마치 뉴턴의 사과처럼 나 자신을 건강하게 하고 다른 사람들도 그렇게 만들 수 있는 방법을 발견하게 했다. ……나는 모든 원인은 마음에 있으며 모든 결과는 정신적인 현상이라는 과학적 확신을 갖게 되었다."

이렇게 메리 베이커 에디는 새로운 종교인 크리스천 사이언스의 창시자이자 교주가 되었다. 크리스천 사이언스는 여성이 창시한 것으로는 유일하게 위대한 종교적 신앙이자 교세가 전 세계로 퍼져나간 종교이다.

여러분은 아마 이렇게 생각할지 모른다. '카네기 이

사람, 크리스천 사이언스 전도사 노릇을 하고 있구먼.'
아니다. 그건 오해다. 나는 크리스천 사이언스 교도가
아니다. 하지만 그동안 살아오면서 생각이 지닌 놀라운
힘을 더욱 깊이 확신하게 되었다. 성인교육 35년의 경
험을 근거로 단언하건대, 우리는 생각을 바꿈으로써 걱
정과 두려움과 온갖 질병을 추방하고 자신의 삶을 변화
시킬 수 있다. 정말 나는 이 사실을 알고 있다. 정말이
다! 확신한다! 나는 이런 믿기지 않는 변화가 실제로 일
어나는 것을 수백 번이나 직접 목격했다. 너무 자주 봤
기 때문에 이젠 더 이상 놀라지도 않는다.

　여기 생각의 힘을 잘 보여주는 놀라운 변회의 사례
하나를 소개하겠다. 그것은 내 학생 중 한 명에게 일어
난 일이다. 그는 신경쇠약에 걸렸었다. 원인이 무엇이
었을까? 바로 걱정이다. 여기 그 학생이 내게 전한 말을
옮긴다.

　저한테는 도대체 걱정거리 아닌 게 없었습니다. 너무
빼빼 말라 걱정했고, 머리가 빠지는 것 같아 걱정했고,
결혼하기에 충분할 정도의 돈을 벌지 못할까 봐 걱정했
고, 절대 좋은 아버지가 못 될까 봐 걱정했고, 결혼하고
싶은 여자한테 거절당할까 봐 걱정했고, 인생을 제대로

살지 못하는 것 같아 걱정했고, 남들 눈에 내가 어떻게 비칠까 걱정했고, 위궤양에 걸린 것 같아 걱정했습니다. 도저히 더 이상 일을 할 수가 없어 직장도 그만두었지요. 내 안에서 계속 긴장이 쌓이다 보니 급기야 안전밸브도 없는 보일러 꼴이 되었습니다. 압력이 더 이상 견딜 수 없는 지점에 이르면 어딘가가 터질 수밖에 없는데, 결국은 그렇게 되더군요. 만약 신경쇠약에 걸린 적이 없다면 앞으로도 계속 그런 일이 없게 해달라고 신에게 기도하십시오. 몸의 고통이 아무리 심하다 해도 고뇌에 찬 마음의 극심한 고통에 비할 바가 못 되니까요.

증상이 너무 심각하여 가족과도 말을 할 수 없을 정도였습니다. 생각을 통제할 수 없었고, 마음속은 온통 두려움뿐이었어요. 극히 작은 소리에도 깜짝 놀라 벌떡 일어났고 사람 만나는 걸 피했으며 전혀 뚜렷한 이유도 없이 울음을 터뜨렸습니다. 하루하루가 고통이었습니다. 모두에게 버림받았다고 느꼈지요. 심지어는 신도 절 버렸다고 생각했습니다. 그냥 강에 뛰어들어 모든 걸 끝장내고 싶었습니다.

그러나 다행스럽게도 그러는 대신에 플로리다로 여행을 하기로 했습니다. 환경을 바꾸면 좀 나아지지 않을까 기대했던 거지요. 기차를 탈 때 아버지가 편지를 건네시더니 플로리다에 도착할 때까지 열어보지 말라고 하시

더군요. 저는 관광철의 최고 성수기에 플로리다에 도착
했습니다. 호텔을 잡을 수가 없어 차고에 있는 방을 빌
려 잠을 잤지요. 마이애미에서 출발하는 화물선의 인부
로 일해 보려 했지만 뜻대로 되지 않았습니다. 그래서
해변에서 시간을 보냈어요. 기분은 집에서보다 더 엉망
이 되었습니다. 그래서 아버지가 주신 편지봉투를 열어
보았죠. 거기엔 이렇게 적혀 있었어요.

"아들아, 너는 집에서 1천500마일이나 떨어진 곳에
있지만 기분은 별로 달라지지 않았을 거다. 그렇지? 난
이미 그걸 알고 있었단다. 왜냐하면 그곳에 네 모든 고
통의 원인을 함께 가져갔기 때문이지. 바로 너 자신 말
이다. 네 몸이나 마음에는 전혀 문제될 것이 없다. 너를
내동댕이친 것은 네가 만난 상황들이 아니라, 그 상황들
에 대한 너의 생각이란다. '사람은 그가 마음속에서 생
각하는 대로 된다.'는 말이 있지. 이 진리를 깨닫게 될 때
집으로 돌아와라. 그때 비로소 네 병이 치유될 테니까."

편지를 읽고는 화가 났습니다. 저는 설교가 아니라 동
정을 구하고 있었거든요. 너무 화가 나서 그 자리에서
다시는 집에 돌아가지 않겠다고 이를 악물었습니다. 그
날 밤 마이애미의 골목길을 걷다가 한 교회 앞에 이르게
되었는데, 예배가 진행 중이더군요. 딱히 갈 곳도 없던
터라 그냥 안으로 들어가 설교를 들었습니다. '자기 마

음을 정복하는 자는 성을 빼앗는 자보다 강하다.'는 구절을 주제로 한 설교였습니다. 신이 머무는 신성한 곳에 앉아서 아버지가 편지에 쓴 것과 똑같은 내용의 설교를 들었던 것이지요. 이 모든 것이 그동안 제 머리에 쌓여 있던 쓰레기들을 말끔히 쓸어버렸습니다. 저는 생전 처음으로 냉료하고 시각 있게 생각할 수 있었습니다. 제가 얼마나 어리석었는지를 깨달았고, 저 자신의 실체를 제대로 보게 되면서 충격을 받았습니다. 저는 온 세상과 그 안의 사람들을 몽땅 바꾸고 싶어 했던 겁니다. 진짜 바꿔야 할 건 카메라 렌즈의 초점뿐이었는데 말이죠. 바로 제 생각 말입니다.

다음 날 아침, 전 짐을 꾸리고 집으로 향했습니다. 그로부터 1주일 후에 다시 일을 시작했고 4개월 후에는 잃을까 봐 두려워했던 여인과 결혼했습니다. 지금은 다섯 아이와 함께 단란한 가정을 꾸리고 잘살고 있습니다. 신은 제게 물질적, 정신적으로 복을 내려주셨습니다. 신경쇠약에 휘청거릴 때는 작은 백화점에서 18명을 관리하는 야간작업 조장이었는데, 지금은 종이상자 제조회사에서 450명이나 되는 직원을 관리하는 감독관으로 있습니다. 삶은 훨씬 더 충만해지고 행복해졌습니다. 이제는 인생의 진정한 가치가 뭔지 알 것 같습니다. 누구나 살면서 다 겪는 일이겠지만, 어쩌다 불안한 느낌이 고개를 쳐들려고 할 때는 스스로에게 카메라의 초점을 다시 조정하라고 말합니다. 그러면 만사가 해결되죠.

거짓말 보태지 않고 제가 신경쇠약에 걸렸던 것이 차라리 잘된 일이었다고 말할 수 있습니다. 생각이 몸과 마음에 어떤 영향을 줄 수 있는지를 아주 힘들게 배웠지요. 이제는 내 생각이 나를 갉아먹게 하는 대신 나를 위해 봉사하게 만들 수 있습니다. 그리고 제 모든 고통을 유발한 것은 외부의 상황이 아니라, 그 상황에 대한 내 생각이었다는 아버지의 말씀이 옳았다는 것도 이해합니다. 그 사실을 깨닫자마자 저는 치유되었고, 이후 계속 건강한 삶을 살았습니다.

우리가 살면서 얻는 마음의 평화와 기쁨은, 우리가 어디에 있고 무엇을 갖고 있으며 우리가 누구인가가 아니라, 오직 우리의 정신 자세에 좌우된다는 것이 나의 깊은 확신이다. 외적인 조건들은 그것과 별 상관이 없다. 가령 존 브라운의 경우를 보자. 그는 하퍼스 페리에 있는 미국의 무기고를 약탈하고 노예들을 선동하여 반란을 일으키게 한 죄로 교수형에 처해졌다. 그는 자신의 관 위에 앉은 채 교수대로 실려 갔다. 그의 옆에 있던 간수는 걱정하고 불안해했지만, 존 브라운은 침착하고 차분했다. 버지니아의 블루리지 산맥을 올려다보며

 ■ 데일 카네기 인생의 기술

그는 이렇게 외쳤다. "참 아름다운 나라야! 전에는 이 땅을 제대로 볼 기회가 없었어."

또는 남극에 제일 먼저 도달한 영국인 로버트 팰콘 스콧과 그의 동료들은 어떤가? 이들의 귀환 여행은 아마 인간이 경험할 수 있는 가장 잔인한 여정이었을 것이다. 식량도 떨어지고 연료도 바닥났다. 그들은 11일 밤낮을 울부짖으며 휘몰아치는 눈보라 때문에 더 이상 전진할 수가 없었다. 극지의 얼음 표면에 할퀸 상처를 만들어놓을 정도로 지독히 맹렬하고 날카로운 바람이었다. 스콧과 동료들은 자기들이 곧 죽을 것임을 알고 있었다. 그들은 바로 이런 비상사태에 대비해 많은 양의 아편을 준비해 두었다. 적정량의 아편을 흡입하고 드러누우면 곧 유쾌한 꿈나라로 여행하고 다시는 잠을 깨지 못할 것이다. 하지만 그들은 그 약을 거들떠도 안 보고 한바탕 노래를 힘차게 부르며 죽어갔다. 이 사실은 8개월 뒤에 수색대가 그들의 얼어붙은 몸에서 발견한 작별 편지를 통해서 확인되었다.

그렇다. 용기와 침착함이라는 창조적인 생각으로 무장하면 우리는 자기 관 위에 올라 교수대로 향하면서도 경치를 즐길 수 있고, 굶주림과 추위로 죽어가면서도 텐트 안에 흥겨운 노래가 울려 퍼지게 할 수 있다. 밀턴

도 300년 전에 실명한 상태에서 이와 똑같은 진리를 발
견했다.

　마음은 그 자체가 하나의 세계이니,
　스스로 지옥을 천국으로, 천국을 지옥으로 만들 수
있다.

　밀턴의 이 말을 아주 잘 실증해 주는 예가 나폴레옹
과 헬렌 켈러이다. 나폴레옹은 영광, 권력, 부 등등 인
간이 갈망하는 모든 것을 누렸지만, 세인트헬레나에서
"내 평생 행복했던 날은 6일도 안 된다."며 자조했다.
반면 눈도 멀고 듣지도 말하지도 못 했던 헬렌 켈러는
"나는 삶이 참 아름답다고 느낀다."고 말했다. 만약 반
세기의 삶이 내게 가르친 것이 있다면, 그것은 "나를 평
화롭게 할 수 있는 것은 나 자신밖에 없다."는 진리이다.
　나는 지금 에머슨이 자신의 에세이 《자립》의 말미에
서 매우 멋지게 표현한 내용을 반복하고 있을 뿐이다.
"정치적 승리, 임대료 인상, 병으로부터의 회복, 떠났던
친구의 귀환, 또는 그 외의 외적인 사건들은 우리를 기
쁘게 하며 앞으로 좋은 일이 펼쳐질 것으로 기대하게
한다. 하지만 착각하지 말라. 인생은 그런 게 아니다.

내게 평화를 가져다줄 수 있는 것은 나 자신밖에 없다."

위대한 스토아 철학자 에픽테투스는 '우리 몸에서 종양과 종기'를 제거하기보다는 마음에서 잘못된 생각을 몰아내는 일에 더 신경을 써야 한다고 경고했다.

에픽테투스는 1,900년 전에 이 말을 했지만, 그렇게 생각하기는 현대 의학도 마찬가지이다. G. 캔비 로빈슨 박사는 존 홉킨스 병원에 입원한 환자 다섯 명 중 네 명이 부분적으로 감정적 긴장과 스트레스에서 비롯된 병증으로 고생한다고 주장했다. 기질적 장애 같은 증상도 같은 원인에서 비롯되는 경우가 많다. 그는 단언했다. "결국 이 모든 것들은 인생과 그것이 제기하는 문제들에 대한 부적응이 근본적인 원인이다."

위대한 프랑스 철학자 몽테뉴는 이 말을 자기 인생의 좌우명으로 삼았다. "사람에게 상처를 입히는 것은 발생하는 일 자체가 아니라, 그 일에 대한 자신의 의견 때문이다." 그리고 발생하는 일에 대한 우리의 의견은 전적으로 우리 자신에게 달려 있다.

무슨 말일까? 감히 나는 뻔뻔스럽게도 온갖 골칫거리에 치이고 신경은 바늘처럼 곤두서 있는 여러분의 면전에 대고, 그런 상황에서도 의지력을 발휘하여 여러분의 정신 자세를 바꿀 수 있다고 말하는 것인가? 그렇다. 그

것이 바로 내가 전하려는 요지이다. 그리고 그게 다가
아니다. 나는 그걸 실천할 수 있는 방법도 제시할 작정
이다. 약간의 노력이 필요할지는 모르지만, 비결은 간
단하다.

실용심리학의 최고 권위자로 인정받는 윌리엄 제임
스는 이렇게 말한 적이 있다. "감정이 먼저이고 행동이
나중인 것 같지만, 사실 이 둘은 함께 움직인다. 그래서
좀 더 직접적으로 의지의 통제를 받는 행동을 조절하는
방법으로, 의지의 통제를 받지 않는 감정을 간접적으로
조절할 수 있다."

다시 말해, 단지 뭘 하겠다는 결심만으로 즉각 감정
을 바꿀 수는 없지만 행동은 바꿀 수 있다는 것이며, 행
동을 바꾸면 자동적으로 감정도 바뀐다는 의미이다.

제임스의 설명을 더 들어보자. "따라서 유쾌한 기분
을 잃었을 때 그 기분을 회복할 수 있는 최고의 자발적
인 방법은 유쾌한 태도로 이미 유쾌한 것처럼 말하고
행동하는 것이다."

이런 간단한 방법이 정말 효과가 있을까? 한 번 직접
해보라. 얼굴에 크고 환하고 진심어린 미소를 지어보라.
어깨를 뒤로 젖히고 깊이 심호흡하며 노래도 한 소절
뽑아보라. 노래가 안 된다면 휘파람이라도 불고, 휘파

람이 안 되면 콧노래라도 흥얼대라. 그러면 곧 윌리엄 제임스의 말뜻을 이해하게 될 것이다. 행복에 취한 사람처럼 행동하는 동안은 물리적으로 도저히 우울해하거나 의기소침해 있을 수 없다.

이것이 우리의 삶에서 쉽게 기적을 연출해 낼 수 있는 기본적인 자연의 작은 진리 중 하나이다. 내가 아는 캘리포니아에 사는 한 여성(그녀의 이름은 밝히지 않겠다.)도 이 비밀만 알고 있다면 24시간 안에 자신의 모든 불행을 청소해 버릴 수 있을 것이다. 그녀는 나이 많은 미망인이다. 물론 이것은 슬픈 일이다. 그녀는 행복하게 살려고 노력할까? 아니다. 그녀에게 기분이 어떠냐고 물어보면 그녀는 "아, 좋아요!"라고 대답한다. 하지만 그 얼굴 표정과 애처로운 목소리는 "말도 마세요. 제 고생담을 들으면 아마 혀를 차실 겁니다."라고 말한다.

그녀 앞에서 행복한 모습을 보였다간 괜히 한 소리 들을 것 같다. 하지만 생활조건으로 따져보면, 그녀보다 형편이 좋지 않은 여성들도 부지기수다. 남편은 그녀에게 평생 먹고살 만한 보험금을 남겼고, 결혼한 자녀들은 그녀가 머물 집을 제공했다. 하지만 나는 좀처럼 그녀가 웃는 것을 본 적이 없다. 그녀는 세 명의 사위 모두가 인색하고 이기적이라고 불평한다. 한 번에 몇 달씩이나 그들의 집에 손님으로 얹혀살면서도 말이다. 또 자기 딸들이 결코 선물을 주는 법이 없다고 투덜대지만, 본인은 '노후에 대비해' 자기만의 돈을 비축해 두고 있다. 그녀는 자기 자신뿐만 아니라 불쌍한 가족에게도 어두운 그림자를 드리우고 있다. 하지만 꼭 그럴 필요가 있을까? 이것이 참 답답한 상황이다. 그녀는 원하기만 하면 비참하고 슬프고 불행한 여인에서 존경받고 사랑받는 가족의 일원으로 거듭날 수 있다. 이 변화를 실현하기 위해서는 그저 유쾌하게 행동하기만 하면 된다. 마치 남에게 나누어줄 얼마간의 사랑이 있는 것처럼 행동하는 것이다. 그것을 온통 불행하고 분노로 똘똘 뭉쳐진 자신의 자아에게만 탕진하는 대신에 말이다.

나는 인디애나 주 텔 시티 11번가 1335번지에 사는 H. J. 잉글러트라는 사람을 알고 있다. 그가 지금까지 살아 있는 것은 이 비밀을 발견한 덕택이다. 10년 전에 잉글러트 씨는 급성 감염성 질환인 성홍열을 앓았고, 거기서 회복한 후에는 신장염에 걸렸다. 그는 심지어 돌팔이도 가리지 않고 온갖 의사를 다 만나봤지만, 백약이 무효였다고 한다.

게다가 얼마 전에는 다른 합병증까지 겹쳤다. 혈압이 치솟은 그는 의사를 찾아갔고, 수치가 최고 214까지 올라갔다는 말을 들었다. 의사는 상황이 치명적이며 병은 악화되고 있으므로 즉시 주변을 정리하는 게 좋겠다고 말했다. 직접 그의 말을 들어보자.

저는 집에 가서 보험료 완납 여부를 확인했습니다. 다음에는 신에게 그동안의 모든 잘못을 사죄드린 뒤 우울 모드로 돌입했습니다. 저는 모두를 불행하게 했지요. 제 아내와 가족은 비참했고, 저 자신은 우울의 늪에 푹 빠져 있었습니다. 하지만 1주일간 자기연민의 수렁에서 허덕이다 지쳤는지 이런 생각이 들더군요. '넌 지금 바보짓을 하고 있어! 아직 1년은 더 살 수 있을지도 몰라. 그러니 그동안만이라도 즐겁게 사는 게 좋지 않을까?'

저는 어깨를 펴고 얼굴에 웃음꽃을 피우며 모든 것이 정상적인 것처럼 행동하기 시작했습니다. 물론 처음에 그것은 의식적인 노력이었지요. 하지만 억지로라도 즐겁고 유쾌해지려고 노력하다보니 이것이 가족만이 아니라 저 자신에게도 도움이 되더군요.

제일 먼저 기분이 더 좋아지기 시작했습니다. 거짓으로 기분 좋은 척하던 그 수준으로 실제로 정말 기분이 좋아졌지요. 상황은 계속 더 나아졌습니다. 그리고 이미 무덤 속에 들어가 있을 것으로 예상되었던 시점에서 몇 달이나 지난 지금도 저는 행복하고 건강하게 살아 있을 뿐 아니라 혈압도 내려갔습니다. 한 가지만은 확실합니다. 만약 제가 계속 패배감에 젖어 우울한 생각만 하고 지냈다면 의사의 예측은 분명 현실이 되었겠죠. 하지만 저는 제 몸에게 스스로를 치유할 기회를 주었습니다. 아무것도 하지 않고 그저 정신 자세 하나 바꾸는 것으로 말이죠.

한 가지 물어보자. 잉글러트 씨는 그저 유쾌하게 행동하고 긍정적인 생각을 품는 것만으로 생명을 구할 수 있었다. 그런데 왜 여러분이나 내가 단 한 순간이라도 이런저런 시시한 걱정과 근심으로 심신을 고문해야 하는가? 단순히 유쾌하게 행동하는 것만으로 행복을 창조할 수 있는데 왜 자기 자신과 주변 사람들을 불행하고 힘들게 해야 하는가?

오래전에 읽은 것으로 내 삶에 지속적이고도 깊은 영향을 준 책이 있다. 제임스 레인 앨런이 쓴 《생각의 지혜》라는 책인데, 거기 이런 구절이 나온다.

내가 사물과 타인에 대한 생각을 바꾸면 그들도 내게 변화된 모습을 보여준다. ……생각을 근본적으로 바꿔보라. 그러면 그것이 내 삶의 물질적 조건에 초래하는 급속한 변화에 놀라게 될 것이다. 인간은 그가 원하는 것을 끌어당기는 것이 아니라, 본래의 자기 자신을 끌어당긴다. …… 우리의 목적을 구체화하는 신성은 우리 자신 안에 있다. 그것이 바로 우리의 자아이다. …… 인간이 성취하는 모든 것은 그가 지닌 생각의 직접적인 결과이다. …… 인간은 오직 자신의 생각을 고양시킴으로써만이 떨쳐 일어나 성복하고 뭔가를 성취한다. 자기 생각을 고양시키지 못하는 자는 나약하고 비참한 상태에 머물 뿐이다.

창세기에 따르면, 창조주는 인간에게 온 땅을 지배할 수 있는 권리를 주었다고 한다. 정말 대단한 선물이 아닐 수 없다. 하지만 나는 이런 놀랍고도 황공한 특권에는 관심 없다. 내가 원하는 것은 그저 나 자신, 내 생각, 내 두려움, 그리고 내 마음과 정신을 지배할 수 있는 힘이다. 정말 놀라운 것은, 단순히 내 행동을 통제하는 방법으로 내가 원하는 어느 때든 이 지배력을 상당히 많이 획득할 수 있다는 사실이다. 행동이 통제되면 내 반응도 통제되기 때문이다.

따라서 윌리엄 제임스의 이 말을 기억하자. "우리가 악이라고 부르는 것의 상당 부분은 단지 내적인 태도를 두려움에서 투지의 그것으로 바꾸는 방법을 통해 유쾌하고 기운을 북돋아주는 선으로 전환될 수 있다.”

우리의 행복을 위해 싸우자! 매일 즐겁고 건설적인 생각을 자극하는 일일 프로그램을 통해 자신의 행복을 위해 싸우자. 여기 그런 프로그램이 있다. 바로 ‘오늘만은’이라는 프로그램이다. 나는 이것이 매우 유익하다고 생각하여 사본 수백 장을 만들어 사람들에게 나누어주었다. 그것은 작고한 시빌 F. 패트리지가 36년 전에 쓴 글이다. 그대로만 따르면 대부분의 걱정을 없애는 것은 물론 삶의 기쁨도 측정하기 어려울 정도로 증대시킬 수 있을 것이다.

오늘만은

1. 오늘만은 행복하겠다. 이것은 에이브러햄 링컨의 “인간은 대체로 자신이 행복하고자 하는 만큼 행복하다.”는 말이 옳다고 전제한다. 행복은 내면에서 나온다. 그것은 외부 환경에 의해서 좌지우지되는 게 아니다.
2. 오늘만은 모든 것을 내 욕망에 맞추기보다 실제 현실에 나를 맞추려 노력하겠다. 내 가족, 내 사업, 내 운을 있는 그대로 받아들이고 그들에게 나 자신을 맞추겠다.

3. 오늘만은 내 몸을 돌보겠다. 운동을 하고 보살피고 영양분을 공급하겠다. 내 몸을 학대하거나 홀대하지 않겠다. 그래서 그것을 내 분부대로 따르는 완벽한 기계로 만들겠다.

4. 오늘만은 내 정신을 강하게 만들겠다. 뭔가 유익한 것을 배우고, 정신적인 게으름뱅이가 되지 않겠다. 노력과 생각과 집중이 필요한 글을 읽겠다.

5. 오늘만은 세 가지 방식으로 내 영혼을 단련시키겠다. 아무도 모르게 누군가에게 친절을 베풀겠다. 윌리엄 제임스가 제안하는 대로, 단지 연습을 위해 별로 하고 싶지 않은 일을 최소한 두 가지 정도 하겠다.

6. 오늘만은 상냥하게 굴겠다. 가능한 표정을 밝게 하고 어울리는 옷을 입고 조용조용 이야기하고 예의 바르게 행동하며 많이 칭찬하겠다. 절대 남을 비판하지 않고 무엇에도 흠을 찾지 않으며 누군가를 통제하거나 가르치려 들지 않겠다.

7. 오늘만은 바로 이날 하루를 잘 살아내려고 하겠다. 내 인생의 전체 문제를 한꺼번에 해결하려 하지 않겠다. 평생 해야 한다면 절대 하지 못할 것 같은 일도 12시간 동안은 할 수 있다.

8. 오늘만은 계획표를 짜서 그대로 해보겠다. 매 시간

할 일을 기록하겠다. 정확히 실천하지는 못할 수도 있겠지만, 어쨌든 계획표는 만들겠다. 이를 통해 두 가지 문제, 즉 서두름과 우유부단의 문제를 해결할 수 있다.

9. 오늘만은 30분간 조용히 혼자만의 시간을 갖고 긴장을 풀겠다. 이 30분간 때로 신을 생각하며 내 인생을 좀 더 균형 있게 조망하겠다.

10. 오늘만은 두려워하지 않겠다. 특히 행복해지며 아름다운 것을 즐기고 사랑하며, 내가 사랑하는 사람들이 나를 사랑한다고 믿는데 두려움을 갖지 않겠다.

다음은 평화와 행복을 가져다줄 정신 자세를 함양하기 위한 제1규칙이다.

평화와 행복을 부르는 정신 자세를 갖기 위한 7가지 방법 1

즐겁게 생각하고 행동하라. 그러면 실제로 즐거워진다.

2 복수는 값이 비싸다

여러 해 전의 어느 날 밤, 옐로스톤 국립공원을 여행했을 때의 일이다. 나는 다른 관광객들과 함께 소나무와 전나무로 울창한 숲을 마주하고 있는 관람석에 앉아 있었다. 이윽고 우리가 기다리던 숲의 무법자 회색 곰이 조명 속으로 걸어 나오더니 공원 호텔 한 곳의 주방에서 그곳에 부려놓은 음식쓰레기를 먹어대기 시작했다. 삼림 감시대원인 마틴데일 소령은 말 위에 올라탄 채 흥분한 관광객들에게 곰에 대해 설명하면서 아마 물소나 코디액 불곰을 제외하면 서구 세계의 그 어떤 동물도 회색 곰을 당할 수 없을 거라고 말했다.

하지만 그날 밤 나는 회색 곰이 숲에서 나와 조명 빛을 받으며 자기와 함께 식사를 할 수 있도록 허락한 동물이 딱 하나 있음을 발견했다. 바로 스컹크였다. 회색 곰은 자신의 강력한 발차기 한 방이면 그깟 스컹크쯤이야 간단히 날려버릴 수 있음을 알고 있었다. 그런데 녀석은 왜 그냥 가만히 있었을까? 경험을 통해 그것이 이익 될 게 없다는 것을 알고 있었기 때문이다.

그것은 또 내가 깨달은 사실이기도 하다. 소년 시절 농장에서 자랄 때 나는 미주리의 산울타리를 따라 덫을 놓아 네 발 달린 스컹크를 잡았고, 성인이 된 후에는 뉴욕의 골목길에서 다리 둘 달린 스컹크를 목격한 적이 있다. 나는 슬픈 경험을 통해 어느 쪽이든 자극해서 좋을 게 없다는 사실을 깨달았다.

적을 증오할 때, 우리는 그들에게 우리를 지배할 힘을 준다. 그것은 우리의 잠, 식욕, 혈압, 건강, 그리고 우리의 행복을 지배하는 힘이다. 적들은 그들이 어떻게 우리를 불안하게 하고 괴롭히며 앙갚음할 수 있는지를 알게 되면 기뻐서 춤을 출 것이다. 우리의 증오심은 전혀 그들을 상하게 하지 못하며, 오히려 자신의 삶을 지옥과 같은 혼란으로 몰아넣는다.

다음의 말은 누가 했다고 생각하는가? "이기적인 사람들이 당신을 이용하려 하면 그들을 당신의 목록에서 지우고 잊어버리되 되갚아주려고 하지는 마라. 복수를 꾀할 때, 당신은 그 사람보다 당신 자신을 더 많이 상하게 한다." 이 말은 꿈꾸는 듯한 눈을 한 이상주의자의 입에서 나온 것 같지만 사실은 그렇지 않다. 그것은 밀워키 경찰국이 발행한 회보에 등장한 글이다.

복수하려는 시도가 어떻게 자신을 상하게 한다는 것일까? 실제로 그것은 여러 가지로 해롭다. <라이프> 지는 그것이 우리의 건강을 망가뜨릴 수 있다고 말하며 이렇게 단언한다. "고혈압 환자가 지닌 주요 성격적 특징은 분노이다. 만성적인 분노는 만성적인 고혈압과 심장 질환으로 연결된다."

따라서 "원수를 사랑하라."고 가르친 예수는 단지 건전한 윤리를 설파한 것만이 아니라, 20세기 의학도 함께 가르친 셈이다. "일곱 번씩 일흔 번까지라도 용서하라."고 말했을 때, 예수는 우리에게 고혈압, 심장 질환, 위궤양, 그 외의 많은 질병에 걸리지 않는 법을 알려주고 있었던 것이다.

최근에 내 친구 하나가 심각한 심장발작을 일으켰다. 의사는 그를 침대에 눕히고는 무슨 일이 일어나든 절대 화를 내지 말라고 지시했다. 심장이 약한 사람은 벌컥 화를 냄으로써 목숨을 잃을 수도 있다는 것을 의사들은 알고 있다. 내가 지금 '목숨을 잃을 수도 있다.'고 말했는가? 워싱턴 주 스포캔 시에 사는 한 카페 주인은 몇 년 전에 이 발작적인 분노 때문에 사망했다. 지금 내 앞에는 그 지역의 경찰청장 제리 스워타웃이 보낸 편지가 놓여 있다. 여기 그 내용을 일부 인용한다.

몇 년 전에 이곳 스포캔에서 카페를 운영하던 68세의 월리엄 포커버 씨는 자신의 요리사가 계속 그의 커피 잔 받침을 이용해 커피를 마시자 벌컥 화를 냈다가 그만 목숨을 잃었습니다. 그는 분을 못 참고 권총을 든 채 요리사를 쫓기 시작하다가 심장발작을 일으켜 사망한 것입니다. 그의 손에는 계속 총이 쥐어져 있었죠. 검시관의 보고서는 화가 심장마비의 원인이라고 지적했습니다.

예수가 "원수를 사랑하라."고 말했을 때, 그는 우리에게 더 멋진 외모를 가꾸는 법도 가르쳐준 것이다. 여러분도 그렇겠지만 나 역시 증오심으로 얼굴이 굳어지거나 주름이 지고, 분노로 흉하게 일그러진 여성들을 알고 있다. 세상의 온갖 미용 기술을 다 동원해도 외모를 아름답게 하는 효과에 있어서는 용서와 친절과 사랑으로 가득한 마음의 절반에도 미치지 못할 것이다.

증오는 심지어 음식을 맛있게 먹을 수 있는 능력도 파괴한다. 《성경》은 그것을 이런 식으로 표현한다. "채소를 먹으며 서로 사랑하는 것이 살진 소를 먹으며 서로 미워하는 것보다 나으니라." 우리의 원수들은 만약 그들을 향한 우리의 증오가 우리를 지치게 하고 피곤하고 불안하게 하며 외모도 망가뜨리고 심장 질환을 일으키며 아마 수명도 단축시킬 수 있다는 사실을 알게 될 경우, 너무 좋아 손뼉을 치며 쾌재를 부르지 않을까?

원수를 사랑하지는 못한다 해도 최소한 우리 자신은 사랑하자. 그들이 우리의 행복과 건강과 외모를 좌지우지하지 못하도록 우리 자신을 많이 사랑하자. 셰익스피어는 이렇게 말했다.

적의를 너무 불태우지 말라.
네가 먼저 그을릴 테니.

원수를 '일곱 번씩 일흔 번까지도' 용서하라고 했을 때, 예수는 건강한 사업 원칙도 가르친 것이다. 지금 내 앞에는 스웨덴 웁살라 프라데가탄 24번지에 살고 있는 조지 로나가 보낸 편지가 있다. 그는 다년간 빈에서 변호사로 일하다가 제2차 세계대전 중에 스웨덴으로 도피했다. 돈이 없었던 그는 일자리가 절실했고, 몇 개 국어에 능통했기에 수출입 업무를 취급하는 회사의 해외 연락 담당 자리를 얻고 싶어 했다. 그러나 대다수 회사는 전쟁 때문에 그런 업무가 필요하지는 않지만, 혹시 자리가 생기면 연락하겠다는 식으로 답변했다. 그런데 한 사람이 조지 로나에게 다음과 같은 편지를 보냈다.

당신이 제 사업에 대해 알고 계신 것은 사실과 다릅니다. 당신은 잘못 알고 있을 뿐 아니라 어리석기도 합니다. 우리는 연락 담당자가 전혀 필요 없어요. 설사 필요하다 해도 당신을 채용하지는 않을 겁니다. 당신은 우리나라 말을 제대로 쓰지도 못하니까요. 당신의 편지에는 틀린 표현이 참 많더군요.

편지를 읽은 조지 로나는 도널드 덕만큼이나 화가 치밀었다. '내가 스웨덴어도 제대로 못 쓴다니, 이게 무슨 소린가? 오히려 이 스웨덴 친구가 쓴 편지가 오류투성이였어.' 그래서 조지 로나는 그의 부아를 돋울 의도로 편지를 썼다. 그러나 다음 순간 멈추고 생각에 잠겼다. '잠깐 기다려. 이 사람이 틀렸다는 걸 내가 어떻게 알지? 내가 스웨덴어를 공부했다 해도 그건 내 모국어가 아니니까 나도 모르는 실수를 했을지도 몰라. 만약 그렇다면 난 오히려 더 열심히 공부해야 취직을 기대할 수 있을 거야. 그러니까 이 사람은 비록 의도하진 않았다 해도 내게 호의를 베푼 것일 수도 있어. 그의 말투가 영 거슬리긴 하지만, 그 때문에 내가 그에게 진 빚이 없어지는 건 아니지. 그러니 오히려 감사의 편지를 쓰는 게 좋겠어.'

그래서 조지 로나는 이미 써놓은 노기어린 편지를 찢어버리고 다시 새로운 편지를 썼다.

특별히 해외 연락 담당자가 필요하지도 않으신데 일부러 시간을 내 답장까지 보내주셔서 감사드립니다. 귀사에 대해 제가 잘못 알고 있었던 점은 사과드리겠습니다. 제가 편지를 드렸던 이유는 나름대로 조사해 본 결과 귀사가 이 분야에서 선도적인 기업으로 소개되었기 때문입니다. 제 편지에 문법적인 오류가 있었을 줄은 미처 몰랐습니다. 정말 죄송하고 부끄럽습니다. 이제부터는 스웨덴어를 더 열심히 공부해서 같은 실수를 반복하지 않도록 노력하겠습니다. 제가 새로운 마음으로 자기계발을 시작하도록 자극을 주신데 대해 감사드립니다.

그로부터 며칠 지나지 않아 조지 로나는 그 사람으로부터 자기를 만나러 와달라는 내용의 편지를 받았다. 로나는 그와의 만남을 통해 일자리를 얻었다. 조지 로나는 "부드러운 답변이 분노를 휘발시킨다."는 사실을 직접 체험을 통해 깨달았다.

원수를 사랑할 정도의 성인은 못 되더라도 자신의 건강과 행복을 위해 최소한 그들을 용서하고 잊어버리자. 그것이 현명한 처신이다. 공자가 말했다. "억울한 일이

나 강도를 당해도 계속 마음에 담아두지만 않으면 아무 것도 아닌 일이 된다." 나는 아이젠하워 장군의 아들인 존에게 아버지가 마음속에 분노를 담아두는 것을 본 적이 있는지 물었고, 아들은 이렇게 대답했다. "아니요. 아버지는 단 한 순간도 좋아하지 않는 사람 생각으로 시간을 허비한 적이 없습니다."

이런 격언이 있다. "화를 내지 못하는 자는 어리석지만, 화를 내지 않는 자는 지혜롭다." 이것이 바로 뉴욕의 전 시장 윌리엄 J. 게이너의 정책이었다. 황색 신문으로부터 호되게 난타를 당한 그는 한 미치광이가 쏜 총에 맞아 사경을 헤맸다. 병원에 누워 죽음을 상대로 사투를 벌이면서 그는 이렇게 말했다. "매일 밤, 저는 모든 것과 모든 사람을 용서합니다." 너무 이상적인가? 지나치게 폼을 잡는 것 같은가? 만약 그렇다면《염세주의 연구》라는 책을 쓴 위대한 독일 철학자 쇼펜하우어의 의견을 들어보자. 그는 인생을 무익하고 고통스러운 모험으로 보았으며, 그가 걸을 때면 몸에서 우울이 방울방울 떨어져 흐르는 듯했다. 그러나 이렇게 깊은 절망의 늪에서 허덕이던 그조차 소리 높여 외쳤다. "가능하다면 누구에게도 적의를 품지 말라."

나는 윌슨, 하딩, 쿨리지, 후버, 루스벨트, 트루먼 등

여섯 대통령의 신뢰받는 조언자였던 버나드 바루크에게 정적들의 공격 때문에 괴로웠던 적이 있는지 물었다. 그때 그는 이렇게 대답했다. "저를 모욕하거나 괴롭힐 수 있는 사람은 아무도 없습니다. 제가 그걸 허락하지 않으니까요." 여러분과 나를 모욕하거나 괴롭힐 수 있는 사람은 없다. 우리가 그걸 허락하지 않는 한 말이다.

막대기와 돌멩이로 내 뼈를 부러뜨릴 수는 있어도
말로는 절대 나를 다치게 하지 못한다.

아득한 시절부터 인류는 자기 원수를 미워하지 않은 그리스도 같은 사람들 앞에 촛불을 밝히며 경의를 표했다. 나는 종종 캐나다의 재스퍼 국립공원에 가서 서구 세계에서 가장 아름다운 산의 하나로 꼽히는 에디스 카벨 산을 응시하곤 한다. 그것은 1915년 10월 12일, 독일군 총살 집행대 앞에서 성인처럼 죽음을 맞은 독일 간호사 에디스 카벨의 이름을 딴 것이었다. 그녀의 죄는 무엇이었을까? 카벨은 벨기에에 있는 자기 집에서 부상당한 프랑스와 영국의 군인들을 숨겨주고 먹여주고 치료했으며, 그들이 네덜란드로 탈출할 수 있도록 도왔다.

그 10월의 아침, 영국인 신부가 브뤼셀에 있는 군대 감옥으로 그녀를 찾아갔을 때, 카벨은 두 문장의 말을 남겼다. 그리고 훗날 청동과 화강암에 새겨져 영원히 기념되었다. "저는 애국심만으로는 충분하지 않다고 믿습니다. 저는 그 누구도 증오하거나 원망하지 않겠습니다." 4년 뒤에 그녀의 시신은 영국으로 옮겨졌고, 웨스트민스터 성당에 묻혔다. 나는 영국에서 1년을 보낸 적이 있는데, 그때 자주 국립초상화전시실 맞은편에 세워진 에디스 카벨의 동상 앞에 서서 화강암에 새겨진 불멸의 글귀에 눈길을 주곤 했다. "저는 애국심만으로는 충분하지 않다고 믿습니다. 저는 그 누구도 증오하거나 원망하지 않겠습니다."

원수를 용서하고 잊을 수 있는 한 가지 확실한 방법은 우리 자신보다 무한히 더 큰 어떤 대의에 몰입하는 것이다. 그러면 우리가 받는 모욕이나 적대감도 대수롭지 않은 것이 된다. 대의 외의 모든 것이 하찮게 여겨지기 때문이다. 한 예로, 1918년에 미시시피의 소나무 숲에서 일어날 뻔했던 매우 극적인 사건을 살펴보자.

당시에 흑인 교사이자 설교자였던 로렌스 존스는 꼼짝없이 린치를 당할 위기일발의 상황이었다. 몇 년 전에 나는 로렌스 존스가 설립한 파이니 우즈 컨트리 스

쿨을 방문해 학생들 앞에서 강연한 적이 있다. 이 학교
는 요즘이야 전국적으로 유명하지만, 내가 지금 이야기
하려는 사건은 그보다 한참 전의 일이었다. 그것은 제1
차 세계대전 중의, 사람들이 감정적으로 매우 예민해
있던 시기에 일어났다. 당시 미시시피 중부 전역에 독
일군이 흑인들을 선동하여 반란을 일으키게 하고 있나
는 소문이 퍼졌다. 린치를 당할 위기에 몰려 있던 로렌
스 존스는 흑인이었고 동족들을 선동하여 폭동에 가담
케 한 혐의를 받고 있었다. 일단의 백인들이 교회 밖에
서 로렌스 존스가 신도들에게 이렇게 외치는 소리를 들
었던 것이다. "인생은 모든 흑인이 갑옷을 둘러 입고 생
존과 성공을 위해 싸워야 하는 전투입니다."

'갑옷!' '전투!' 이것으로 충분했다. 흥분한 백인 청
년들은 밤길을 뚫고 말을 달려 사람들을 불러 모은 후
다시 교회로 돌아와 설교자를 밧줄로 묶고는 1마일이
나 떨어진 곳까지 질질 끌고 갔다. 그리고 그를 장작더
미 위에 세우고 성냥불까지 켜서 교수형과 화형을 동시
에 집행할 준비를 다 마쳤다. 그때 누군가가 외쳤다.
"마지막으로 말할 기회를 주자." 그래서 로렌스 존스는
장작더미 위에서 목에 밧줄을 두른 채 자신의 인생과
대의에 대해 일장 연설을 했다.

그는 1907년에 아이오와 대학을 졸업했다. 진실한 성품과 우수한 학업 성적, 그리고 음악적 재능으로 학생과 교수 모두에게 인기가 있었다. 졸업한 후에는 그의 창업을 도와주겠다는 호텔 경영자의 제안도 거절했고, 음악교육을 지원해 주겠다는 어떤 부자의 제안도 거절했다. 왜 그랬을까? 바로 한 가지 비전에 꽂혀 있었기 때문이다. 부커 T. 워싱턴의 전기를 읽고 감동한 존스는 자신의 삶을 가난에 찌들고 글을 모르는 동족을 교육시키는 일에 헌신하기로 결심했다. 그래서 그는 남부에서 가장 낙후된 지역으로 갔다. 그곳은 미시시피 주 잭슨 시에서 남쪽으로 25마일 떨어진 지점이었다. 1.65달러를 받고 시계를 전당포에 맡긴 그는 숲속의 빈터에서 그루터기를 책상 삼아 학교를 열었다. 이렇게 로렌스 존스는 자기에게 린치를 가하려는 살기등등한 사람들 앞에서 아이들을 가르치고 그들이 훌륭한 농부, 기술자, 요리사, 주부들로 성장하도록 교육하기 위해 겪은 고초를 이야기했다. 또 파이니 우즈 컨트리 스쿨을 설립하는 과정에서 그를 도와준 백인들에 대해서도 이야기했다. 이 백인들은 존스에게 땅, 목재, 돼지, 소, 돈 등을 제공하여 그가 교육 사업을 계속할 수 있게 했다.

　나중에 사람들로부터 그의 목을 매달고 불태워 죽이

려 했던 사람들을 증오하지 않느냐는 질문을 받았을 때, 로렌스 존스는 자신의 대의를 실현하느라 너무 바빠 누군가를 미워할 틈이 없었다고 대답했다. 자기 자신보다 더 큰 어떤 것에 완전히 스스로를 내던진 것이다. 그는 말했다. "나는 입씨름할 시간도, 후회할 시간도 없습니다. 그 누구도 제가 그를 증오하게 만들 정도로 저를 짓밟을 수는 없습니다."

자기 자신에 대한 변호가 아니라 대의를 생각하는 존스의 진지하고 감동적인 연설에 사람들의 얼음장 같던 마음도 차츰 녹아내리기 시작했다. 마침내 나이 지긋한 남부 퇴역 군인 한 사람이 입을 열었다. "나는 이 친구가 진실을 말하고 있다고 믿네. 난 그가 언급한 백인들을 알고 있지. 그는 훌륭한 일을 하고 있어. 우리가 실수했네. 우린 이 친구 목을 매달기는커녕 오히려 도와줘야 해." 그 퇴역 군인은 군중들 사이로 모자를 돌려 52달러 40센트를 모금했다. 방금 전까지만 해도 파이니 우즈 컨트리 스쿨의 설립자이자 "나는 입씨름할 시간도, 후회할 시간도 없습니다. 그 누구도 제가 그를 증오하게 만들 정도로 저를 짓밟을 수는 없습니다."라고 말했던 인물을 처형하기 위해 모였던 사람들로부터 말이다.

　1,900년 전에 에픽테투스는 우리는 뿌린 대로 거두며 운명은 거의 언제나 어떤 식으로든 우리가 저지른 악행에 대해 대가를 치르게 한다고 말했다. 그의 말을 더 따라가 보자. "인간은 누구나 언젠가는 자신이 저지른 그릇된 행실에 대해 대가를 지불하게 된다. 이것을 기억하는 사람은 그 누구에게도 화를 내거나 분노하거나 욕하거나 비난하거나 상처주거나 증오하지 않을 것이다."

　아마 미국 역사상 링컨보다 더 비난받고 미움받았으며 배반을 당한 사람은 없을 것이다. 여기서 링컨 자서전의 고전이라 할 만한 헌든의 자서전 일부를 인용해 본다. "링컨은 사람을 판단할 때 걸고 그에 대한 사적인 호불호의 감정을 개입시키지 않았으며, 어떤 특정한 역할을 수행하는데 있어서는 비록 자신의 적이라 해도 누구 못지않게 그 일을 잘해 낼 수 있음을 알고 있었다. 혹시 누군가 자신을 비방하거나 냉대했다 해도 그가 어떤 자리에 최적임자라는 판단이 서면, 링컨은 그에게 마치 친구에게 하듯 기꺼이 그 자리를 내주곤 했다. ……링컨은 어떤 사람이 자신의 정적이거나 싫어하는 사람이라고 해서 그를 특정 직책에서 쫓아낸 적이 없었다."

　링컨은 매클렐런, 시워드, 스탠턴, 체이스 같은, 그가 고위직에 임명한 바로 그 사람들로부터도 욕을 먹고 모욕을 당했다. 다시 헌든의 글이 이어진다. "링컨은 어떤 사람도 그가 한 일에 대해 칭찬을 받거나 아니면, 하거나 하지 않은 일로 비난을 받을 수는 없다고 믿었다. 왜냐하면 인간은 누구나 조건, 상황, 환경, 교육, 후천적 습판, 그리고 유전이 공모하여 빚어낸 자식들이며, 이런 요인들이 인간의 현재와 미래를 결정하기 때문이다."

아마 링컨의 생각이 옳았는지도 모른다. 만약 여러분이나 내가 우리의 적들이 물려받은 것과 똑같은 육체적, 정신적, 감정적 특성들을 물려받았다면, 그리고 그들과 똑같은 인생을 경험했다면, 우리 역시 그들과 똑같이 행동할 것이다. 아마 그 외에 다른 방식으로는 행동할 수 없을 것이다. 수(Sioux) 족 인디언들처럼 너그럽고 관대한 마음으로 다음과 같은 기도를 드려보자. "오, 위대한 영이시여! 제가 2주 동안 어떤 사람과 똑같은 입장에 서보기 전까지는 그를 판단하거나 비판하지 않게 하소서." 그러므로 적을 증오하는 대신 그들을 불쌍히 여기고 인생이 우리를 그들처럼 만들지 않은 것에 대해 신에게 감사드리자. 비난을 퍼붓고 복수를 꾀하는 대신 그들을 이해하고 공감하고 도와주고 용서하고 그들을 위해 기도해 주자.

나는 매일 밤《성경》을 읽거나《성경》의 한 구절을 반

복 암송한 후 무릎을 꿇고 '가정 기도문'을 외우는 가
정에서 성장했다. 지금도 내 아버지가 쓸쓸한 미주리의
한 농가에서 예수님의 말씀을 반복하시던 모습이 눈에
선하다. 이 말씀은 인간이 예수의 이상을 소중히 여기
는 동안은 계속 인간의 입에서 끊임없이 읊조려질 것이
다. "네 원수를 사랑하라. 너희를 저주하는 사람을 축복
하고 너희를 미워하는 사람에게 선행을 베풀고 너희를
모욕하고 핍박하는 사람을 위해 기도하라." 내 아버지
는 예수의 말씀대로 살려고 노력했다. 이를 통해 아버
지는 세상의 왕과 권세가들이 그토록 원했으나 갖지 못
했던 마음의 평화를 얻었디.

평화와 행복을 가져다줄 정신 자세를 함양하려면 다
음의 두 번째 규칙을 기억하라.

절대 적에게 복수하려 하지 말라. 그랬다간 그들보
다는 오히려 우리 자신이 더 크게 다칠 수 있기 때
문이다. 아이젠하워 장군이 그랬던 것처럼, 단 한
순간도 싫은 사람들 생각에 시간을 허비하지 말자.

3 배은망덕에 초연해지는 법

최근에 텍사스에서 만났던 한 사업가는 분노로 잔뜩 열이 올라 있었다. 그는 우리가 만난 후 15분 내에 어떻게 된 일인지 얘기해 주겠다고 했고, 실제로 그렇게 했다. 그를 화나게 만든 사건은 그보다 11개월 전에 일어난 일이었는데, 그는 지금도 그 때문에 노기등등해 있었다. 대화 내용도 그것에 대한 것뿐이었다. 그는 자기 직원 34명에게 크리스마스 보너스로 만 달러를 지급했다. 한 사람당 약 300달러 꼴이었는데, 그에게 감사를 표한 직원이 하나도 없었다는 것이다. "그런 인간들에게 단 1센트라도 그냥 준 것이 너무 화가 납니다." 그는 정말 후회막급이라며 목에 핏대를 세웠다.

공자는 "노한 사람은 늘 독으로 가득 차 있다."고 말했다. 이 사람도 온몸이 독으로 가득했기 때문에 솔직히 나는 그가 불쌍했다. 그는 60세쯤 되어 보였다. 지금 생명보험사들의 계산에 의하면, 인간의 평균 생존 기간은 80세에서 현재 나이를 뺀 연수의 3분의 2가 약간 넘는 정도가 될 것이라고 한다. 따라서 이 사업가는 운이 좋다면 아마 14년에서 15년 정도 더 살 수 있을 것이다. 하지만 그는 이미 지나가버린 사건에 대한 분노와 앙금 때문에 얼마 남지 않은 시간 중 거의 1년을 낭비해 버렸다. 나는 그가 참 안돼 보였다.

그는 원한과 자기연민의 늪에서 허우적대는 대신 자신이 왜 전혀 감사를 받지 못했는지 자문하며 반성하는 편이 나았을 것이다. 아마 그는 직원들에게 임금은 적게 주면서 일은 너무 많이 시켰는지도 모르고, 직원들은 크리스마스 보너스를 선물이 아니라 자기들이 일해서 번 정당한 대가라고 생각했을 수도 있다. 아니면 그가 너무 비판적이고 다가서기 힘든 사람이라 감히 아무도 그에게 감사를 표하거나 그런 일에 마음을 쓰지 못했을 가능성도 있다. 또는 대부분의 이익이 어차피 세금으로 나갈 수도 있어서 사장이 보너스를 준 거라고 생각한 것인지도 모른다.

반면 직원들이 원래 이기적이고 속이 좁고 예의 없는 사람들이었는지도 모른다. 이것 때문일 수도 있고 저것 때문일 수도 있다. 나도 이에 대해서는 확실히 이거다 라며 꼬집어 말할 수 없다. 하지만 사무엘 존슨 박사가 한 다음 말은 알고 있다. "감사는 수준 높은 교양의 산물이다. 천박한 사람들 속에서는 이를 찾을 수 없다.”

내가 전하려는 요지는, 이 사업가는 참 인간적이면서도 고통의 원인이 되는 실수, 즉 감사를 기대하는 실수를 범했다는 것이다. 그는 인간성을 알지 못했다. 만약 여러분이 누군가의 목숨을 구해 주면, 그가 감사할 것으로 기대하는가? 그럴 수도 있을 것이다. 하지만 판사가 되기 전에 유명한 형사 변호사로 활동했던 사무엘 라이보비츠의 경우를 보자. 그는 78명의 죄수들이 전기 의자에 앉는 것을 막아주었다. 이들 중 몇 명이나 직접 찾아와 그에게 감사를 표하거나, 아니면 크리스마스카드라도 보냈을 것 같은가? 추측해 보라. ……그렇다. 단 한 명도 없었다.

예수는 어느 날 오후에 나병환자 열 명을 고쳐주었다. 그들 중 얼마나 감사를 표했을까? 딱 한 명뿐이었다. <누가복음>을 보라. 예수가 제자들을 돌아보며 “나머지 아홉은 어디 있느냐?”고 물었을 때, 그들은 이미 가버리고 없었다. 감사하다는 말 한 마디 없이 사라진 것이다. 한 가지 물어보자. 여러분이나 나는, 혹은 텍사스의 이 사업가는 왜 우리가 베푼 작은 호의에 대해 예수가 받았던 것보다 더 많은 감사를 기대해야 하는가?

그리고 돈과 관련된 문제일 때 상황은 한층 더 절망

적이 된다. 찰스 슈워브는 내게 은행돈으로 주식시장에
투기한 은행원을 구해 준 일화를 들려주었다. 슈워브는
그 직원이 감옥에 가지 않도록 대신 돈을 갚아주었다.
그 은행원은 감사했을까? 얼마 동안은 그랬다. 하지만
그 뒤에는 슈워브에게 등을 돌려 그를 헐뜯고 비난했다.
자신이 감방에 갈 것을 막아준 바로 그 사람을!

만약 여러분이 어떤 친척에게 100만 달러를 준다면,
그가 감사할 것 같은가? 앤드류 카네기가 바로 그렇게
했다. 하지만 그가 얼마 뒤에 무덤에서 살아 돌아왔다
면, 이 친척이 그를 비방하는 것을 보고 충격을 받았을
것이다. 이 사람은 도대체 왜 그런 걸까? 앤드류 카네기
가 자선단체에는 3억 6천500만 달러나 기부했으면서,
자기에게는 '달랑 100만 달러만 떼어' 주었기 때문이다.

이것이 현실이다. 인간성은 항상 그랬었고, 아마 여
러분의 살아생전에도 변하는 일은 없을 것이다. 실상이
이럴진대, 그냥 그런 현실을 수용하는 게 어떨까? 로마
제국을 통치한 가장 지혜로운 왕으로 꼽히는 마르쿠스
아우렐리우스가 그랬던 것처럼 이 문제에 대해서는 그
냥 현실적이 되는 게 어떨까? 그는 어느 날 자신의 일기
에 이렇게 썼다. "나는 오늘 말이 너무 많은 사람들을
만날 것이다. 그들은 이기적이고 자기중심적이며 감사

할 줄 모르는 인간들이다. 하지만 놀라거나 당황하지는 않으리라. 이런 사람들 없는 세상은 상상할 수가 없으니까."

말 된다. 안 그런가? 여러분이나 내가 허구한 날 인간의 배은망덕을 두고 투덜대기나 한다면, 누구를 탓해야 할까? 인간성인가, 아니면 인간성에 대한 우리의 무시인가? 아예 감사를 기대하지 말자. 그러면 어쩌다 받는 감사가 즐거운 놀라움으로 다가올 것이다. 설사 받지 못한다 해도 속 쓰릴 일은 없을 것이다.

이 장에서 내가 전하려는 첫 번째 요지는, 감사를 잊는 것이 인간의 본성이라는 것이다. 따라서 감사받기를 기대하며 살아가다간 속 쓰림으로 적잖이 고생할 것이다.

내가 아는 뉴욕에 사는 한 여성은 외롭다며 늘 불평을 입에 달고 산다. 친척들 중 그녀를 가까이 하고 싶어 하는 사람은 아무도 없다. 그것도 무리는 아니다. 그녀를 찾아가기라도 하면 조카들이 어렸을 때 자신이 어떻게 지극정성으로 보살폈는지를 몇 시간 동안 지치지도 않고 떠들어댄다. 홍역, 볼거리, 백일해에 걸렸을 때 조카들을 간호했고, 몇 년씩이나 그들을 먹이고 입혔으며, 조카 한 명은 경영대학원 학비를 대주기도 했고, 다른 조카는 결혼할 때까지 데리고 살았다는 식이다. 조카들이 그녀를 보러 올까? 물론 이따금 찾아오기는 한다. 그냥 의무감 때문에. 하지만 그들은 이 방문을 끔찍이도 싫어한다. 그저 속수무책으로 몇 시간이고 앉아 그녀의 은근한 책망을 들어주고 끝도 없는 한 맺힌 불평과 자기연민의 한숨을 견뎌내야 한다는 것을 알기 때문이다. 그녀는 위협하고 호통치고 윽박질러도 조카들이 더 이상 자기를 보러 오지 않으면, 비장의 무기를 꺼내든다. 바로 심장발작을 일으키는 것이다.

그게 진짜 심장발작이었냐고? 그렇다. 의사들은 그녀의 심장이 '신경과민성'이며, 심장 박동이 불규칙하기나 빠른 심계항진증에 걸려 있다고 진단했다. 하지만 의사들은 자기들이 그녀를 위해 할 수 있는 일은 아무것도 없다고 한다. 그녀의 문제가 감정적이기 때문이라는 것이다. 이 여성이 진정으로 원하는 것은 사랑과 관심이다. 하지만 그녀는 그것을 '감사'라고 부른다. 그리고 감사나 사랑을 요구하는 한 결코 그것을 받지 못할 것이다. 그럼에도 그녀는 그것을 자신의 당연한 권리라고 생각한다.

이처럼 배은망덕, 외로움, 그리고 사람들의 무관심 때문에 괴로워하는 여성들이 부지기수이다. 그들은 사랑받기를 갈구하지만, 그것을 받을 수 있는 유일한 길은 더 이상 그것을 요구하지 않고 보답을 기대하지 않은 채 그저 사랑을 풍성히 베푸는 것이다.

순진하고 비현실적이며 몽상적인 이상주의로 들리는가? 그렇지 않다. 이것은 그저 상식에 속하는 문제이며 우리가 원하는 행복을 찾을 수 있는 좋은 방법이다. 나는 알고 있다. 바로 우리 가정에서 이런 일이 일어나는 것을 보았기 때문이다. 내 부모님은 남을 돕는 일이 즐거워 베풀며 사셨다. 우리는 가난했고 항상 빚에 허덕였다. 그럼에도 부모님은 어떻게든 해마다 빼놓지 않고 고아원에 돈을 보냈다. 아이오와 주의 카운슬 블러프스에 있는 크리스천 홈이라는 곳이었다. 부모님은 한 번도 그곳을 찾지는 않았다. 아마(편지를 통한 것을 제외하면) 그분들의 선물에 감사를 표한 사람은 아무도 없었을 것이다. 하지만 부모님은 넉넉하게 보상을 받았다. 어린아이들을 돕는다는 기쁨을 누리며 사셨기 때문이다. 그에 대한 보답으로 감사를 원하거나 기대하지 않고 말이다.

집을 떠난 후 나는 크리스마스 때마다 항상 부모님께 돈을 보내며 제발 당신들을 위해서 좀 쓰시라고 간청하곤 했다. 하지만 그런 경우는 거의 없었다. 내가 크리스마스를 며칠 앞두고 집에 가면 아버지는 자녀는 많은데 식량과 연료를 살 돈이 없는 읍내의 한 홀어머니 가정에 석탄과 식료품을 사주었다고 말씀하셨다. 이런 선물로 부모님은 참 많은 기쁨을 누리셨다. 그것은 어떤 보답도 바라지 않고 베푸는 데서 오는 기쁨이었다.

나는 아버지가 아리스토텔레스가 묘사한 이상적인 인간, 가장 행복할 만한 자격이 있는 인간에 해당한다고 믿는다. 아리스토텔레스는 이렇게 말했다. "이상적인 인간은 남을 돕는 데서 기쁨을 느낀다. 반대로 남에게서 도움을 받아야 할 처지가 되면 부끄러움을 느낀다. 친절을 베푸는 것은 우월함의 증거인 반면, 그것을 받는 것은 열등함의 표시이기 때문이다."

여기서 내가 전하려는 두 번째 요지는 이것이다. 행복을 찾고 싶다면, 감사나 배은망덕에 대한 생각일랑은 접어두고 베푸는 데서 오는 내적인 기쁨을 위해 베풀라.

인류사 이래 부모들은 자식들의 배은망덕에 머리를 쥐어뜯었다. 셰익스피어의 리어왕도 이렇게 울부짖었다. "감사할 줄 모르는 자식을 두는 것은 독사의 이빨보다 더 날카롭구나!"

하지만 우리가 아이들을 감사할 줄 아는 인간으로 교육시키지 않는다면, 그들이 감사해야 할 이유가 어디 있겠는가? 배은망덕은 잡초처럼 자연스러운 것이다. 한 편 감사는 장미와 같아서 물을 주고 거름도 주고 보호하고 사랑해 줘야 꽃을 피운다.

만약 우리의 자녀들이 감사할 줄 모른다면, 누구를 탓채야 할까? 아마 우리 자신일 것이다. 그들에게 감사하는 법을 가르친 적이 없는데 어떻게 그들이 우리에게 감사하기를 기대할 수 있겠는가?

내가 아는 시카고에 사는 한 남자는 의붓아들들에 대해 섭섭하게 느낄 만한 이유가 충분한 듯하다. 그는 한 상자 공장에서 등골이 휘도록 일하면서도 1주일에 40달러 이상 벌기가 어려웠다. 그는 어느 과부와 결혼했는데, 그녀의 설득에 돈을 빌려 그녀의 장성한 두 아들을 대학에 보냈다. 그리고 40달러의 1주일 급료로 기본 생활비를 대는 것 외에 빚까지 갚아야 했다. 그는 4년 동안 막노동꾼처럼 일하며 살았지만 결코 불평하지 않았다.

그는 감사를 받았을까? 아니다. 그의 아내는 그것을 당연한 것으로 여겼고, 그녀의 아들들도 그랬다. 그들은 절대 자기들이 의붓아버지에게 빚을 졌다고 생각하지 않았고, 감사할 이유도 없다고 여겼다.

누구의 책임인가? 그 아들들인가? 그렇다. 그러나 한

층 더 큰 책임은 어머니에게 있었다. 그녀는 젊은 자식들에게 '빚을 지고 있음'을 느끼게 하는 것은 부끄러운 일이라고 여겼고, 아들들이 '빚을 진 채 시작하기를' 원치 않았다. 그래서 "너희들을 대학에 보내시다니! 새 아버지는 정말 훌륭하신 분이다!"라는 말을 할 생각은 전혀 하지 않았고, 오히려 그녀는 "아버지로서 최소한 그 정도는 해줘야지."의 태도를 보였다.

그녀는 자신이 자식들을 편하게 해준다고 생각했지만, 사실은 세상이 자기들의 생활을 책임질 의무가 있다는 위험한 생각으로 그들을 무장시킨 채 사회로 내보내고 있었다. 그것은 정말 위험한 생각이었나. 아늘 한 명은 결국 고용주로부터 돈을 (좀 부드럽게 돌려 말해) '빌리려고' 하다가 철창신세를 지게 됐기 때문이다.

자녀들은 우리가 가르치는 대로 성장한다는 사실을 기억해야 한다. 가령 미니애폴리스 주 웨스트 미네하하 파크웨이 144번지에 살고 계신 내 이모 비올라 알렉산더의 경우를 보자. 그분은 자식들의 배은망덕을 닦아세울 이유가 전혀 없는 여인의 모범적인 사례이다. 내가 어렸을 때, 비올라 이모는 외할머니를 직접 이모 집으로 모셔 극진히 보살펴드렸다. 시어머니도 마찬가지로 공경하고 사랑했다. 지금도 비올라 이모의 농장주택의

난로 앞에 앉아 계시던 두 할머니들의 모습이 눈에 선하다. 두 분은 비올라 이모에게 '거추장스러운 존재'였을까? 물론 그럴 때가 종종 있었을 거라고 생각한다. 그러나 이모 행실로 보아서는 절대 그런 낌새를 잡아낼 수 없을 것이다. 이모는 두 분을 사랑했다. 그래서 그분들이 원하는 것은 무엇이든 들어주고 마음을 편하게 해 드렸다. 게다가 이모에게는 당신의 자녀가 여섯이나 되었다. 그럼에도 이모는 노부인 두 분을 자기 집에 모신다고 해서 당신이 특별히 훌륭한 일을 한다거나 무슨 대단한 칭찬을 받을 자격이 있다고는 전혀 생각지 않았다. 이모에게 그것은 당연한 일이었고 옳은 일이었고 하고 싶은 일이었다.

비올라 이모는 지금 어떻게 살고 계실까? 20여 년 전에 홀로 되신 이모는 장성한 자녀들이 다섯이다. 다섯 자녀가 각각 가정을 꾸렸지만 모두 이모를 자기 집에 모시겠다며 아우성이다. 그들은 이모를 사랑하며 아무리 오래 같이 있어도 떨어지고 싶어 하지 않는다. 이게 다 '감사' 하는 마음 때문일까? 천만의 말씀이다! 그것은 사랑이다. 순전한 사랑이다. 이 자녀들 자신이 어린 시절부터 사랑과 따뜻한 온정을 듬뿍 받으며 성장했던 것이다. 이제 상황이 역전된 지금 그들이 받은 사랑을 되돌려주는 것이 뭐 이상한 일이겠는가?

그러므로 자녀를 감사하는 아이로 키우려면 우리가 감사해야 한다는 사실을 기억하자. '애들은 귀가 밝다.'는 사실에 유의하여 말도 조심해서 하자. 가령 다음에 누군가의 친절을 깎아내리고 싶은 마음이 생겨도 주위에 아이들이 있으면 일단 멈추자. 절대 이런 식으로 말하지 말자. "이 행주 좀 봐. 사촌 언니가 크리스마스 선물로 보낸 건데, 직접 뜨개질한 거야. 1센트도 안 되는 거지." 우리한테야 별로 대수롭지 않은 말로 들릴지 몰라도 아이들은 귀가 예민하다. 따라서 이런 식으로 바꿔 말하라. "이 선물을 만드느라 얼마나 공을 들였을까? 참 자상한 언니야! 지금 당장 감사편지를 써야겠어." 이러면 우리 아이들은 무의식적으로 칭찬과 감사의 습관이 몸에 배게 될 것이다.

다음은 배은망덕에 대한 분노와 섭섭함을 떨쳐버리기 위한 세 번째 규칙이다.

1. **감사할 줄 모르는 태도에 대해 섭섭해하는 대신 그것을 당연한 것으로 여겨라. 예수님도 하루에**

나병환자 열 명을 고쳤지만, 감사를 표한 것은 단 한 명뿐이었음을 기억하라. 왜 우리가 예수가 받았던 것보다 더 많은 감사를 기대해야 하는가?

2. 행복을 찾을 수 있는 유일한 길은 감사를 기대하는 것이 아니라, 그저 베푸는 데서 오는 기쁨을 위한 것임을 기억하자.

3. 감사는 '계발되는' 특성임을 유념하라. 따라서 자녀들을 감사하는 아이로 키우고 싶다면, 그들이 감사할 줄 아는 사람이 되도록 훈련시켜야 한다.

4 내가 가진 것의 가치를 알라

내가 해럴드 애벗과 알고 지낸 지는 꽤 오래 되었
다. 그는 전에 내 강좌의 매니저로 일했으며, 현재 미주
리 주 웹 시티 사우스매디슨 애비뉴 820번지에 살고 있
다. 어느 날 우리는 캔자스 시에서 만났고, 그는 미주리
주 벨튼에 있는 내 농장까지 나를 태워다주었다. 차 안
에서 나는 그에게 어떻게 걱정을 하지 않고 사는지를
물었는데, 그때 들은 감동적인 이야기는 결코 잊지 못
할 것 같다. 여기 애벗의 말을 그대로 옮긴다.

전 걱정이 많은 사람이었어요. 그런데 1934년의 어느
봄날, 웹 시티의 웨스트도허티 거리를 걷다가 제 모든
걱정을 한 방에 날려버린 장면을 보게 되었습니다. 단
10초 동안의 일이었지요. 하지만 그 10초 사이에 저는
어떻게 살아야 할지에 대해 그 이전 10년 동안 배운 것
보다 더 많은 것을 배웠습니다.
　저는 웹 시티에서 2년간 식품점을 운영해 왔습니다.

하지만 일이 잘못되어 모아둔 돈을 몽땅 날렸을 뿐 아니라, 갚는데 7년이나 걸릴 빚까지 졌지요. 식품점은 그 전주 토요일에 문을 닫은 상태였습니다. 그리고 그때는 캔자스 시에 가서 직장을 구하기 위해 상공인 은행에 돈을 빌리러 가던 참이었지요. 저는 누구한테 흠씬 두들겨 맞은 사람처럼 걸었습니다. 투지와 신념노 모두 잃은 상태였지요. 그런데 갑자기 길 저쪽에서 두 다리가 없는 사람이 오는 게 보였습니다. 그는 롤러스케이트의 바퀴를 단 작은 나무판 위에 앉아 양손에 쥔 나무 막대로 땅을 밀면서 나아가고 있었습니다. 제가 그 사람을 본 것은 그가 길을 건넌 후 인도와 차도 사이의 경계석을 넘기 위해 몸을 일으키려는 순간이었습니다. 그가 나무판을 기울이는 순간 그의 눈과 제 눈이 마주쳤습니다. 그러자 그가 환하게 웃으며 제게 인사했지요. "안녕하세요? 참 좋은 아침이지요?" 목소리에 생기가 넘쳐흐르더군요.

그를 보면서 제가 얼마나 부자인지 깨달았습니다. 저는 멀쩡한 두 다리가 있고 걸을 수가 있었지요. 제 자기 연민이 부끄러워지더군요. 그리고 생각했습니다. '저 사람이 다리 없이도 저렇게 행복하고 쾌활하며 자신에 차 있다면, 두 다리 멀쩡한 나도 분명 그럴 수 있을 거야.' 벌써 가슴에 기운이 솟는 게 느껴졌습니다. 원래 은행에서 100달러만 빌릴 계획이었는데, 이제 200달러를 요구할 용기가 생기더군요. 또 처음에는 혹시 일자리가 있을까 싶어 캔자스 시에 갈 계획이라고 말할 작정이었지만, 이제는 자신 있게 일자리 구하러 캔자스 시에 갈 거라고 말했습니다. 저는 대출을 받았고, 일자리도 구했습니다. 요즘에는 이런 구절을 욕실 거울에 붙여놓고 매일 아침 면도할 때마다 읽습니다.

나는 신발이 없다고 풀죽어 지냈네.
거리에서 발 없는 사람을 만나기 전까지는.

전에 에디 리켄베커에게 물은 적이 있다. 태평양에서 길을 잃은 채 동료들과 구명 뗏목에 몸을 싣고 21일 동안 표류했을 때 배운 가장 큰 교훈이 무엇이냐고. 이에 그는 이렇게 대답했다. "그 경험에서 배운 가장 큰 교훈은, 마실 물과 먹을 음식이 충분하다면 절대 어떤 것에 대해서도 불평해선 안 된다는 것이었죠."

시사주간지 <타임>은 과달카날 섬에서 부상당한 한 하사관에 대한 기사를 실었다. 폭탄 파편에 목을 다친 이 하사관은 수혈을 일곱 번이나 받았다. 말을 할 수 없던 그는 종이에 글을 써서 의사에게 물었다. "제가 살 수 있나요?" 의사가 대답했다. "그럼요." 그가 다시 글을 써서 물었다. "제가 말을 할 수 있을까요?" 이번에도 의사는 긍정의 답을 내놓았다. 그러자 하사관은 다시 글을 썼다. "그럼 도대체 걱정할 일이 없는 거네요?" 여러분도 당장 스스로에게 물어보라. "도대체 내가 걱정될 일이 뭐지?" 그러면 그것은 비교적 사소하고 중요하지 않은 것들이기 쉽다.

우리 인생에서 문제가 될 만한 부분은 10퍼센트 정도에 불과하고, 별 문제없는 부분이 나머지 90퍼센트를 구성한다. 행복해지고 싶다면 별 문제없는 90퍼센트에 집중하고 문제 있는 10퍼센트는 무시해 버리면 된다. 반대로 걱정하고 괴로워하며 위궤양에 걸리고 싶으면, 문제 있는 10퍼센트에 집중하고 아름답고 찬란한 90퍼센트에는 눈을 감아버리면 된다.

크롬웰 풍의 많은 영국 교회에는 '생각하라. 그리고 감사하라.'는 글귀가 새겨져 있다. 이 말은 우리의 가슴에도 새겨져야 한다. '생각하라. 그리고 감사하라.' 자신이 감사해야 할 모든 것들을 생각하라. 그리고 우리가 받은 온갖 풍족한 것들에 대해 하느님께 감사하라.

《걸리버 여행기》를 쓴 조나단 스위프트는 영국 문학 사상 가장 지독한 비관주의자였다. 그는 자신이 태어났다는 사실 자체가 너무 슬퍼 자기 생일에 검은 옷을 입고 금식했을 정도였다. 그러나 절망 속에 신음하던 이 대책 없는 염세주의자도 건강을 가져다주는 쾌활함과 행복의 놀라운 힘을 찬양했다. 그는 이렇게 선언했다. "세계 최고의 의사는 적절한 식사, 고요, 그리고 유쾌함 이라는 의사들이다."

우리는 자신이 지닌 믿을 수 없을 정도의 부, 동화 속의 알리바바가 지녔던 보물들보다 훨씬 많은 부에 관심을 집중하는 방법으로 매 시간 '유쾌함 의사' 의 서비스를 공짜로 받을 수 있다. 누가 천억을 준다면, 그걸 받고 당신의 두 눈을 팔겠는가? 두 다리를 주는 대가로 무엇을 받겠는가? 당신의 손은 어떤가? 청각은? 아이들은? 가족은? 당신이 지닌 모든 자산을 더해 보라. 그러면 록펠러, 포드, 모건 가문이 모아놓은 모든 부를 몽땅 준다 해도 당신이 지닌 것과 맞바꾸지 않을 것이다.

하지만 우리는 이 모든 부의 가치를 제대로 알고 있을까? 유감스럽게도 그렇지 못하다. 쇼펜하우어가 말했듯이 "우리는 자신이 지닌 것은 거들떠도 안 보고, 항상 없는 것만을 생각한다." 그렇다. "이미 갖고 있는 것은 거들떠도 안 보고 항상 없는 것만을 생각하는" 인간의 성향이야말로 이 세상에서 가장 큰 비극이다. 그것은 아마 인류의 역사를 피로 물들였던 그 모든 전쟁과 질병보다 더 많은 불행을 초래했을 것이다. 또 그것은 존 팔머로 하여금 '성질 좋은 호남아에서 불평꾼 늙은이'로 변하게 하고 그의 가정을 거의 파탄 지경에 이르게 했다. 나는 그에게서 직접 들었기 때문에 이 사실을 알고 있다. 팔미 씨는 뉴저지 주 패터슨 시 19번가 30번지에 살고 있다. 그의 말을 그대로 옮긴다.

나는 군에서 제대한 후 곧 사업을 시작했습니다. 밤낮으로 열심히 일했지요. 일도 잘 풀려갔습니다. 그런데 언제부턴가 문제가 생기기 시작했어요. 부품과 자재를 확보할 수 없었던 겁니다. 사업을 접어야 하는 건 아닌지 두려웠습니다. 걱정이 너무 심해 성질 좋은 호남아에서 불평꾼 늙은이로 변해가더군요. 마음이 심하게 비뚤어지고 성미가 많이 까다로워졌지요. 그때는 그걸 몰랐는데, 사실 그 때문에 내 행복한 가정이 거의 풍비박산이 날 정도가 되었습니다. 그러던 어느 날, 나와 같이 일하던 젊은 상이용사가 내게 말하더군요.

"사장님, 좀 부끄러운 줄 아세요. 사장님은 자기 혼자 세상 고민 다 짊어진 사람인 양 행동하고 있어요. 당분간 회사 문을 닫아야 한다고 가정해 보죠. 그래서 어떻다는 거죠? 일이 정상화되면 다시 시작할 수 있잖아요? 사장님은 감사해야 할 것들이 참 많습니다. 그런데도 항상 으르렁대고 있지요. 참! 제가 사장님 입장이라면 얼마나 좋을까요? 절 좀 보세요. 전 팔이 하나뿐이고 얼굴 반쪽은 총탄에 맞아 날아가 버렸어요. 하지만 불평하지 않습니다. 그놈의 칭얼대는 버릇 좀 당장 고치세요. 안 그러면 사업만이 아니라 건강, 가정, 친구들도 다 잃게 될 겁니다."

이 말에 나는 정신이 번쩍 들었습니다. 그리고 내가 얼마나 유복하게 잘살고 있는지를 깨닫게 되었지요. 그 자리에서 나는 이제부터 못된 버릇을 고치고 예전의 나를 되찾겠다고 결심했습니다. 그리고 그렇게 했지요.

내 친구 루실 블레이크도 자신에게 없는 것을 갈망하는 대신 이미 갖고 있는 것에 만족하는 법을 배우기 전까지 비극의 수렁에서 허덕이는 삶을 살았다. 내가 루실을 만난 것은 오래전 일이었다. 당시 우리는 컬럼비아 대학교 언론대학원에서 단편소설 작법을 공부하던 중이었다. 9년 전, 그녀의 인생은 망치에 얻어맞은 듯한 충격을 경험했다. 당시 루실은 애리조나 주 투손에 살고 있었다. 다음은 그녀가 내게 전해 준 이야기이다.

그때 내 삶은 정신없이 바쁘고 혼란스러웠어요. 애리조나 대학에서 오르간을 공부하고, 시내에서 화술 강좌를 진행했으며, 내가 머물던 데저트 윌로 목장에서는 음악감상 수업을 지도했습니다. 밤에는 파티에 가고 춤을 추었고 별빛을 받으며 말을 탔지요. 그러던 어느 날 아침 저는 쓰러졌습니다. 심장이 과부하를 일으킨 겁니다. 의사가 말하더군요. "1년간은 꼼짝없이 침대 신세를 져야 할 겁니다." 의사는 제게 다시 일어설 수 있다는 희망을 주지 않았습니다.

1년이나 침대에 누워 지내라니요! 내가 환자가 되고, 심지어 죽을지도 모른다니! 저는 공포에 떨었습니다. 왜 내게 이런 일이 일어나야 하지? 내가 뭘 그렇게 잘못했길래? 전 울부짖었습니다. 분하고 원통했지요. 하지만 의사의 지시대로 입원했습니다. 그런데 제 이웃에 사는 예술가 루돌프 씨가 이렇게 말하더군요. "당신은 지금 1년을 침대에 누워 보내는 것이 비극이라고 생각하고 있어요. 하지만 실은 그렇지 않을 겁니다. 더 많이 생각하고 자신을 더 깊이 이해할 수 있는 시간을 갖게 될 테니까요. 아마 지금까지 성장해 온 것보다 다음 몇 개월 동안 정신적으로 더 많이 성장하게 될걸요."

저는 좀 더 차분해졌습니다. 그리고 새로운 가치관을 찾으려 했지요. 영감을 주는 책들도 읽었습니다. 어느 날 라디오를 들으니까 시사 해설가가 이런 이야기를 하더군요. "우리는 자신의 의식 속에 있는 것만을 표현할 수 있을 뿐입니다." 사실 이런 말은 전에도 여러 번 들었지만 그저 그랬는데, 그때는 제 안에 깊이 들어와 뿌리를 박더군요. 저는 내 삶의 지침으로 삼고 싶은 생각만을 하기로 결심했습니다. 바로 기쁨, 행복, 건강에 관한 생각들이었지요. 그래서 매일 아침 눈을 뜨자마자 억지로라도 제가 감사해야 할 모든 것들을 점검했습니다. 고통이 없는 것, 귀여운 어린 딸, 시력, 청력, 라디오에서 흘러나오는 아름다운 음악, 책 읽을 시간, 좋은 음식, 좋은 친구들. 저는 매우 즐거웠습니다. 면회 오는 사람도 너무 많아 의사가 한 번에 방문객 한 명씩만, 그리고 정해진 시간에만 면회할 수 있다는 안내문을 내걸 정도였지요.

그로부터 9년이 흘렀고 지금 저는 충만하고 활동적인 삶을 살고 있습니다. 지금은 침대에서 누워 보낸 그 1년에 대해 깊이 감사하고 있어요. 그것은 제가 애리조나에서 보낸 가장 소중하고 가장 행복한 시간이었습니다. 매일 아침 내게 주어진 축복을 헤아리는, 그때 익힌 습관은 지금도 이어지고 있습니다. 이 습관은 제가 지닌 가장 귀한 보물 중 하나입니다. 죽음의 위협에 멱살을 잡힌 후에야 제대로 사는 법을 깨우쳤다는 사실을 생각하면 정말 부끄러울 뿐입니다.

　루실 블레이크 자신은 몰랐을지 모르지만, 그녀가 배운 것은 사무엘 존슨 박사가 200년 전에 배운 것과 똑같은 교훈이었다. 존슨 박사는 이렇게 말했다. "사물의 밝은 면을 보는 습관이 1년에 억만금을 버는 것보다 더 가치 있다."

　이 말은 직업적인 낙관론자가 아니라 20년간 불안, 가난, 굶주림을 경험하며 산전수전 다 겪다가 마침내 당대 최고의 저술가이자 모든 시대를 통틀어 가장 명망 있는 좌담가로 거듭난 인물의 입에서 나온 것임을 기억하라.

　로건 피어설 스미스는 다음의 몇 마디 속에 많은 지혜를 농축시켰다. "인생의 목표로 삼아야 할 것이 두 가지가 있다. 첫째는 원하는 것을 얻는 것이고, 둘째는 이후에 그것을 즐기는 것이다. 가장 현명한 인간만이 두 번째 목표 달성에 성공한다."

　설거지조차 짜릿한 경험으로 만들 수 있는 방법을 알고 싶은가? 그렇다면 감동적이고 많은 용기를 주는 보르그힐드 달의 책《나는 보기를 원했다》를 읽어보라.

　이 책은 50년 동안 사실상 앞을 못 보고 지냈던 여성에 의해 쓰였다. 그녀의 글을 따라가 보자. "나는 눈이 하나밖에 없었는데, 그나마 많은 상처로 뒤덮여 있어서

눈 왼쪽에 나 있던 작은 틈을 통해서만 볼 수 있었다. 독서를 할 때도 책을 얼굴 가까이 들어 올린 후 눈에 잔뜩 힘을 주고 왼쪽으로 돌려야 했다."

그러나 달은 동정받기를 거부했고 남과 다르게 취급받기를 거부했다. 어렸을 때는 다른 아이들과 사방치기 놀이를 하고 싶어도 땅에 그어놓은 표식을 볼 수 없었다. 그래서 다른 아이들이 집에 간 후에 혼자 남아 땅에 엎드려서는 눈을 표지 가까이 대고 기어 다녔다. 그리고 친구들과 놀았던 땅바닥의 구석구석을 모조리 암기했고, 곧 뜀뛰기 놀이를 아주 잘하게 되었다. 집에서 독서를 할 때는 활자가 큰 책을 얼굴에 너무 가까이 대는 바람에 속눈썹이 종이에 닿을 정도였다. 대학 학위도 두 개나 받아 미네소타 대학에서 학사 학위를, 컬럼비아 대학에서 석사 학위를 취득했다.

그 후에 미네소타 주 트윈 밸리 시에 있는 작은 마을에서 교사 일을 시작했고, 나중에 사우스다코타 주 수폴스에 있는 아우구스타나 대학의 저널리즘 및 문학 교수가 되었다. 그리고 그곳에서 13년을 가르쳤으며, 여러 여성단체에서 강연하고 책과 저자들에 대한 라디오 대담을 진행했다. 그녀는 이렇게 쓰고 있다. "내 마음 한 구석에는 늘 완전한 실명에 대한 두려움이 잠복해

있었다. 이를 극복하기 위해 나는 인생을 거의 희극적
일 정도로 밝고 유쾌하게 바라보는 태도를 견지했다.”

그리고 달이 52세였던 1943년에 기적이 일어났다.
그 유명한 메이오 클리닉에서 수술을 받은 것이다. 현
새 그녀는 수술 전보다 시력이 40배나 더 좋아졌다. 이
제 그녀의 눈앞에 사랑으로 가득한 새롭고 흥미진진한
세계가 펼쳐졌다. 달은 부엌에서 설거지하는 일조차 짜
릿한 흥분으로 느껴졌다. 다시 그녀의 글이 이어진다.
“나는 설거지통의 솜털 같은 흰색 비눗방울들과 놀이를
시작한다. 손을 그 속에 집어넣고 공 모양의 작은 비누
거품 덩어리를 떼어낸다. 그리고 그것을 빛이 비치는
쪽으로 들어 올리면, 각각의 방울 속에 화려한 빛깔의
작은 무지개가 떠 있는 것이 보인다.”

싱크대 위의 창문 너머로는 ‘떨어지는 굵은 눈송이들
사이로 참새들이 흑회색의 날개를 파닥이는’ 모습을 보
았으며, 비누거품과 참새를 보면서 느낀 엄청난 환희에
감격한 그녀는 자신의 책을 이렇게 마무리했다. “사랑
하는 주님! 하늘에 계신 아버지여, 감사합니다. 감사합
니다.”

설거지를 하고 비눗방울 속에서 무지개를 보며 눈 속
을 나는 참새를 볼 수 있다는 이유로 신에게 감사하는

모습을 상상해 보라. 우리는 부끄러운 줄 알아야 한다. 우리는 생의 많은 시간들을 아름다운 동화의 나라에서 살아왔다. 하지만 눈이 멀어 그것을 보지 못했고 포만감에 물려 그 아름다움을 즐기지 못했다.

걱정을 멈추고 진정한 삶을 살고 싶다면 다음의 네 번째 규칙을 명심하라.

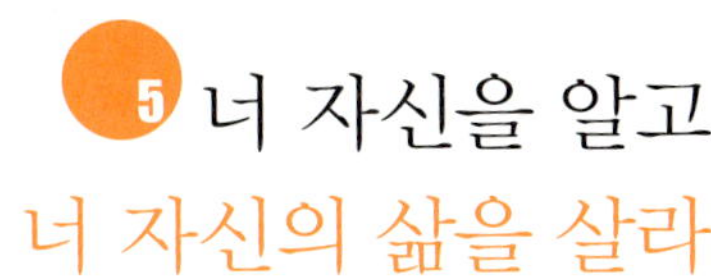 5 너 자신을 알고 너 자신의 삶을 살라

다음은 노스캐롤라이나 주 마운트 에어리에 사는 에디스 올레드 부인이 보낸 편지의 내용이다.

어렸을 때 저는 극도로 예민하고 수줍음을 많이 탔습니다. 항상 과체중이었고 볼살 때문에 실제보다 뚱뚱해 보였지요. 어머니는 생각이 고루해서 옷을 예쁘게 만드는 것은 바보 같은 짓이라 여겼고, 늘 "큰 옷은 해질 뿐이지만 작은 옷은 찢어진다."고 말씀하셨습니다. 그리고 그 신조에 따라 제게 옷을 입혔지요. 저는 파티에 가본 적도 없고 어떤 재미도 느껴본 적이 없습니다. 학교에서도 다른 아이들과 같이 뛰어논 적이 없어요. 심지어 체육시간에도 말입니다. 제 수줍음은 병적일 정도였습니다. 나는 다른 사람들과 '다르다.'고 느꼈고, 남들 눈에 정말 달갑지 않은 존재라고 여겼지요.

처녀로 성장한 후에는 저보다 몇 살 많은 남자와 결혼했습니다. 그때도 저는 달라지지 않았지요. 시댁 식구들은 침착하고 자신감이 넘치는 분들이었는데, 정말 제가 닮고 싶은 분들이었습니다. 저와는 완전히 딴판이었지요. 그들처럼 되려고 무진 애를 썼지만 잘 안 되더군요. 그분들이 저를 나만의 감옥에서 끌어내려 할수록 오히려 저는 제 껍질 속으로 더욱 깊이 움츠러들었습니다. 저는 불안해지고 짜증을 잘 냈습니다. 친구들도 피했고, 초인종 소리도 두려워할 정도로 상태가 심각했습니다. 전 완전히 낙오자였지요. 그 사실을 알고 있었습니다. 남편이 이 사실을 알게 될까 봐 두려웠어요. 그래서 여러 사람들과 같이 있을 때는 쾌활한 척하려 했고, 그 연기가 지나칠 정도였지요. 그것도 알고 있었습니다. 그러고 나면 며칠간 기분이 비참했습니다. 마침내 저는 너무 불행해져서 더 이상 삶을 지속시킬 이유를 찾지 못할 지경에 이르렀습니다. 자살을 생각하기 시작한 거지요.

그러던 차에 우연히 제 삶을 완전히 바꿔놓을 말 한 마디를 듣게 되었습니다. 어느 날 시어머니가 당신의 자녀들을 어떻게 키웠는지 이야기하면서 이런 말씀을 하시더군요. “무슨 일이 일어나든 난 항상 애들 보고 자기 자신으로 살라고 가르쳤지.” …… ‘자기 자신으로 살라.’ 바로 이 말이 제 가슴을 후벼 팠습니다. 그 순간 저는 퍼뜩, 이 모든 불행이 나와 맞지 않는 방식에 나를 억지로 끼워 맞추려 한데서 비롯된 것임을 깨달았습니다.

저는 하룻밤 새에 바뀌었습니다. 나 자신으로 살기 시작한 거지요. 내 성격과 내가 어떤 사람인지를 알아내려 했고, 내 장점을 연구했지요. 저는 색깔과 스타일에 대해 배울 수 있는 모든 것을 배우고, 옷차림도 제게 어울릴 것 같은 방식을 택했습니다. 친구 사귀는 일에도 적극 나섰고 모임에도 가입했습니다. 처음에는 작은 모임이었지요. 거기서 절 어떤 프로그램에 참여시켰을 때는 공포로 몸이 얼어붙을 정도였습니다. 하지만 말을 할 때마다 조금씩 용기가 생겼지요. 시간은 좀 걸렸지만 지금은 기대했던 것 이상으로 행복합니다. 아이들을 키우면서도 항상 제가 쓰라린 경험을 통해 배워야 했던 교훈을 가르쳤습니다. '무슨 일이 있든, 항상 너 자신으로 살라.'고요.

제임스 고든 길키 박사는 자기 자신으로 사는 문제는 '역사 자체만큼이나 오래 되었고 인간의 삶만큼이나 보편적'이라고 말한다. 자기 자신으로 살지 못하는 문제는 많은 노이로제, 정신병, 그리고 콤플렉스의 숨은 원인이다. 아동교육을 주제로 책 열세 권을 집필하고 신문에 수많은 글을 기고한 안젤로 패트리는 이렇게 말한다. "육체적으로나 정신적으로 본연의 자기 자신이 아닌 다른 존재가 되려는 사람만큼 비참한 사람은 없다."

본래의 자기가 아닌 다른 것이 되려는 욕망은 특히 할리우드에 만연해 있다. 할리우드의 가장 유명한 영화감독에 속하는 샘 우드는 젊은 배우 지망생들을 상대할 때의 가장 큰 문제가 바로 그들이 자신만의 개성을 드러내게 만드는 문제라고 말한다. 그들은 하나같이 이류의 라나 터너, 혹은 삼류 클라크 게이블이 되고 싶어 한다. 그래서 그는 그들의 귀에 못이 박히도록 이야기한다. "대중은 이미 그 맛을 봤어. 이젠 다른 맛을 원한다고."

<굿바이 미스터 칩스>나 <누구를 위하여 종은 울리나> 같은 영화를 감독하기 전에 샘 우드는 수년간 부동산 일을 히면시 영업 능력을 키웠다. 그는 비즈니스 세계에서도 영화의 세계에서와 똑같은 원리가 적용된다고 단언한다. 원숭이나 앵무새처럼 남의 흉내만 내서는 아무것도 이룰 수 없다는 것이다. 그의 말을 들어보자. "저는 경험을 통해 자기 자신이 되지 못하고 남을 베끼려는 사람들은 일찌감치 솎아내는 편이 가장 안전하다는 것을 배웠습니다."

최근에 나는 소코니 –배큐엄 석유회사의 인사부장인 폴 보인턴에게 구직자들이 저지르는 가장 큰 실수가 무엇이냐고 물은 적이 있다. 그는 6만 명 넘는 구직자들을 면접하고 《취업에 성공하는 6가지 방법》이라는 책까지

썼으니 틀림없이 이에 대한 답을 알고 있을 것이다. 그는 이렇게 대답했다. "구직자들의 가장 큰 실수는 자기 자신이 되지 못한다는 것입니다. 그들은 속마음을 터놓고 완전히 솔직해지는 대신, 면접관들이 원한다고 생각하는 답을 내놓을 때가 많습니다." 이런 방식은 안 통한다. 가짜를 원하는 사람은 없기 때문이다. 위조지폐는 아무도 찾지 않는다.

한 시내 전차 차장의 딸은 이 교훈을 힘들게 배워야 했다. 그녀는 가수가 되고 싶었다. 하지만 얼굴이 그녀의 불행이었다. 입은 컸고 치아는 튀어나온 뻐드렁니였다. 뉴저지의 한 나이트클럽에서 처음으로 무대에 섰을 때, 그녀는 윗입술을 아래로 내려 뻐드렁니를 감추려 했다. '매력적으로' 보이려고 애를 썼지만, 스스로를 웃음거리로 만들었을 뿐이다. 실패할 수밖에 없었다.

하지만 그 나이트클럽에서 그녀의 노래를 듣고 재능을 알아본 한 남자가 있었다. 그가 그녀에게 퉁명스럽게 말했다. "이봐요. 아가씨 공연을 지켜봤는데, 아가씨가 뭘 숨기려고 하는지 알겠어요. 바로 그 튀어나온 이를 부끄러워하는 거죠?" 소녀는 당황했지만 그는 계속했다. "그게 어때서 그래요? 뻐드렁니 있는 게 무슨 죄라도 되나요? 숨기지 말고 입을 벌려요. 관객은 아가씨

가 그걸 부끄러워하지 않는 모습에 더 매력을 느낄 거
요. 게다가 아가씨가 감추려는 그 뻐드렁니 때문에 아가
씨는 큰돈을 벌게 될지도 모르고." 예리한 통찰이었다.

캐스 데일리는 그의 충고를 받아들여 자신의 뻐드렁
니 따위는 잊고, 그때부터 자신의 관객만 생각했다. 입
을 크게 벌리고 굉장히 열정적이고 흥겹게 노래했기에
데일리는 영화와 라디오에서 톱스타가 되었다. 지금은
그녀를 흉내 내려는 코미디언들이 있을 정도다.

저명한 심리학자 윌리엄 제임스가 보통사람은 잠재
된 정신 능력의 10퍼센트만 활용한다고 말했을 때, 그
는 자기 자신을 찾아내지 못한 사람들 이야기를 하고 있
었던 것이다. 그의 글을 따라가 보자. "우리가 지닌 가능
성과 비교할 때, 우리는 절반만 깨어 있다. 자신이 지닌
육체적 정신적 자원의 극히 일부만 사용하고 있는 것이
다. 더 일반화시켜 말하면, 인간은 자신의 한계에 크게
못 미치는 삶을 살고 있다. 그는 다양한 능력을 지니고
있지만, 습관적으로 그것을 활용하지 못하고 있다."

우리 모두 이런 능력을 지니고 있다. 그러므로 단 한
순간도 자신이 다른 사람들과 같지 않다며 푸념하지 말
자. 당신은 이 세상에서 뭔가 새로운 존재다. 시간이 시
작된 이래 당신과 정확히 똑같은 인간은 단 한 명도 있

어본 적이 없다. 그리고 앞으로도 영원히 그런 사람은 없을 것이다. 유전학이라는 새로운 과학에 따르면, 우리는 대체로 아버지가 물려준 염색체 24개와 어머니가 물려준 염색체 24개의 결과라고 한다. 우리가 물려받는 유전적 특질은 모두 이 48개의 염색체가 결정한다. 여기서 암란 샤인펠트의 말을 들어보자. "각 염색체에는 수십에서 수백에 이르는 유저자가 들어 있는데, 어떤 경우에는 단 하나의 유전자가 한 개인의 인생 전체를 바꿔놓을 수 있습니다." 우리가 어떻게 만들어졌는지를 생각하면 정말 '두렵고 신비할 뿐'이다.

내 어머니와 아버지가 만나 결혼한 후에도 내가 독특하고 유일무이한 나로 태어날 확률은 300조분의 1밖에 안 된다고 한다. 다시 말해, 내 형제자매가 300조 명이나 된다 해도 그들 모두가 나와는 다를 것이라는 말이다. 이 모든 이야기가 그저 추측놀음으로 들리는가? 아니다. 그것은 과학적 사실이다.

자기 자신으로 산다는 이 주제에 대해 나는 확신을 갖고 이야기할 수 있다. 그것의 중요성을 절감하기 때문이다. 나는 내가 무슨 말을 하는지 잘 알고 있다. 값을 아주 비싸게 치른 쓰라린 경험에 근거한 것이다. 예를 들어보겠다. 미주리의 옥수수밭을 떠나 뉴욕에 처음

발을 디딘 후 나는 곧 미국공연예술아카데미에 등록했다. 배우가 되고 싶었던 것이다. 내가 보기에 그것은 아주 좋은 생각이었고 성공의 지름길이었다. 지극히 간단하고 잘못될 염려가 없는 계획이라고 판단했기에 왜 야망이 큰 그 많은 사람들이 벌써 이 방법을 생각해 내지 못했는지 이해가 안 될 정도였다. 구상은 이랬다. 존 드루, 월터 햄던, 오티스 스키너 같은 그 당시의 스타급 배우들이 어떻게 성공했는지 연구한 다음, 그들 각자가 지닌 최고의 장점들을 복사하고 그 모두가 나를 통해 매혹적으로 결합되게 한다는 것이다. 참 어리석고 한심한 생각이었다. 이렇게 나는 나 자신이 되어야 하며 다른 누가 될 수 없다는 사실을 깊이 깨닫기 전까지 내 인생의 많은 시간을 원숭이와 앵무새 놀음이나 하면서 낭비했던 것이다.

이 쓰라린 경험을 통해 나는 평생 가슴에 새길 교훈을 배웠어야 했다. 하지만 그러지 못했다. 정말 대책 없는 머저리였다. 나는 그 교훈을 완전히 다시 배워야 했다. 그로부터 몇 년 후, 나는 큰 기대를 안고 비즈니스맨들을 위한 역대 최고의 대중연설 관련 책을 쓰기 시작했다. 그런데 이 책을 쓰는 문제에 대해서도 나는 배우 수업을 받을 때와 똑같은 어리석은 생각을 갖고 있었다. 여러 다른 저자들의 아이디어들을 빌려다 그 모두를 책 한 권에 뭉뚱그려 모든 것이 다 구비된 책을 쓰자는 구상이었다. 그래서 나는 대중연설에 관한 책 수십 권을 구했고 1년 동안 그곳의 아이디어들을 내 원고에 통합시켰다. 그러나 결국 내가 또 같은 실수를 되풀이하고 있다는 생각이 들기 시작했다. 남들의 생각을 섞어놓은 이 책은 너무 개성이 없고 지루했기 때문에 어떤 사업가도 애써 읽으려고 할 것 같지 않았다. 그래서 나는 1년의 노고를 쓰레기통에 던져버리고 완전히 다시 시작했다.

이번에는 스스로 이렇게 다짐했다. "너는 온갖 결함과 한계에도 불구하고 그냥 있는 그대로의 데일 카네기가 돼야 해. 다른 사람은 될 수 없어." 그래서 남의 아이디어 커닝하는 짓을 그만두고 심기일전하여 처음부터 진작 했어야 할 일을 했다. 연설가이자 연설 강사로서 얻은 직접적인 경험, 관찰, 신념을 토대로 대중연설에 대한 교재를 집필한 것이다. 나는 월터 롤리 경이 배운 교훈을 배웠고, 앞으로도 영원히 잊지 않기를 바란다.(내가 말하는 월터 경은 자기 겉옷을 진흙 위에 깔아 여왕이 밟고 가도록 한 월터가 아니라, 1904년에 옥스퍼드 대학에서 영문학 교수로 재직했던 월터 롤리 경을 지칭한다.) 월터 경은 이렇게 말했다. "나는 셰익스피어 수준의 책은 못 쓰지만, 내 수준에 맞는 책은 쓸 수 있다."

당신 자신이 되라. 자기 자신으로 살아라. 음악가 어빙 벌린이 조지 거슈윈에게 했던 현명한 충고를 따르라. 두 사람이 처음 만났을 때 벌린은 유명했지만 거슈윈은 주급 35달러를 받으며 힘들게 살아가던 젊은 작곡가였다. 거슈윈의 능력에 깊은 인상을 받은 벌린은 거슈윈에게 그가 당시에 받던 임금의 거의 세 배에 달하는 보수를 주면서 자신의 음악조수 자리를 제안했다. 그러면서 벌린은 이렇게 충고했다. "하지만 이 제안을 덥석 받아들이지는 말게. 그랬다간 2류 벌린이 될지도 모르니까. 그러나 자네가 끝까지 자기 자신으로 산다면, 언젠가는 일류 거슈윈이 될 걸세." 거슈윈은 이 충고를 귀담아 듣고 서서히 스스로를 당대의 가장 뛰어난 미국 작곡가로 변모시켰다.

찰리 채플린, 월 로저스, 메리 마가렛 맥브라이드, 진 오트리, 그 외의 무수한 사람들이 내가 여기서 강조하고 각인시키려는 교훈을 직접 깨우쳐야 했다. 내가 그랬던 것처럼 그들도 힘들게 배워야 했다.

찰리 채플린이 처음으로 영화에 출연하던 시절, 감독은 당시 인기 있던 독일의 어느 코미디언을 흉내 내라고 주문했다. 하지만 채플린은 자기만의 연기를 펼치기 전까지는 전혀 빛을 보지 못했다. 윌 로저스는 버라이어티 쇼에서 말 한 마디 못 하고 그저 밧줄이나 돌리면서 수년을 보냈다. 그러다가 자신이 유머에 독특한 재능이 있음을 발견하고 밧줄을 돌리며 말을 하기 시작하면서 비로소 사람들의 눈에 띄기 시작했다.

메리 마가렛 맥브라이드는 처음에 방송을 탔을 때 아일랜드 코미디언이 되려 했지만 실패했다. 그러다가 자신의 본래 모습, 즉 미주리 출신의 평범한 시골뜨기 소녀의 정체성을 되찾으면서 뉴욕에서 가장 인기 있는 라디오 스타가 되었다. 진 오트리가 텍사스 억양을 탈색시키고 도시 소년처럼 옷을 입고 뉴욕 출신이라며 떠벌였을 때, 사람들은 등 뒤에서 그에게 손가락질을 했다. 그러나 밴조를 튕기며 카우보이 발라드를 노래하면서부터 진 오트리는 영화와 라디오 모두에서 세계 최고의 인기를 누리는 카우보이로 성장해 가기 시작했다.

당신은 이 세상에서 단 하나밖에 없는 독특한 존재다. 그것을 기뻐하라. 자연이 당신에게 준 것을 최대한 이용하라. 결국 모든 예술은 자서전적이다. 당신은 본래의 자기 자신만 노래할 수 있을 뿐이고, 본연의 자기 자신만 그려낼 수 있을 뿐이다. 당신은 자신의 경험, 환경,

그리고 유전의 산물이 되어야 한다. 좋건 나쁘건 자신만의 작은 정원을 가꾸고, 인생이라는 오케스트라에서 자신만의 작은 악기를 연주해야 한다.

에머슨은 자신의 에세이 <자립>에서 이렇게 말했다. "사람은 누구나 교육을 받는 과정에서 어떤 확신에 도달하게 되는 때가 있다. 즉 부러움은 무지이며 모방은 자살이고, 좋든 싫든 사람은 스스로를 자신의 몫으로 받아들여야 한다는 확신이다. 또 광활한 우주는 선으로 가득 차 있지만, 자신에게 맡겨진 땅에 땀을 쏟지 않으면 옥수수 한 톨도 거저 입에 넣을 수 없다는 확신이다. 자기 안에 내재하는 힘은 자연계에서 유일무이한 것이고, 자기 자신 외에는 그가 할 수 있는 것이 무엇인지 아무도 모르며, 또 직접 시도해 보기 전까지는 그 자신도 알 수 없다."

에머슨은 이 진리를 위와 같이 표현했고, 작고한 시인 더글러스 맬럭은 다음과 같이 노래했다.

산꼭대기의 소나무가 될 수 없다면
골짜기의 관목이 되어라.
단, 시냇가에서 가장 아름다운 관목이 되어라.
나무가 될 수 없다면 덤불이 되어라.

덤불이 될 수 없다면 풀이 되어라.
그래서 큰길가를 더 푸르게 만들어라.
잉어가 될 수 없다면 그냥 피라미가 되어라.
단, 호수에서 가장 활기찬 피라미가 되어라.

모두가 선장일 수는 없으니 선원도 되어야 한다.
누구에게나 해야 할 일이 있다.
큰일도 있고 좀 작은 일도 있다.
우리가 해야 할 일은 바로 가까이에 있는 일.

큰길이 될 수 없다면 그냥 오솔길이 되어라.
태양이 될 수 없다면 별이 되어라.
성공과 실패는 크기로 결정되지 않는 법.
무엇이 되건 그 자리에서 최고가 되어라.

다음은 평화와 행복을 가져다줄 정신 자세를 함양하기 위한 다섯 번째 규칙이다.

남을 흉내 내지 말라. 자기 자신을 찾고 자기 자신이 되라.

6 레몬을 받으면 레모네이드를 만들어라

이 책을 쓰는 동안 나는 시카고 대학에 잠깐 들러 로버트 메이너드 허친스 학장에게 어떻게 걱정을 하지 않고 사는지를 물어보았다. 이에 그는 이렇게 대답했다. "저는 늘 시어스, 로벅 앤 컴퍼니의 사장이던 줄리어스 로즌월드의 충고를 따르려고 노력했습니다. 그는 '레몬을 받으면 레모네이드를 만들라.'고 충고했지요.'"

위대한 교육자는 바로 그렇게 한다. 하지만 바보는 그와 정반대의 길을 간다. 그는 인생이 자기에게 레몬을 주었다고 판단하면, 다 포기하고 이렇게 말한다. "난 졌어. 이건 운명이야. 난 기회가 없어." 그리고 세상을 향해 울부짖으며 자기연민의 수렁에 빠져든다. 그러나 현명한 사람은 레몬을 받을 때 이렇게 말한다. "이 불행을 통해 나는 무엇을 배울 수 있을까? 어떻게 내 상황을 개선할 수 있을까? 어떻게 이 레몬을 레모네이드로 바꿀 수 있을까?"

　　평생 인간과 그들의 숨겨진 잠재력을 연구한 위대한 심리학자 알프레드 애들러는 인간의 가장 경이로운 특성 중 하나는 '마이너스를 플러스로 바꾸는 능력'이라고 단언했다. 여기 바로 이런 능력을 보여준 내가 아는 한 여성의 재미있고 고무적인 이야기를 소개하겠다. 그녀의 이름은 텔마 톰슨이며, 뉴욕 시 모닝사이드 드라이브 100번지에 산다. 다음은 내가 직접 들은 그녀의 경험담이다.

　　전쟁 중에 제 남편은 모하비 사막 근처에 있는 육군신병훈련소에 배치되었습니다. 저는 남편 가까이 있으려고 그곳으로 이사했지만, 그곳이 참 싫었습니다. 혐오스럽기까지 했지요. 제 평생 그렇게 비참했던 적이 없었습니다. 남편이 모하비 사막으로 기동훈련을 떠나면 저는 작은 오두막에 홀로 남겨졌지요. 폭염의 열기는 땅거죽을 구워삶을 정도였습니다. 선인장 그늘에서도 섭씨 50도가 넘었으니까요. 얘기할 수 있는 상대는 멕시코인과 인디언들뿐이었는데, 그들은 영어를 못 했습니다. 바람은 끝도 없이 불어댔고, 먹는 음식과 숨 쉬는 공기 모두가 온통 모래범벅이었습니다.

　　저는 너무 비참했고 제 신세가 너무 처량하여 부모님께 편지를 썼습니다. 다 포기하고 집으로 돌아가겠다고 말씀드렸지요. 차라리 감옥에 갈지언정 여기서는 더 이상 1분도 못 버티겠다고 칭얼댔습니다. 얼마 뒤 아버지가 답장을 보내셨는데, 내용이 단 두 줄뿐이었습니다. 하지만 그 두 줄은 제 삶을 완전히 바꿔놓았고, 앞으로도 영원히 제 기억 속에 붙박여 있을 겁니다.

두 사람이 감옥 창살 밖을 보았네.
한 사람은 진흙탕을 보았고, 한 사람은 별을 보았다네.

저는 이 두 줄을 읽고 또 읽었습니다. 저 자신이 부끄러웠지요. 그래서 제 현재 상황에서 뭔가 좋은 것을 찾아보기로 결심했습니다. 별을 찾기로 한 것입니다.
우선 원주민들을 사귀었는데, 그들의 반응에 참 많이 놀랐습니다. 제가 그들의 뜨개질과 도자기에 관심을 보이자 그들은 관광객한테도 팔지 않는 아끼는 물건들을 제게 선물로 주더군요. 저는 선인장의 매혹적인 형태와 용설란과의 여러해살이 풀인 유카, 그리고 유카의 일종인 조슈아 트리를 연구했습니다. 또 다람쥣과의 동물인 프레리도그에 대해 배우고 사막의 일몰을 구경했으며, 수백만 년 전 사막의 모래벌판이 바다 밑바닥이었던 시기에 남겨진 조개껍데기를 찾으러 다녔습니다.
무엇이 저를 이렇게 달라지게 했을까요? 모하비 사막

은 변하지 않았고, 인디언도 변하지 않았습니다. 하지만 저는 변했죠. 제 마음 자세를 바꾼 겁니다. 이를 통해 비참한 경험을 내 인생에서 가장 흥미진진한 모험으로 탈바꿈시킨 것이지요. 저는 제가 발견한 이 새로운 세계에 자극을 받고 흥분했습니다. 너무 흥분하여 그만 그에 대한 책까지 써버렸지요. 《빛나는 성벽》이라는 제목으로 출판된 소설이었습니다. ……저는 제 자신이 만들어낸 감옥 창살 밖에서 별을 찾아낸 것입니다.

텔마 톰슨이 발견한 것은 예수 탄생 500년 전에 그리스인들이 가르친 "가장 좋은 것은 가장 어렵다."는 오래된 진리였다. 20세기에 들어와서는 해리 에머슨 포스딕이 이렇게 변주했다. "행복은 대개 기쁨이 아니라, 승리감이다." 그렇다. 그것은 성취하고 정복하고 레몬을 레모네이드로 바꿨을 때의 감정에서 오는 승리감이다.

전에 플로리다의 한 행복한 농부를 찾은 적이 있다. 그는 독이 든 레몬조차 레모네이드로 바꾼 인물이었다. 처음에 자기 농장을 갖게 되었을 때 그는 적잖이 실망했다. 땅이 너무 척박하여 과일을 재배할 수도, 돼지를 키울 수도 없었다. 그곳은 그저 졸참나무류의 관목과 방울뱀들의 땅이었다. 그러던 차에 좋은 아이디어가 떠올랐다. 그것은 부채를 자산으로 바꾸는 전략이었다. 말하자면 그는 이 방울뱀들을 이용할 심산이었다. 참 놀랍게도 그는 방울뱀 고기를 통조림으로 만들기 시작했다. 몇 년 전 내가 그를 찾았을 당시, 1년에 관광객 약 2만 명 정도가 그의 방울뱀 농장을 구경하러 몰려들었다. 그의 사업은 성공을 향해 잘 나아가고 있었다. 나는 방울뱀의 독니에서 나온 독을 연구실로 보내 독사용 해독제를 만드는 것을 보았고, 여성용 신발과 핸드백을 만드는데 방울뱀 가죽이 아주 비싼 가격에 팔리는 것을 보았다. 또 방울뱀 통조림이 전 세계의 고객에게 팔려나가는 것을 확인했다. 나는 그곳 모습을 담은 그림엽서를 사서 마을 우체국에 가서 부쳤는데, 그 마을은 독이 든 레몬을 달콤한 레모네이드로 바꿔버린 그 농부를 기념하여 이름도 '플로리다, 방울뱀 마을'로 바꿔버렸다.

지난 35년 동안 나는 뉴욕 시에서 성인교육 강좌를 진행해 왔는데, 그 과정에서 많은 성인들이 하는 큰 후회 중 하나가 대학에 진학하지 못한 것이라는 사실을 알게 되었다. 그들은 대학에서 교육을 받지 못한 것을 큰 핸디캡이라고 생각하는 것 같다. 하지만 나는 그게 꼭 그런 것만은 아니라는 사실을 안다. 고등학교만 졸업하고도 성공한 사람들을 수천 명 알고 있기 때문이다.

그래서 나는 그들에게 종종 초등학교도 마치지 못한 내가 아는 한 사람의 이야기를 들려준다.

그는 극심한 가난 속에서 성장했다. 아버지가 돌아가셨을 때는 아버지 친구들이 십시일반으로 돈을 모아 아버지가 누울 관 값을 지불해야 했다. 그렇게 아버지가 돌아가신 후에는 어머니가 우산 공장에서 하루에 열 시간씩 일했고, 그러고도 모자라 집에 일감을 가져와 다시 밤 11시까지 일을 했다.

이런 환경에서 성장한 소년은 그가 다니던 교회의 한 모임이 주관한 아마추어 연극에 출연했다. 연기에 굉장한 기쁨을 느낀 그는 대중연설을 배우기로 결심했다. 이것이 그를 정치의 길로 이끌었고, 급기야 30세에 뉴욕 주 의회의원으로 선출되었다. 그러나 이런 중책을 감당할 준비는 턱없이 부족했다. 사실 그는 자신이 도대체 무슨 일을 해야 하는 건지도 몰랐다고 내게 솔직히 털어놓았다. 그는 자신이 한 표를 행사해야 하는 길고도 복잡한 법안들을 들여다보았지만, 그가 보기에 이 법안들은 외계인의 언어로 쓰인 것이나 마찬가지였다. 숲에는 한 발도 들어가 본 적이 없는데 삼림위원회의 위원으로 임명되었을 때는 몹시 걱정하고 당혹해했다. 또 은행에 계좌 하나도 없는데 덜컥 뉴욕 주 금융위원회의 위원이 되었을 때도 적잖이 당황해했다. 그는 너무 낙담하여 만약 어머니에게 패배를 인정하는 것이 수치스럽게 느껴지지만 않았다면 의원직을 내려놓았을 거라고 내게 말했다. 절망 속에서 그는 하루에 16시간을 공부하며 무지의 레몬을 지식의 레모네이드로 바꾸기로 결심했다. 이런 각고의 노력을 통해 그는 지역 정치인에서 전국적인 명사로 거듭났고, 발군의 역량을 발휘하여 <뉴욕 타임스>로부터 '뉴욕에서 가장 사랑받는 시민'이라는 평가를 받을 정도가 되었다.

지금 내가 말하고 있는 인물은 바로 앨 스미스다.

정치에 대한 독학을 시작한 지 10년 뒤 앨 스미스는 뉴욕 주 정부에서 현존하는 최고의 권위자가 되었다. 그는 뉴욕 주지사로 선출되어 네 번 연임했는데, 이는 그 누구도 달성하지 못한 기록이었다. 1928년에는 민주당 대통령 후보가 되었다. 컬럼비아 대학과 하버드 대학을 비롯한 여섯 개 명문대학이 초등학교만 간신히 턱걸이 한 그에게 명예학위를 수여했다. 앨 스미스는 자신의 마이너스를 플러스로 바꾸기 위해 하루에 16시간씩 열심히 공부하지 않았다면 이런 일은 어느 것 하나 실현되지 못했을 거라고 내게 직접 말했다.

초인이 되기 위한 니체의 공식은 '역경을 견뎌낼 뿐

아니라, 그것을 사랑하는 것'이었다. 위대한 성취를 일군 사람들의 삶을 연구할수록, 나는 그들 중 놀라울 정도로 많은 이들이 애초에 핸디캡을 안고 출발했기 때문에 성공한 것이라고 더욱 깊이 확신하게 되었다. 그 핸디캡이 그들을 자극하여 더 많이 노력하고 더 크게 보상을 받게 한 것이다. 윌리엄 제임스의 말대로 "바로 우리가 지닌 결함이 뜻밖에도 우리를 돕는다."

그렇다. 밀턴은 눈이 멀었기 때문에 더 좋은 시를 쓰고, 베토벤은 귀가 들리지 않았기 때문에 더 뛰어난 음악을 작곡했을 확률이 매우 높다. 헬렌 켈러의 찬란한 인생 역정은 바로 그녀의 장애가 빚어낸 감동적인 예술 작품이었다. 차이코프스키가 비극적인 결혼으로 거의 자살을 생각할 지경까지 내몰리며 좌절을 경험하지 않았다면, 그 자신의 삶이 정말 슬프지 않았다면, 아마 불멸의 '비창 교향곡'을 작곡할 수 없었을 것이다. 도스토예프스키와 톨스토이가 풍파 많은 삶을 살지 않았다면, 아마 불후의 명작들도 탄생하지 못했을 것이다.

생명에 대한 과학적인 개념을 바꾼 한 인물은 이런 글을 남겼다. "만약 내가 그토록 병약하지 않았다면, 내가 해낸 정도의 그 많은 일을 완성해 내지 못했을 것이다." 이 말은 자신의 약점이 예기치 않게 자신을 도와주었다는 찰스 다윈의 고백이었다.

영국에서 다윈이 태어난 날과 같은 날에 켄터키 숲의 어느 통나무집에서 또 다른 아기가 태어났다. 이 아이 역시 그가 지닌 결함의 도움을 받았다. 그의 이름은 에이브러햄 링컨이었다. 만약 링컨이 뼈대 있는 가문에서 자라고 하버드 법대를 졸업하고 결혼생활이 행복했다면, 아마 게티즈버그에서 가슴에서 우러나는 불후의 명연설을 하지도 못했을 것이고, 두 번째 취임식에서 그 신성한 시를 낭송하지도 못했을 것이다. 그 시는 '누구에게도 악의를 품지 말고 만인을 향한 자비심으로…….'로 시작되는, 고금의 통치지의 입에서 나온 말 중에서 가장 아름답고 고귀한 언어였다.

해리 에머슨 포스딕(Harry Emerson Fosdick)은 자신의 저서 《통찰력》에서 이렇게 말했다. "우리가 삶의 지침으로 삼을 만한 스칸디나비아 속담이 하나 있다. 바로 '북풍이 바이킹을 만들었다.'는 말이다. 안전하고 즐거운 삶, 고난이 없으며 쉽고 편안하고 안락한 삶 자체가 인간을 선하거나 행복하게 만든다는 생각은 도대체 어디서 나온 걸까? 오히려 자기연민에 빠져 지내는 사람들은 대개 삶이 더없이 편안해졌을 때도 계속 자기연민의 늪에서 허덕이지만, 역사를 돌아볼 때 훌륭한 인품과 행복은 언제나 좋거나 나쁜, 또는 보통의 온갖 환경에서 자신의 개인적 책임을 떠안은 사람들의 몫이었다. 이렇게 북풍은 끊임없이 바이킹을 만들어왔다."

우리가 너무 낙심하여 자신의 레몬을 레모네이드로 바꿀 희망이 전혀 없다고 가정해 보자. 그럼에도 우리는 두 가지 이유로 어떻게든 시도해 봐야 한다. 이 이유들을 보면, 이런 시도를 통해 얻을 것은 무한하고 잃을 것은 전혀 없음을 알 수 있다.

첫 번째 이유는 성공할지도 모른다는 것이다.

두 번째 이유는, 비록 성공하지 못한다 해도 마이너스를 플러스로 바꾸려는 단순한 시도가 우리로 하여금 뒤가 아니라 앞을 보게 하기 때문이다. 그것은 부정적인 생각을 긍정적인 생각으로 대체하며, 창조적인 에너지를 분출시키고 우리를 매우 바쁘게 만들어 이미 지나간 일을 슬퍼할 시간도 마음도 갖지 못하게 할 것이다.

세계적으로 유명한 바이올리니스트 올레 불이 파리에서 연주를 하던 중 바이올린의 줄 하나가 갑자기 끊어진 적이 있다. 하지만 올레 불은 그냥 세 개의 줄로 연주를 끝냈다. 해리 에머슨 포스딕이 말했다. "줄 하나가 끊어져도 세 개만으로 연주를 마쳐야 하는 것, 그게 바로 인생이다." 그것은 인생일 뿐 아니라, 인생 이상이다. 그것은 승리하는 인생이다.

할 수만 있으면 나는 윌리엄 볼리도의 다음 말을 동판에 새겨 이 나라의 모든 학교에 걸어놓고 싶다.

인생에서 가장 중요한 일은 이익을 활용하는 것이 아니다. 그것은 바보라도 할 수 있다. 진짜 중요한 것은 손실을 이롭게 만드는 일이다. 이 일에는 지능이 필요하다. 현명한 사람과 어리석은 사람은 바로 여기서 갈린다.

그러므로 평화와 행복을 물어다줄 정신 자세를 갖추려면 다음의 여섯 번째 규칙을 기억하라.

평화와 행복을 부르는 정신 자세를 갖기 위한 7가지 방법 6

운명이 레몬을 내주면, 그것을 레모네이드로 만들기 위해 노력하라.

7 2주 만에 우울증을 치료하는 방법

이 책을 쓰기 시작하면서 나는 200달러 상금을 내걸고 '나는 어떻게 걱정을 정복했는가.'에 대한 주제로 가장 유익하고 감동적인 실제 이야기를 공모했다.

이 대회의 심사위원으로는 이스턴 항공 에디 리켄베커 사장, 링컨 메모리얼 대학 총장 스튜어트 W. 맥클레런드 박사, 그리고 라디오 뉴스 해설가 H. V. 칼텐본 등 세 사람을 위촉했다. 그러나 접수된 수기 중 너무도 뛰어나 심사위원들조차 우열을 가리기 힘들었던 것이 두 편 있었다. 그래서 우리는 상금을 둘로 나누었다. 여기 공동 1등 수상작 중 하나를 소개한다. 그것은 미주리 주 스프링필드 커머셜 가 1067번지에 사는 C. R. 버튼의 이야기이다. 버튼은 현재 미주리 휘저 모터 세일즈사에서 근무하고 있다.

저는 9살 때 어머니를, 12살 때 아버지를 잃었습니다. 아버지는 사고로 돌아가셨고, 어머니는 19년 전 어느 날 그냥 집을 나갔습니다. 그 후로는 한 번도 만나지 못했습니다. 그리고 어머니가 데리고 나간 두 여동생들도 다시는 보지 못했습니다. 어머니는 집을 나간 지 7년이 지나도록 편지 한 통 없었고, 아버지는 어머니가 떠난 후 3년 뒤에 사고로 돌아가셨습니다. 아버지는 동업자와 미주리의 한 작은 마을에 있는 카페를 구입했는데, 아버지가 출장을 간 사이에 이 동업자가 카페를 몰래 판 후 현금을 챙겨 도망쳐버렸습니다. 친구 한 분이 아버지에게 급히 돌아오라고 전보를 쳤고, 아버지는 서둘러 돌아오다가 캔자스 주 살리나스에서 자동차 사고를 당하신 겁니다.

늙고 가난하고 병까지 있었던 고모님 두 분이 우리 형제들 중 셋을 거두셨지만, 저와 제 남동생을 떠맡겠다는 사람은 아무도 없었습니다. 우리는 마을 사람들의 인정에 기댈 수밖에 없는 처지가 되었고, 고아라고 불리고 고아 취급을 당할까 봐 몹시 두려웠습니다. 우리의 두려움은 곧 현실이 되었습니다. 저는 잠시 동안 마을의 한 가난한 가정에서 함께 살았습니다. 그러나 시절이 어려웠고 그 집 가장도 실직한 상태였기 때문에 더 이상 저를 부양할 형편이 못 되었습니다. 그래서 로프틴 부부가 저를 데려가 마을에서 11마일 떨어진 그들의 농장에 머물게 했습니다. 그때 로프틴 씨는 70세였는데, 대상포진에 걸려 침대에 누워 있었습니다. 그분은 제게 '거짓말 하지 말고 도둑질하지 말고 말 잘 들어야' 그 집에 살 수 있다고 말했고, 그 세 가지 명령은 저의 성경이 되었습니다. 그 명령들을 철저히 지켰지요.

얼마 뒤 학교에 다니기 시작했는데, 학교에 간 첫째 주에 집에 돌아와서는 서럽게 울었습니다. 다른 아이들이 저를 못살게 굴었고 주먹코에다 벙어리라 부르며 '고아 새끼'라고 놀려댔기 때문입니다. 저는 분을 참을 수 없어 그 애들과 싸우려 했습니다. 하지만 저를 받아준 로프틴 씨가 말했습니다. "맞붙어 싸우는 것보다 싸움을 피할 줄 아는 사람이 더 큰 사람이라는 것을 늘 잊지 마라." 그분 말씀대로 전 싸우지 않고 버텼지만 어느 날 한 아이가 학교 마당에서 닭똥을 집어다 제 얼굴에 던진 일이 있었습니다. 결국 저는 더 이상 참지 못하고 그 녀석을 흠씬 두들겨 패주었습니다. 그러면서 친구도 두어 명 사귀었습니다. 그 애들은 그 녀석이 맞을 짓을 했다더군요.

저는 로프틴 부인이 사준 모자가 꽤 마음에 들었습니다. 그런데 어느 날 저보다 나이 많은 여자애가 그것을 제 머리에서 홱 낚아채더니 그 안에 물을 채워 못 쓰게 만들었습니다. 그러면서 한다는 말이 "네 딱딱한 팝콘 머리에 물을 축여 팝콘이 튀어나오지 않게 하려고 그랬다."는 겁니다.

저는 학교에선 절대 울지 않았습니다. 하지만 집에 와서는 엉엉 울곤 했지요. 그런데 어느 날 로프틴 부인이 제 모든 걱정을 날려버리고 적을 친구로 만들게 한 충고를 해주었습니다. "랠프, 그 애들에게 관심을 갖고 그들을 위해 뭔가 할 수 있는 일을 찾아봐라. 그러면 더 이상 널 놀리거나 '고아 새끼'라고 부르지 않을 게다." 저는 그 충고를 따랐습니다. 그래서 열심히 공부했고, 곧 반에서 1등을 했지만 아이들은 저를 시기하지 않았습니다. 그들을 적극 도왔기 때문이지요.

저는 몇몇 아이들이 작문을 하고 에세이를 쓸 때 거들어주었고, 어떤 때는 아예 몽땅 써주기도 했습니다. 어떤 녀석은 자기가 내 도움 받고 있는 걸 가족이 알까 봐 두려워했습니다. 그래서 엄마한테 쥐를 잡으러 간다고 말하곤 했지요. 그리고 로프틴 아저씨 농장에 와서 자기 개들을 헛간에 묶어놓고는 제 도움을 받았습니다. 또 다른 아이에게는 독후감을 써주었고 어떤 여자애한테는 며칠 동안 저녁에 수학을 가르치기도 했습니다.

그 뒤 언젠가 마을에 초상이 났습니다. 나이 든 농부 두 명이 죽었고 한 여자는 남편에게 버림받았습니다. 이웃의 네 가정에 남자라곤 저 하나뿐이었습니다. 저는 2년 동안 이 미망인들에게 힘이 되어주었습니다. 학교를 오가는 길에 그들의 농장에 들러 장작을 패고 소젖을 짜

 데일 카네기 인생의 기술

고 그들의 가축에 물과 먹을 것을 주었습니다. 그러면서 저는 저주가 아닌 축복을 받게 되었고, 모두가 저를 친구로 받아들였지요. 사람들은 제가 해군 복무를 마치고 집에 돌아왔을 때 진심으로 따뜻하게 맞아주었습니다. 집에 돌아온 첫날, 200명 넘는 농부들이 절 보러 왔고 그중 몇 명은 80마일이나 차를 타고 날려왔습니다. 저에 대한 그들의 관심과 애정은 정말 진실했습니다. 저는 남을 돕느라 바쁘고 또 그 일이 즐겁기 때문에 이제 걱정이 거의 없습니다. 그리고 13년 동안 '고아 새끼'라고 불린 적이 한 번도 없었습니다.

참 대단하다! C. R. 버튼은 친구 만드는 법을 아는 사람이고, 걱정을 정복하고 인생을 즐기는 법을 아는 사람이다.

워싱턴 주 시애틀에 사는 프랭크 루프 박사 역시 마찬가지이다. 그는 23년간 관절염으로 고생했지만, <시애틀 스타>의 스튜어트 휘트하우스는 내게 쓴 편지에서 이렇게 말했다. "저는 루프 박사와 여러 번 인터뷰를 했는데, 그렇게 이타적이고 인생을 충만하게 사는 사람은 본 적이 없었습니다."

병으로 자리보전을 하고 있는 이 환자가 어떻게 인생을 그렇게 충만하게 살 수 있었을까? 추측해 보라. 불평과 비판을 통해서였을까? 아니다. 그러면 자기연민에 빠져 모두가 자기에게 관심을 갖고 자기의 시중을 들어 달라고 요구하는 방법을 통해서였을까? 이것도 아니다. 루프 박사는 그 대신 영국 왕세자의 모토인 '나는 봉사한다.'를 자신의 좌우명으로 삼는 방법을 택했다. 그는 다른 환자들의 이름과 주소를 확보한 후 그들에게 기쁨과 용기를 주는 편지를 씀으로써 그들은 물론 자기 자신을 더 행복하게 만들었다. 사실 그는 환자들을 위해 편지쓰기 클럽을 조직하여 서로 편지를 주고받게 했다. 그러다가 '병상 환자 모임'이라는 전국적인 조직까지 결성하게 되었다. 그는 침상에 누워서 1년에 평균 1천 400통의 편지를 썼으며, 병상 환자 수천 명에게 라디오와 책을 선물하여 기쁨의 메신저 역할을 했다.

루프 박사와 다른 많은 사람들 사이의 큰 차이는 무엇이었을까? 루프 박사에게는 목적과 사명을 지닌 사람의 내적인 열정이 있었다. 그는 자신보다 훨씬 고귀하고 더 가치 있는 어떤 것의 도구로 쓰임 받고 있다는 사실을 아는데서 기쁨을 느꼈다. 그는 버나드 쇼의 표현대로 '세상이 자기를 행복하게 해주지 않는다고 징징대는, 원망과 불만으로 가득한 자기중심적인 멍청이'가 아니었다.

여기 위대한 정신과 의사 알프레드 애들러의 펜 끝에서 나온 가장 놀라운 글을 소개한다. 그는 우울증 환자들에게 이렇게 말하곤 했다. "이 처방을 따르면 2주일 안에 치료될 수 있습니다. 매일 어떻게 하면 남을 기쁘게 할 수 있을까를 생각하십시오."

무슨 까닭인지 그리 쉽게 와 닿지 않는다. 그래서 아무래도 애들러 박사의 놀라운 책 《우리에게 인생이란 무엇인가》를 조금 더 인용함으로써 부연 설명을 해야 할 것 같다.

우울증은 오래도록 계속되는 타인에 대한 일종의 분노나 비난이다. 환자는 관심과 동정과 지지를 원하지만 자신의 죄책감 때문에 실의에 빠질 뿐이다. 우울증 환자의 최초 기억은 대개 이런 식이다. "소파에 눕고 싶은데 형이 그곳에 누워 있던 게 기억납니다. 저는 형이 떠날 수밖에 없도록 크게 울어댔지요."

우울증 환자들은 자살을 통해 복수를 꾀하는 경우가 많다. 그래서 의사가 제일 먼저 신경 써야 할 일은 그들에게 자살할 구실을 마련해 주지 않는 것이다. 나 자신도 치료의 첫 번째 규칙으로써 그들에게 "자신이 원치 않는 일은 어떤 것도 하지 말라."고 함으로써 긴장을 풀려고 한다. 이것은 굉장히 조심스러운 접근 같지만, 나는 그것이 전체 문제의 뿌리라고 믿는다. 만약 우울증 환자가 자신이 원하는 대로 할 수 있다면, 누구를 원망할 수 있겠는가? 복수할 이유가 어디 있겠는가? 그래서 나는 환자에게 말한다. "만약 극장에 가고 싶거나 휴가를 떠나고 싶으면 그렇게 하세요. 그러다가 또 마음이 바뀌거나 내키지 않으면 그냥 그만 두시고요." 이것은 누구에게든 가장 좋은 상황이다. 그것은 우월해지고 싶은 욕망을 충족시켜준다. 그는 마치 신과 같이 되어 자기가 원하는 것은 무엇이든 할 수 있다. 한편 그것은 그의 생활방식과는 그리 쉽게 융화되지 못한다. 그는 다른 사람을 지배하고 비난하기를 원하는데, 그들이 그의 말에 고분고분하면 그들을 지배할 방법이 없는 것이다. 이 규칙은 환자에게 굉장한 위안이 되어 내 환자들 중에는 자살한 사람이 하나도 없다.

　환자는 대개 이렇게 대답한다. "하지만 전 하고 싶은 게 전혀 없는걸요." 나는 이런 말을 너무 자주 들었기 때문에 이에 대한 대답도 준비해 두고 있다. 그래서 이렇게 대답해 준다. "그럼 내키지 않는 일은 무엇이든 하지 말아요." 하지만 환자가 가끔 이렇게 나올 때가 있다. "하루 종일 침대에 누워 있고 싶어요." 이 요구를 들어주었다간 그는 더 이상 그러고 싶은 마음이 들지 않을 것이다. 나는 그것을 알고 있다. 그렇다고 그 요구를 허락하지 않으면 곧바로 전투 모드로 돌입하리라는 것도 알고 있다. 그래서 나는 항상 동의해 준다.

이것이 하나의 규칙이다. 또 다른 규칙은 환자들의 생활방식을 더 직접적으로 공격한다. 나는 이렇게 말한다. "이 처방을 따르면 2주일 안에 치유될 수 있습니다. 매일 어떻게 하면 누군가를 기쁘게 할 수 있을까를 생각해 보십시오." 이 말이 그들에게 무엇을 의미할지 생각해 보라. 환자들은 늘 '어떻게 하면 누군가를 걱정시킬까'의 생각에만 골몰한다. 이에 대한 대답은 매우 흥미롭다. 어떤 환자들은 이렇게 답한다. "이 일은 저한테는 아주 쉽군요. 그거야 평생 해온 일이니까요." 하지만 그들은 그렇게 해본 적이 없다. 나는 그들에게 잘 생각해 보라고 하지만 그들은 그렇게 하지 않는다. 내가 그들에게 제안한다. "잠이 안 올 때는 어떻게 하면 남을 기쁘게 할 수 있을까를 생각하세요. 건강에 큰 보탬이 될 겁니다." 다음 날 환자를 만나면 내가 묻는다. "내 제안을 생각해 봤나요?" 그는 이렇게 대답한다. "어젯밤에 침대에 눕자마자 곯아떨어졌어요." 물론 이 모든 과정은 우월감의 낌새를 조금도 내비치지 않으면서 부드럽고 친근한 태도로 진행되어야 한다.

또 어떤 환자들은 "도저히 그렇게는 못 해요. 전 너무 걱정이 많거든요."라고 대답한다. 그러면 나는 이렇게 대답한다. "계속 걱정하세요. 하지만 그와 동시에 이따금 다른 사람들을 생각할 수는 있죠." 나는 그들의 관심이 항상 이웃을 향하게 하려고 한다. 많은 환자들이 이렇게 따지고 든다. "왜 내가 남을 기쁘게 해야 하죠? 그들은 절 기쁘게 할 마음이 없는데." 그러면 내가 대답한다. "자신의 건강을 생각해야 합니다. 다른 사람들도 나중에 고통을 겪을 겁니다." "선생님의 제안을 깊이 생각해 봤어요."라고 말하는 환자는 정말 찾기 힘들다. 내 모든 노력은 환자의 사회적 관심을 높이는데 집중된다. 나는 환자가 갖고 있는 질병의 진짜 이유가 다른 사람들과 힘을 합하려는 마음이 결여된 탓임을 알고 있기에 그들에게 그 사실을 일깨워주고자 한다. 다른 사람들과 동등하고 협력적인 관계를 수립하게 되는 순간, 그는 바로 치유된다. …… 종교가 인간에게 부과한 가장 큰 과제는 언제나 '네 이웃을 사랑하라.' 였다. …… 살면서 가장 큰 어려움을 겪고 타인에게 가장 많은 상처를 주는 존재는 이웃에게 무관심한 개인이다. 인간의 모든 실패는 바로 이런 개인들에게서 비롯된다. …… 우리가 한 인간에게 요구할 수 있는 전부이자 그에게 줄 수 있는 최고의 찬사는 좋은 협력자, 이웃의 친구, 사랑과 결혼생활의 진정한 동반자라는 표현이다.

애들러 박사는 매일 선행을 하라고 권한다. 선행은 무엇일까? 예언자 마호메트는 말했다. "선행은 이웃의 얼굴에 기쁨의 미소가 번지게 하는 행동이다." 매일 선행을 하는 것이 당사자에게 이토록 놀라운 효과를 가져다주는 이유는 무엇일까? 남을 기쁘게 하려고 하다 보면 자기 자신에 대한 생각을 멈추게 되기 때문이다. 자신에 대한 생각이야말로 걱정과 두려움과 우울증을 낳는 원흉인 것이다.

나는 자기 자신을 잊는 방법을 통해 건강과 행복을 찾은 사람들의 이야기로 책 한 권을 쓸 수도 있다. 가령 마가렛 테일러 예이츠의 경우를 보자. 그녀는 미국 해군에서 가장 인기 있는 여성 중 한 명이다.

예이츠 여사는 소설가이지만 그녀가 쓴 그 어떤 추리 소설도, 일본군이 진주만을 기습했던 그 운명적인 날 아침에 그녀에게 일어난 실제 이야기의 절반만큼도 흥미롭지 못하다. 예이츠 여사는 1년 넘게 환자로 살아왔다. 심장이 안 좋았던 것이다. 하루 24시간 중 22시간은 침대에 누워 지냈다. 가장 길게 한 여행이라고 해야 햇볕을 쬐러 정원으로 걸어 나간 것 정도였다. 그때도 도우미의 팔에 기대서 걸어야 했다. 그 당시 그녀는 남은 삶도 그렇게 환자로 살아야 할 것으로 생각했었다고 내

게 말했다. 그런데 진주만 사건이 터진 것이다. 직접 그
녀의 육성을 들어보자.

　일본이 진주만을 폭격하고 그 충격으로 제가 자기만
족의 늪에서 빠져나오지 않았다면, 저는 정말 다시 살
수 없었을 겁니다. 그 일이 일어났을 때는 모든 것이 혼
돈이고 혼란 그 자체였지요. 폭탄 하나가 저의 집 아주
가까이에 떨어지는 바람에 그 충격으로 저는 침대에서
나가 떨어졌습니다. 군 트럭들이 히컴 육군 비행장, 스
코필드 병영, 카네오헤 비행장으로 급히 달려가 군인 가
족들을 공립학교로 대피시켰습니다. 거기서 적십자는
이들을 수용할 여분의 방이 더 있는 사람들에게 전화를
해댔지요. 적십자 요원들은 제 침대 옆에 전화가 있는
것을 알고는 우리 집을 정보센터로 사용하게 해달라고
부탁하더군요. 그래서 저는 군인 가족들이 어디에 수용
되어 있는지를 파악하고 있었고, 군인들에게는 가족이
어디에 있는지 알고 싶으면 저한테 전화를 해서 알아보
라는 지시가 내려졌습니다.
　곧바로 제 남편 로버트 롤리 예이츠 사령관이 안전하
다는 사실을 알아낸 저는 남편의 생사를 모르는 부인들
을 격려했고, 남편을 잃은 부인들을 위로했습니다. 그런
여인들이 많았지요. 해군과 해병대 소속 장교와 사병 2

천117명이 전사했고, 960명이 실종으로 보고되었습니다.

처음에는 이 전화들을 침대에 누워서 받았습니다. 그러다가 차츰 침대에 앉아서 받았고, 마침내는 너무 바쁘고 흥분해서 제 병 따위는 다 잊고 침대에서 나와 테이블 앞에 앉았습니다. 저보다 훨씬 비참한 사람들을 돕다 보니 나 자신에 대해서는 모두 잊은 것이지요. 그 뒤로는 매일 밤의 규칙적인 8시간 수면 시간을 제외하면 다시는 침대에 누운 적이 없습니다. 그때 일본군이 진주만을 공격하지 않았다면, 전 아마 평생 거의 환자나 다름없는 상태로 살았을 겁니다. 침대에서는 편안했거든요. 누군가가 늘 시중을 들어주었으니까요. 하지만 지금 생각해 보면 그때 저는 자신도 모르게 건강을 되찾으려는 의지를 잃고 있었던 겁니다.

진주만 공격은 미국 역사상 가장 큰 비극의 하나였습니다. 그러나 내 입장만 놓고 볼 때, 그것은 제게 일어난 가장 좋은 일에 속했죠. 그 끔찍한 위기는 내가 가지고 있을 것이라고는 꿈에도 생각 못 했던 힘을 발견하게 했습니다. 또 관심의 대상을 나 자신으로부터 벗어나 다른 사람들에게 집중하게 했으며, 내 삶을 불태울 만한 크고 중요한 뭔가를 발견하게 해주었습니다. 더 이상 나 자신을 생각하고 나 자신에게 신경 쓸 시간이 없었지요.

정신과 의사에게 도움을 요청하는 사람들의 3분의 1이 마가렛 예이츠처럼 할 수만 있다면, 즉 남을 돕는데 관심을 갖는다면, 분명 병에서 자유로워질 것이다. 이 것이 내 생각이냐고? 아니다. 칼 융도 거의 생각이 비슷했다. 다른 누구도 아닌 칼 융이 이런 사실을 모를 리가 있겠는가? 그는 이렇게 말했다. "내 환자들의 약 3분의 1이 임상적으로 정의할 수 있는 신경 질환 때문이 아니라, 인생의 무의미함과 공허감 때문에 고통받고 있다." 달리 말해, 그들은 남의 차에 편승해서 인생길을 가려하는데, 무수한 차들이 지나가지만 그들을 위해 멈추는 차는 하나도 없다. 그래서 그들은 자신의 보잘것없고 무의미하고 무익한 삶을 견디다 못해 정신과 의사에게 달려간다. 그들은 배를 놓친 채 부두에 서서 자기 외의 모든 사람들을 원망하며 세상에게 자신의 이기적인 욕망을 충족시켜달라고 떼를 쓴다.

지금 여러분은 아마 이렇게 생각할지 모른다. "뭐 별로 대단할 것 없는 얘기로군. 내가 진주만에 있었다면 마가렛 테일러 예이츠가 한 일 정도는 나도 기꺼이 했을 거야. 하지만 내 경우는 상황이 달라. 내 생활은 평범하고 단조로워. 하루에 8시간씩 따분한 일을 하며 보내지. 뭐 하나 극적인 일은 안 일어난다고. 그러니 어떻게 남을 돕는데 관심을 가질 수 있겠어? 그리고 왜 그래야 하지? 그래봤자 무슨 득 될 게 있다고?"

충분히 할 만한 질문이다. 내 나름대로 대답해 보겠다. 여러분의 삶이 아무리 단조롭다 해도 분명히 생활하면서 내일 몇 사람은 만날 것이다. 그들을 어떻게 대하는가? 그냥 쳐다보기만 하는가, 아니면 그들이 어떤 행동을 왜 하는지 알아보려 하는가? 가령 집배원은 어떤가? 그는 매년 수백 마일을 걸으며 당신 집에 우편물을 배달한다. 당신은 그가 어디에 사는지 알아보려고 한 적이 있는가? 또는 아내와 아이들 사진을 보여 달라고 부탁해 본 적이 있는가? 다리가 피곤하지는 않은지, 일이 따분하지는 않은지 물어본 적이 있는가?

식품점의 점원, 신문 배달부, 모퉁이에서 구두를 닦는 구두닦이는 어떤가? 그들도 나름의 고민, 꿈, 개인적인 야망을 지닌 인간이다. 그들 역시 누군가와 자신의 이야기를 나누고 싶어 한다. 하지만 당신은 그럴 기회를 주는가? 그들이나 그들의 삶에 대해 진지하고 순수한 관심을 보여주는가? 내가 말하는 관심이란 이런 종류의 것이다. 세상을, 혹은 자신의 사적인 세계를 더 좋게 만들기 위해 플로렌스 나이팅게일이나 사회 개혁가가 될 필요는 없다. 당신이 만나는 사람들과 당장 내일 아침에 시작할 수 있는 일이다.

그게 무슨 득이 있느냐고? 훨씬 더 큰 행복을 맛볼 수 있다. 더 큰 만족을 얻고 자신에 대해 자부심을 느끼게 된다. 아리스토텔레스는 이런 종류의 태도를 '계몽된 이기주의'라고 불렀고, 조로아스터는 이렇게 말했다. "이웃에게 선을 행하는 것은 의무가 아니다. 그것은 기쁨이다. 나 자신의 건강과 행복을 높여주기 때문이다." 벤저민 프랭클린은 그것을 아주 간결하게 요약했다. "이웃에게 친절할 때, 우리는 자기 자신에게 가장 좋은 일을 하는 것이다."

뉴욕 심리상담 센터 소장 헨리 C. 링크는 이런 글을 남겼다. "내가 보기에 현대 심리학이 발견한 진리 중 가장 중요한 것은, 자아실현과 행복을 위해 자기희생이나 훈련이 필요하다는 사실을 과학적으로 증명한 점이다."

남을 생각하는 마음은 자기 자신에 대한 걱정을 면하게 해줄 뿐 아니라, 많은 친구를 사귀고 큰 즐거움을 누릴 수 있게 한다. 어떻게 그럴 수 있을까? 예일 대학의 윌리엄 라이언 펠프스 교수에게 이 질문을 한 적이 있는데, 그때 그는 이렇게 대답했다.

나는 호텔, 이발관, 또는 어떤 가게에 갈 때마다 내가 만나는 모든 사람의 기분을 좋게 할 만한 말을 합니다. 그들을 그저 기계 속의 한 톱니바퀴 같은 존재가 아니라, 한 개인으로 대접해 주는 말을 하는 것이지요. 때로는 가게에서 나를 도와주는 아가씨에게 눈이나 머리가 참 아름답다고 칭찬합니다. 이발사에게는 그렇게 하루 종일 서 있으면 피곤하지 않느냐고 물어보지요. 그 일을 어떻게 하게 되었고, 얼마나 오래 했는지, 지금까지 머리를 깎아준 사람들은 얼마나 되는지 묻습니다. 계산을 도와주기도 하고요. 관심을 보여주면 그들이 좋아하는 것을 볼 수 있습니다. 제 짐을 운반해 준 짐꾼과는 종종 악수를 합니다. 그것만으로 그는 기분이 좋아져 하루 종일 즐거운 마음이 됩니다.

몹시 무더웠던 어느 여름날, 점심을 먹으려고 뉴헤이븐 철도의 식당 칸으로 들어간 적이 있었지요. 그곳은 매우 혼잡했고 거의 용광로처럼 푹푹 쪘으며 서비스도 느렸어요. 마침내 직원이 와서 메뉴판을 건넸을 때 내가 말했습니다. "저 뜨거운 주방에서 일하는 사람들은 오늘 같은 날 정말 고생이 말이 아니겠네요." 그런데 그 직원은 거친 말을 내뱉었고 말투도 상당히 격했습니다. 처음엔 이 친구가 화가 난 모양이라고 생각했지요. 그가 외쳤습니다. "이거 놀랍군요! 여기 오는 사람들은 하나같이 음식에 대해 이러쿵저러쿵 불평을 합니다. 음식이 늦게 나온다고 투덜대며 너무 덥다거나 값이 비싸다고 으르렁대죠. 이렇게 19년 동안 사람들의 불평에 귀가 닳았는데, 저 보일러 통 속 같은 주방에서 일하는 직원들의 처지를 이해해 준 손님은 선생님이 처음이자 유일한 분입니다. 선생님 같은 손님이 더 많아지면 얼마나 좋을까요!”

그 직원은 내가 흑인 요리사들을 대형 철도회사의 부속품 같은 존재가 아니라, 인간으로 생각해 준 것에 대해 크게 놀라워했습니다. 사람들이 원하는 것은 인간적인 작은 관심입니다. 영국에 갔을 때 한 양치기를 만났는데, 그때 그의 크고 똑똑한 양치기 개를 진심으로 칭찬한 적이 있습니다. 그에게 개를 어떻게 훈련시켰는지 말해 달라고 부탁했죠. 대화가 끝나고 걸어가면서 뒤를 흘끗 보니 주인이 개의 발을 자기 어깨에 올려놓게 한 후 녀석을 쓰다듬어주는 모습이 보였습니다. 양치기와 개에게 약간의 관심을 보여 저는 그 양치기를 행복하게 한 것입니다. 또 개도 행복하게 했고 나 자신도 행복하게 한 것이죠.

짐꾼과 악수를 하며 찜통 속 주방에서 일하는 요리사들의 처지를 이해해 주고 개 주인에게 그의 개가 얼마나 똑똑한지 말해 주는 사람을 상상해 보라. 이런 사람이 뚱한 표정으로 수심이 가득하여 정신과 의사의 치료를 받는 상황을 상상할 수 있겠는가? 그런 일은 없을 것 같다. 그렇지 않은가? 그렇다. 이런 사람이 정신과 의사를 만날 일은 절대 없을 것이다. 중국의 한 속담은 그것을 이런 식으로 표현한다. "장미를 건네는 손에는 언제나 장미향이 배어 있다." 빌리 펠프스 교수에게 이 속담을 말해 줄 필요는 없었다. 그는 그것을 알고 있었고, 그대로 행동으로 실천했다.

이 장을 읽는 독자들 중에는 이렇게 말하는 사람이 있을 것이다. "남에게 관심을 보이라는 이런 얘기들은 순 헛소리야. 완전히 목사님 설교 스타일이지. 나한테 쓸 만한 건 하나도 없어. 난 내 지갑에 돈이나 채워 넣고 가질 수 있는 건 전부 움켜쥘 거야. 그것도 지금 당장. 바보 멍청이들이야 어찌 되든 내 알 바 아냐!"

혹시 여러분이 이렇게 생각한다 해도 그것은 여러분의 자유이고 권리이다. 만약 여러분이 옳다면 예수, 공자, 석가, 플라톤, 아리스토텔레스, 소크라테스, 성 프란체스코 등 그동안 인류가 배출한 그 모든 위대한 철학자와 스승들이 전부 틀렸다는 말이 된다. 하지만 종교 지도자들의 가르침에는 코웃음을 친다 해도 무신론자 두어 명의 충고에 귀 기울여보는 건 어떨까? 먼저 케임브리지 대학 교수이자 당대의 가장 뛰어난 학자로 꼽

혔던 A. E. 하우스만의 경우를 보자. 1936년에 그는 케임브리지 대학에서 '시의 제목과 성격'이라는 주제로 강연을 하며 이렇게 단언했다. "고금을 통틀어 가장 위대한 진리이자 가장 심오한 도덕적 발견은 예수의 이 말이었습니다. '자기 목숨을 얻으려는 자는 잃을 것이고, 나를 위하여 자기 목숨을 잃는 사람은 얻을 것이다.'"

우리는 평생 이 말을 귀가 닳도록 들었다. 하지만 하우스만은 무신론자에 염세주의자였고 자살을 생각하던 사람이었다. 그럼에도 그는 자기 자신만 생각하는 사람은 인생에서 건질 게 별로 없다고 느꼈다. 이런 사람은 비참한 인생을 살기 십상이지만, 자신을 잊고 이웃에게 봉사하는 사람은 삶의 기쁨을 발견하게 되리라는 것이다.

하우스만의 말이 별다른 감동을 주지 못한다면, 20세기의 가장 유명한 미국 무신론자인 시어도어 드라이저에게 가보자. 드라이저는 모든 종교가 동화에 불과하다며 비웃었고, 인생을 '소음과 분노로 가득 차 있고 아무 의미도 없는 바보의 이야기'로 보았다. 그러나 예수가 가르친 한 가지 위대한 원칙은 지지했다. 바로 이웃 사랑의 원칙이다. 그의 말을 들어보자. "만약 인간이 자기 인생에서 조금이라도 기쁨을 건져내고자 한다면, 자기 자신만이 아니라 이웃의 삶을 더 좋게 만들 방법을 생각하고 계획해야 한다. 왜냐하면 나 자신의 기쁨은 이웃을 통해 느끼는 나의 기쁨과 나를 통해 느끼는 이웃의 기쁨에서 비롯되기 때문이다."

드라이저가 말한 대로 기왕 '이웃의 삶을 더 좋게' 만들려면 빨리 서두르자. 시간은 화살같이 빠르게 흐른다. "우리는 이 길을 단 한 번만 지나갈 수 있다. 따라서 우리가 할 수 있는 선행이나 우리가 보일 수 있는 친절은 지금 당장 실천하고 당장 보여주자. 미루거나 소홀히 하지 말자. 이 길을 또다시 지나갈 수는 없기 때문이다."

그러므로 걱정을 추방하고 평화와 행복을 느끼며 살고 싶다면, 다음의 일곱 번째 규칙을 명심하라.

자신을 잊고 남에게 관심을 가져라. 매일 선행을 통해 누군가의 얼굴에 기쁨의 미소가 피어나게 하라.

평화와 행복을 부르는 정신 자세를 갖기 위한 7가지 방법

규칙 1. 마음을 평화, 용기, 건강, 희망에 대한 생각들로 채우자. '인생은 내가 하는 생각의 창조물'이기 때문이다.

규칙 2. 절대 적에게 복수하려 하지 말자. 그렇게 하다간 그들보다 우리 자신이 훨씬 많이 다치기 때문이다. 아이젠하워 장군이 했던 대로, 단 한 순간도 싫은 사람들 생각에 시간을 허비하지 말자.

규칙 3.

1) 배은망덕에 괴로워하지 말고 그것을 당연한 것으로 받아들이자. 예수님도 하루에 나병환자 열 명을 고쳤지만, 오직 한 명만 감사했다는 사실을 기억하자. 그런데 왜 우리는 예수가 받았던 것보다 더 많은 감사를 기대하려 하는가?

2) 행복을 찾을 수 있는 유일한 길은 감사를 기대하는
것이 아니라, 그저 베푸는 데서 오는 기쁨을 위해
베푸는 것임을 기억하자.
3) 감사는 '계발되는' 특성임을 기억하자. 그래서 우
리 자녀들을 감사할 줄 아는 사람으로 만들려면,
그들에게 감사하는 법을 가르쳐야 한다.

규칙 4. 자신이 지닌 문제가 아니라, 자신이 받은 축복
을 헤아리려.

규칙 5. 남을 흉내 내지 말자. 자신을 알고 자신이 되
고 자신의 삶을 살자. '부러움은 무지이며 모
방은 자살 행위'이기 때문이다.

규칙 6. 운명이 레몬을 내주면, 그것을 레모네이드로
만들기 위해 노력하자.

규칙 7. 이웃에게 작은 행복을 선물하려 노력하는 방
법으로 우리 자신의 불행은 잊어버리자. '이
웃에게 친절할 때, 우리는 자기 자신에게 가
장 좋은 일을 하는 것이다.'

비판을 두려워하지 않는 방법

1 죽은 개는 아무도 걷어차지 않는다

1929년에 일어난 한 사건이 미국의 교육계를 들쑤셔놓았다. 전국의 학자들이 이 사건을 직접 보기 위해 시카고로 몰려들었다. 그보다 몇 년 전, 로버트 허친스라는 청년이 식당 종업원, 벌목꾼, 가정교사, 빨랫줄 판매원 등으로 일하며 예일대를 졸업했다. 그로부터 겨우 8년이 지난 지금, 그 청년이 미국에서 네 번째로 부유한 대학인 시카고 대학의 총장으로 취임한 것이다.

그의 나이는 이제 서른이다. 도무지 믿기지가 않는다. 나이 지긋한 교육자들은 머리를 흔들었다. 그리고 이 '천재 청년'에 대한 비판이 봇물처럼 쏟아졌다. 너무 어리다느니 경험이 없다느니 교육이념이 비현실적이라느니 등 이런저런 말들로 온 나라가 시끌벅적했다. 심지어는 신문들도 이 공격에 가세했다. 그가 취임하던 날, 한 친구가 로버트 메이나드 허친스의 아버지에게 말했다. "저는 오늘 아침 아드님을 비난하는 신문 사설을 읽고 충격을 받았습니다."

"그럴 만하지." 아버지 허친스가 대답했다. "좀 심했어. 하지만 죽은 개한테 발길질하는 사람은 없다는 걸 기억해 두게."

그렇다. 중요한 존재일수록 그만큼 사람들은 그를 걸어차는 데서 더 큰 만족을 얻는다. 나중에 에드워드 8세 (지금은 윈저 공)가 된 영국의 황태자는 직접 경험을 통해 이 사실을 뼈저리게 느꼈다. 당시 그는 데번셔에 있는 다트머스 대학에 다니고 있었다. 미국의 아나폴리스에 있는 해군 사관학교에 해당하는 곳이었다. 그때 황태자는 14살이었다. 어느 날 한 해군 장교가 그가 울고 있는 것을 보고는 왜 그러느냐고 물었다. 황태자는 처음에는 말하지 않으려 했지만 결국 사실을 털어놓았다. 해군 사관생도들이 자기한테 발길질을 했다는 것이다. 사관학교 학장은 생도들을 불러 황태자가 항의한 것은 아니라고 설명한 후, 황태자에게 왜 그런 짓을 했는지 물었다.

한참 동안 우물거리며 솔직한 대답을 피하던 생도들은 마침내 나중에 자기들이 왕실 해군의 함장이나 장교가 되면 소싯적에 왕의 엉덩이를 걷어찬 적이 있다고 떠벌리고 싶었다는 것이다.

그러므로 여러분이 발길질을 당하거나 비판을 받을

때는 그것이 그렇게 하는 사람에게 자신이 대단한 사람이라는 느낌을 주기 때문인 경우가 많다는 사실을 기억하라. 그것은 대개 여러분이 뭔가 큰일을 해내고 있으며 주목을 받을 만한 가치가 있는 사람이라는 의미이다. 자기보다 교육 수준이 높거나 더 성공한 사람들을 비난하는 데서 천박한 만족감을 얻는 사람들이 많다. 가령, 이 장을 쓰는 동안 나는 한 여성으로부터 구세군의 창시자 윌리엄 부스 장군을 비난하는 편지를 받았다. 나는 방송을 통해 부스 장군을 칭찬했고, 그것을 본 이 여성이 내게 편지를 보낸 것이다. 부스 장군이 가난한 사람들을 돕기 위해 모금한 돈 중 800만 달러를 착복했다는 내용이었다. 물론 터무니없는 모함이었다. 하지만 이 여성은 진실을 찾고 있는 게 아니었다. 그녀는 그저 자기보다 훨씬 잘난 사람을 난도질하는 데서 얻는 저열한 만족을 원했을 뿐이다. 나는 그 신랄한 편지를 쓰레기통에 던져버리고 내가 그녀와 결혼하지 않은 것을 신에게 감사했다. 그 편지는 부스 장군에 대해서는 알려준 것이 전혀 없었지만, 그녀 자신에 대해서는 많은 것을 말해 주었다. 오래전에 쇼펜하우어는 이렇게 말했다. "저속한 사람들은 위인들의 실수나 어리석음에 쾌재를 부른다."

예일대 총장을 저속한 인물이라고 생각하는 사람은 별로 없을 것이다. 하지만 전 예일대 총장 티모시 드와이트는 미국 대통령에 출마한 한 후보를 비난하면서 큰 즐거움을 느꼈다. 그는 이렇게 경고했다. "만약 이 사람이 대통령에 선출되면 우리는 아내와 딸들이 합법적인 매춘의 희생자가 되어 명예가 손상되고 겉만 그럴듯할 뿐 속은 더럽혀져 우아함과 미덕을 상실한 채 신과 인간 모두에게 미움받는 존재로 전락하는 것을 지켜봐야 할지도 모른다."

마치 히틀러를 성토하는 말 같다. 그렇지 않은가? 하지만 그것은 토마스 제퍼슨을 겨냥한 것이었다. 어떤 토마스 제퍼슨이냐고? 분명 독립선언서를 기초하고 민주주의의 수호성인으로 통하는 그 위대한 토마스 제퍼슨은 아닐 거라고? 틀렸다. 유감스럽게도 바로 그 토마스 제퍼슨이었다.

미국인 중에 '위선자' '사기꾼' 그리고 '살인자나 다름없는 인간'으로 규탄받을 만한 사람이 누구라고 생각하는가? 신문의 한 풍자만화는 단두대에서 목이 잘리기 직전의 그의 모습을 묘사했다. 군중들은 그가 단두대를 향해서 가는 동안 조롱과 야유를 퍼부어댔다. 그가 누구였을까? 바로 조지 워싱턴이었다.

하지만 이것은 오래전 일이다. 아마도 그 이후로 인
간성이 좀 나아졌을지도 모르겠다. 피어리 제독의 경우
를 보자. 그는 1909년 4월 6일에 개썰매를 타고 북극을
정복하여 세계를 놀라게 하고 흥분시킨 탐험가이다. 북
극 탐험은 수백 년 동안 용감한 사나이들을 고난과 굶
주림과 죽음으로 내몬 참으로 요원한 목표였다. 피어리
자신도 추위와 굶주림으로 숱하게 생사의 경계를 넘나
들었고, 심한 동상으로 발가락 여덟 개를 잘라내야 했
다. 또 견디기 힘든 온갖 재난으로 인해 완전히 미쳐버
릴까 봐 두려워했다. 워싱턴에 있는 그의 해군 상관들
은 그가 너무 유명세를 타고 갈채를 받자 속이 뒤틀렸
다. 그래서 피어리가 과학적 탐험을 구실로 돈을 모아
서는 "북극에서 빈둥거리며 시간을 뭉갰다."며 손가락
질을 했다. 그들은 아마 실제로 그렇게 믿었는지도 모
른다. 믿고 싶은 것을 믿지 않기란 거의 불가능하기 때
문이다. 피어리를 모욕하고 방해하려는 그들의 의지는
너무도 집요하여 매킨리 대통령의 직접 명령이 떨어지
고 나서야 피어리는 북극 탐험을 계속할 수 있었다.

피어리가 워싱턴의 해군 본부에서 편안히 책상에 앉
아 펜을 끼적이고 서류나 만지작거렸다 해도 그렇게 난
도질을 당했을까? 아니다. 그랬다면 그는 남들의 시샘

을 유발할 정도로 중요한 존재가 되지 못했을 것이다.

그랜트 장군은 피어리 제독보다 한층 더 고약한 경험을 했다. 1862년에 그랜트 장군은 북군에게 결정적인 첫 번째 대승을 안겨주었다. 그것은 어느 날 오후에 이루어진 승리였고, 그랜트를 하룻밤 사이에 전국적인 영웅으로 만들어주고 먼 유럽에까지 엄청난 반향을 불러일으킨 승리였다. 이 승리로 메인 주에서 미시시피 강에 이르는 지역에서는 교회의 종들이 울려 퍼지고 모닥불이 피어올랐다. 그러나 이 대승을 거둔지 6주도 지나지 않아 북군의 영웅 그랜트는 체포되었고 자신의 군대도 빼앗겼다. 그는 굴욕감과 절망으로 눈물을 흘렸다.

왜 그랜트 장군은 승리의 흥분이 잦아들기도 전에 체포되었을까? 오만한 상관들의 질투심과 시기심을 자극한 것이 주요 원인이었다.

부당한 비판에 마음이 상한다면 다음의 첫 번째 규칙을 기억하라.

부당한 비판은 종종 위장된 칭찬임을 기억하라. 죽은 개는 아무도 걷어차지 않는다는 사실을 유념하라.

② 비판에 초연해지는 방법

전에 나는 왕년의 '송곳눈' 스메들리 버틀러 소장을 면담한 적이 있다. 그 옛날 '지옥의 악마'로 통하던 버틀러를 기억하는가? 그는 역대 미국 해병대의 지휘관 중에서 가장 흥미진진하고 허세가 심한 인물이었다.

어린 시절 그는 몹시도 인기를 갈망했고 누구에게나 좋은 인상을 주고 싶어 했다고 한다. 그때는 누구한테 조금만 안 좋은 소리를 들어도 마음이 아프고 괴로웠다. 하지만 그는 해병대 생활 30년 동안 낯가죽이 많이 두꺼워졌다고 고백했다. "그동안 똥개, 독사, 스컹크 등으로 불리며 호되게 야단도 맞고 모욕도 당하고 험한 말을 많이 들었지요. 차마 입에 담지 못할 온갖 욕을 다 얻어먹었습니다. 신경 쓰이냐고요? 천만에요. 지금은 어디서 욕하는 소리가 들려도 그쪽으론 머리도 안 돌립니다."

아마 왕년의 '송곳눈'은 남들의 비판에 너무 무심했는지도 모른다. 하지만 한 가지만은 분명하다. 대부분의 사람들은 자신을 향한 작은 험담이나 비웃음을 너무 심각하게 받아들인다. 오래전에 <뉴욕 선> 지의 기자가 내 성인교육 수업의 공개강좌에 참여한 후 나와 내 수업을 두고 이죽거린 적이 있다. 발끈했느냐고? 나는 그것을 개인적인 모욕으로 받아들였다. 그래서 그 잡지사의 운영위원회 의장인 길 호지스에게 전화를 걸어 조롱 기사가 아닌, 사실을 전하는 기사를 실어달라고 요구했다. 나는 기자가 죄에 부합하는 벌을 받게 할 작정이었다. 지금 생각하면 그때의 내 처신이 부끄럽다. 사실 그 신문을 구입한 사람 중 절반은 그 기사에 눈길도 안 주었을 테고, 혹시 읽었다 해도 절반은 그것을 별 악의 없는 풍자 정도로 받아들였을 것이다. 또 그것을 읽고 킥킥댄 독자들도 몇 주일 지나지 않아 완전히 잊어버렸을 것이다.

이제 나는 사람들이 한가하게 남 생각이나 하고 남의 이야기에 신경 쓰지는 않는다는 사실을 알고 있다. 그들이 생각하는 것은 자기 자신이다. 아침 먹기 전과 먹은 후에도, 그리고 잠들기 전까지도 내내 자신을 생각할 뿐이다. 그들은 여러분이나 내가 죽었다는 소식보다는 자신의 가벼운 두통에 대해 천 배나 더 신경을 쓸 것이다.

여러분이나 내가 모함을 받고 조롱받고 배반당하고 등 뒤에 칼침을 맞는다 해도, 그것도 가장 친한 친구 여섯 명 중 한 명에게 그런 꼴을 당한다 해도, 자기연민의 수렁에 빠지지 말자. 그 대신 예수님에게 일어난 일이 바로 그것이었음을 상기하자. 예수의 가장 친한 친구 열두 명 중 하나가 요즘 돈으로 약 19달러를 받고 그를 배반했다. 그 열두 친구 중 또 다른 한 명은 예수가 궁지에 몰리자 그를 공개적으로 부인했고, 자기는 예수를 알지도 못한다고 세 번이나 단언했다. 그 말을 하면서 아예 맹세까지 했다. 여섯 명 중 한 명꼴이다. 예수가 그런 일을 당했다. 그런네 왜 여러분과 나는 더 나은 상황을 기대해야 하는가?

나는 오래전에, 나에 대한 사람들의 부당한 비판을 막을 수는 없지만, 그보다 훨씬 더 중요한 뭔가를 할 수는 있다는 사실을 깨달았다. 즉, 그 부당한 비판에 휘둘리느냐 마느냐는 나 자신이 결정할 수 있다는 것이다.

먼저 분명히 밝혀둘 것이 있다. 모든 비판을 다 무시하라는 말은 아니다. 전혀 그렇지 않다. 나는 오직 부당한 비판만 무시하는 문제를 말하고 있다. 언젠가 일리노어 루스벨트 여사에게 부당한 비판에 어떻게 대응하는지 물어본 적이 있다. 그녀가 그런 비판을 얼마나 많이 받았는지는 신이 알고 계신다. 아마 백악관을 거쳐 간 안주인 중에 그녀보다 더 많은 열렬한 친구와 지독한 적들을 동시에 몰고 다녔던 사람도 없을 것이다.

여사는 소녀 시절에 거의 병적으로 소심해서 사람들이 혹시라도 좋지 않은 말을 할까 봐 늘 가슴을 졸였다고 한다. 남들의 비판에 대한 두려움이 너무 커서 그녀는 어느 날 시어도어 루스벨트의 누나이기도 한 친척 아줌마에게 조언을 구했다. "바이 고모, 저는 이렇게 하고 싶은데, 남들이 뭐라고 할까 봐 두려워요."

이에 테디(시어도어 루스벨트의 애칭)의 누나는 그녀의 눈을 보며 말했다. "진심으로 네가 옳다고 느끼면 남들이 뭐라 하건 절대 신경 쓰지 마라." 일리노어 루스벨트는 이 충고가 세월이 흐른 뒤 백악관의 안주인이 되었을 때 자신의 정신적 지주가 되었다고 말했다. 또 모든 비판을 피할 수 있는 유일한 길은 그냥 도자기처럼 선반 위에 올라가 꼼짝 않고 있는 것이라고도 했다. "진심으로 마음에서 옳다고 느껴지는 일을 하세요. 이렇게 하든 저렇게 하든 어차피 비난은 피할 수 없으니까요. 욕은, 해도 먹고 안 해도 먹게 되어 있습니다."

작고한 매슈 C. 브러시가 월스트리트 40번지에 있는 아메리칸 인터내셔널 코퍼레이션의 사장이었을 때, 나는 그에게 비판에 민감하게 반응한 적이 있는지 물었고 그는 이렇게 대답했다. "그럼요. 초창기에는 굉장히 민감했죠. 임직원 모두에게 제가 완벽하다는 인상을 심어주고 싶었거든요. 그들이 그렇게 생각하지 않으면 신경이 쓰였어요. 처음엔 저와 생각이 다른 사람의 마음에 들려고 했지요. 그런데 바로 그런 행동이 다른 누군가를 화나게 만들더군요. 그래서 다시 이 사람을 다독이려 하면, 그게 또 다른 몇 사람을 자극하여 벌떼처럼 들고 일어나게 했지요. 마침내 저는 깨달았습니다. 개인적 비판을 피하려고 다른 사람들의 상처받은 마음을 어르고 달래려 할수록 오히려 적만 더 늘어난다는 것을요. 결국 이렇게 생각했지요. '남보다 잘난 사람은 욕을 피해갈 수 없다. 그러니 그냥 이런 현실에 익숙해지자.' 이런 생각이 굉장한 도움이 되더군요. 그때부터 저는 할 수 있는 최선을 다한 후에는 낡은 우산이라도 펼쳐들고 비판의 빗물을 목 안으로 스며들게 하는 대신 몸 밖으로 흘려보내기로 했습니다."

딤스 테일러는 여기서 한 술 더 떴다. 그는 비판의 빗물이 자신의 목을 타고 흐르게 한 뒤 그것을 보면서 한바탕 크게 웃어댔다. 그것도 남들 앞에서 보란 듯이. 뉴욕 필하모닉 심포니 오케스트라의 일요일 오후 라디오

콘서트 도중 중간 휴식 시간에 해설을 하고 있을 때, 한 여성이 편지를 보내 그를 '거짓말쟁이, 배신자, 독사, 얼간이'로 표현했다. 테일러는 자신의 책《인간과 음악》에서 당시 상황을 이렇게 전하고 있다. "그 여성은 내가 한 말이 마음에 안 들었던 모양이다." 그 다음 주의 방송에서 테일러는 수백만의 청취자에게 이 편지를 읽어주었다. 그리고 며칠 뒤에 그 여성으로부터 또 다른 편지를 받았다. 다시 테일러의 글을 따라가 보자. "그래도 그녀는 내가 거짓말쟁이에다 배신자, 독사, 얼간이라는 의견을 바꾸지 않았다." 자신에 대한 비판을 이런 식으로 수용하는 사람을 어찌 존경하지 않을 수 있을까? 정말 그의 침착함, 흔들리지 않는 평정심, 유머 감각에 경의를 표하고 싶다.

찰스 슈워브는 프린스턴 대학 학생들 앞에서 강연하면서 자기 인생의 가장 중요한 교훈은 그의 철강공장에서 일하던 한 나이 든 독일인 노동자로부터 배운 것이었다고 고백했다. 그 독일인은 다른 직원들과 전쟁과 관련된 격렬한 논쟁에 휘말렸고, 결국 그들의 손에 의해 강물로 내던져졌다. 슈워브의 말을 들어보자. "그가 물과 진흙 범벅이 되어 내 사무실로 들어왔을 때, 나는 그를 강물에 던진 사람들에게 뭐라고 했느냐고 물었습니다. 그랬더니 그가 대답하더군요. '그냥 웃었습니다.'"

슈워브는 그 늙은 독일 노동자의 말을 자신의 모토로 삼았다고 한다. '그냥 웃어라.'

이 좌우명은 우리가 부당한 비판의 희생자일 때 특히 유익하다. 맞대꾸하는 사람한테는 다시 받아칠 수 있지만, '그냥 웃는' 사람에게야 무슨 말을 할 수 있겠는가?

링컨 역시 자신을 향한 그 많은 격한 비난에 일일이 대응하는 것이 어리석은 짓임을 깨우치지 못했다면 아마 남북전쟁의 중압감을 못 견디고 그냥 주저앉았을지도 모른다. 자기를 욕하는 사람들을 어떻게 상대했는지에 대한 그의 묘사는 주옥같은 명문이자 문학의 고진이 되었다. 맥아더 장군은 전쟁 중에 그 글을 자신의 본부 책상 위에 걸어두었고, 윈스턴 처칠도 액자에 넣어 차트웰에 있는 자신의 서재 벽에 걸었다. 그 내용은 이렇다. "만약 내게 가해지는 모든 공격에 일일이 대응하는 것은 고사하고 그 내용을 읽기만 한다 해도, 그것 외에는 어떤 다른 일도 할 수 없을 것이다. 나는 내가 아는 가장 좋은 방법을 이용하여 일을 진행하며, 할 수 있는 한 최선을 다한다. 그리고 끝까지 그렇게 할 것이다. 그 결과 내가 옳은 것으로 드러나면 나에 대한 온갖 비방은 아무 의미 없는 흰소리가 될 테지만, 내가 틀린 것으로 드러나면 열 천사가 내가 옳았다고 증언해 주어도 결과를 바꾸지는 못할 것이다."

부당한 비판을 받을 때는 다음의 두 번째 규칙을 유념하라.

3 내가 저지른 **바보짓**

내 개인 서류 정리장에는 'FTD' 라고 표시된 폴더가 있다. 'FTD' 는 '내가 저지른 바보짓(Fool Things I Have Done)' 이란 뜻이다. 나는 이 폴더에 내가 저질러온 어리석은 짓들에 대한 기록을 정리해 두었다. 때로는 이 글을 비서에게 받아쓰게 하기도 하지만, 어떤 내용은 너무 사적이고 너무 어리석고 남이 알게 되는 게 너무 부끄러워 내가 직접 쓸 때도 있다.

지금도 15년 전에 내가 직접 'FTD' 폴더에 넣어둔 데일 카네기에 대한 비판 몇 가지가 기억에 생생하다. 만약 스스로에게 지극히 정직했다면, 내 서류정리함은 지금 'FTD' 메모들로 넘쳐날 것이다. 나는 3,000년 전 이스라엘의 사울 왕이 했던 말에 절대 공감할 수 있다. "나는 바보짓을 했고 너무 큰 잘못을 저질렀다."

'FTD' 폴더를 꺼내 직접 기록한 비판들을 다시 읽어보면 앞으로 내가 마주할 가장 어려운, 즉 데일 카네기를 관리하는 문제를 해결하는데 도움을 받을 수 있다.

　나는 내 문제를 남의 탓으로 돌리곤 했다. 그러나 한 살 한 살 나이를 먹어가면서—바라건대, 더 지혜로워지면서—거의 모든 내 불행은 결국 다른 누구도 아닌 나 자신 탓이었다는 사실을 깨닫게 되었다. 많은 사람들이 성숙해지면서 그 진실에 눈을 떴다. 나폴레옹은 세인트 헬레나에서 이렇게 말했다. "내가 몰락한 것은 바로 내 탓이다. 내가 나 자신의 가장 큰 적이었고 내 불행한 운명의 원인이었다."

　자기평가와 자기관리의 문제에서는 가히 예술적 경지에 이른, 내가 아는 한 인물의 이야기를 하고 싶다. 그의 이름은 H. P. 호웰이다. 1944년 7월 31일, 그가 뉴욕에 있는 앰배서더 호텔의 한 매점에서 갑자기 사망했다는 소식이 전해졌을 때, 월스트리트는 충격에 휩싸였다. 호웰은 월스트리트 56번가에 있는 전미상업신탁은행 이사회 회장이면서 몇몇 대기업의 이사로 미국 금융계의 리더였기 때문이다. 그는 정규교육을 거의 받지 못했고 시골의 한 가게 점원으로 사회에 첫발을 내디뎠으며, 훗날 U. S. 스틸사의 채권관리 책임자가 되었다. 그리고 계속 출세가도를 달리던 중이었다.

　내가 호웰에게 그가 성공한 비결을 말해 달라고 했을 때 그는 이렇게 대답했다. "오랫동안 저는 그날 내가 한 모든 약속을 정리해 두는 약속 기록부를 작성했습니다.
제 가족은 토요일 밤에는 어떤 계획도 짜지 않습니다.
제가 매주 토요일 저녁의 일정 시간을 자기반성과 한
주일 동안 해낸 일에 대한 재검토와 평가를 위해 보내
니까요. 저녁 식사를 마치면 저 혼자 자리를 떠나 약속
기록부를 펼치고 월요일 아침부터 있었던 모든 면담,
토론, 그리고 회의에 대해 깊이 생각합니다. 그리고 자
문하지요. '그때 내가 어떤 실수를 했나?' '내가 잘한
일은 무엇이고 어떻게 하면 더 잘할 수 있었을까?' '이
경험을 통해 어떤 교훈을 배울 수 있을까?' 때로는 이
반성의 시간을 통해 기분이 아주 나빠지기도 합니다.
내가 이런 실수를 했나 하고 놀라는 거지요. 물론 세월
이 가면서 이 실수들은 점점 줄어들었습니다. 매년 계
속된 자기분석 습관은 제가 시도한 그 어떤 방법보다
더 유익했습니다."

아마 호웰은 벤 프랭클린의 아이디어를 슬쩍 커닝한
것인지도 모른다. 프랭클린이 토요일 밤까지 기다리지
않았다는 사실만 빼면 말이다. 프랭클린은 매일 밤 스
스로를 철저히 반성했고, 자신에게 13가지 심각한 결함
이 있음을 발견했다. 그중 세 가지가 시간 낭비, 작은
일에 속 끓이기, 남의 의견에 토를 달며 언쟁하는 것이

었다. 현명한 프랭클린은 이런 약점들을 없애지 못하면 큰 발전을 기대할 수 없다는 사실을 깨달았다. 그래서 일주일 동안 하루도 빠짐없이 결점 하나와 씨름했고, 이 싸움에서 누가 이겼는지를 기록했다. 그 다음 주에는 또 다른 나쁜 습관을 골라 글러브를 끼고 링에 올랐고, 종이 울리면 링 한가운데로 나와 치고받았다. 프랭클린은 매주 자기 결점과의 한판 승부를 2년 이상 계속했다. 그가 미국이 배출한 가장 사랑받고 가장 영향력 있는 인물로 꼽히는 것도 새삼스러운 일은 아닌 것이다.

앨버트 허바드는 이렇게 말했다. "매일 적어도 5분간은 누구나 다 대책 없는 바보가 된다. 지혜는 그 한계를 넘어서지 않는 데 있다." 소인은 지극히 작은 비판에도 길길이 날뛰지만, 지혜로운 자는 그를 비난하고 질책한 사람이나 그와 '길을 다투는' 사람들로부터도 배우려 한다. 월트 휘트먼은 그것을 이런 식으로 표현했다. "그대는 그대를 칭찬하고 그대에게 친절하고 그대와 뜻을 같이하는 자들로부터만 교훈을 배웠는가? 그대를 거부하고 대항하거나 그대와 길을 다툰 자들에게서는 큰 가르침을 얻지 못했는가?"

적들이 우리나 우리의 일을 비판하기 전에 우리가 먼저 선수를 쳐서 자기 자신의 가장 가혹한 비판자가 되

자. 적이 뭐라고 하기 전에 스스로 자신의 모든 약점을 찾아내 바로잡자. 찰스 다윈이 바로 그렇게 했다. 사실 그는 15년을 남을 비판하며 보냈다. 다윈은 불멸의 저작 《종의 기원》 원고를 완성했을 때, 이 혁명적인 창조의 개념이 출판되면 지성계와 종교계에 큰 파란이 일 것임을 알고 있었다. 그래서 그는 자기 자신의 비평가가 되어 다시 15년을 더 보내며 데이터를 점검하고 추론의 타당성을 확인하며 자신의 결론에 메스를 들이댔다.

누군가가 당신을 '대책 없는 바보'라며 비난했다 하자. 어떻게 하겠는가? 화를 내겠는가? 노발대발하겠는가? 링컨은 이렇게 했다. 링컨의 국방장관인 에드워드 M. 스탠턴은 링컨을 '대책 없는 바보'라고 욕한 적이 있다. 스탠턴이 그렇게 화를 낸 것은 링컨이 자기 일에 끼어들었기 때문이었다. 한 이기적인 정치인의 마음을 달래기 위해 링컨은 일부 연대를 이동시키는 명령을 승인했다. 그러나 스탠턴은 명령 이행을 거부했을 뿐 아니라, 이런 명령에 서명한 링컨을 가리켜 대책 없는 바보라 부르며 깔아뭉갰다. 어떻게 되었을까? 스탠턴의 발언을 전해들은 링컨은 차분하게 말했다. "만약 스탠턴이 내게 대책 없는 바보라고 말했다면, 아마 틀림없이 그 말이 맞을 거요. 그 사람은 거의 항상 옳으니까.

직접 가서 확인해 봐야겠군."

링컨은 정말 스탠턴을 만나러 갔다. 스탠턴은 그에게 그 명령이 잘못되었음을 납득시켰고 링컨은 명령을 철회했다. 비판이 진정성이 있고 확실한 지식에 근거하고 있으며 도움을 주려는 의도에서 나온 것일 때, 링컨은 그것을 환영했다.

우리 역시 이런 종류의 비판은 환영해야 한다. 누구도 네 번 중 세 번 이상 옳기를 기대하기 어렵기 때문이다. 시어도어 루스벨트는 백악관의 주인이었을 때 그 정도가 자신이 기대할 수 있는 전부라고 말했다. 우리 시대의 가장 심오한 사상가인 아인슈타인도 자신이 내린 결론은 틀린 경우가 99퍼센트였다고 고백했다. 라로슈푸코는 말했다. "우리 자신의 의견보다 적들의 의견이 우리에 대한 진실에 더 가깝다."

나는 이 말이 옳은 경우가 많다는 것을 알고 있다. 하지만 누가 나를 비판하기 시작할 때, 스스로를 돌아보지 않으면 나는 즉시, 그리고 자동적으로 방어 모드로 돌입한다. 그 비평가가 하려는 말이 무엇인지 감을 잡기도 전에 그런 반응을 보인다. 그럴 때마다 나는 스스로에 대해 역겨움을 느낀다. 우리는 비판에는 손사래를 치고 칭찬은 덥석 받아들이는 경향이 있다. 그 비판이

나 칭찬에 정당한 근거가 있는지는 잘 따져보지도 않는다. 인간은 논리의 동물이 아니라, 감정의 동물이다. 인간의 논리는 깊고 어둡고 폭풍이 이는 감정의 바다에서 이리저리 까불리는 일엽편주에 불과하다.

누군가가 우리 흉을 봤다는 말을 들으면, 굳이 자신을 방어하려고 하지 말자. 그건 모든 바보들의 전매특허이다. 독창적이 되자. 겸손해지자. 좀 더 현명해지자. 비판자를 어리둥절하게 만들고 오히려 박수를 받을 수 있도록 이렇게 말해 보자. "만약 그 비판자가 나의 다른 결점까지 전부 알았다면, 훨씬 가혹하게 칼질을 해댔을 것이다."

앞서 부당한 비판을 받을 때 어떻게 해야 할지를 이야기했다. 여기 또 다른 방법이 있다. 자신에 대한 비난이 부당하다고 느껴 노기가 솟구칠 때는 잠시 멈추고 이렇게 생각해 보라. "잠깐 기다려. 난 전혀 완벽한 사람이 아니야. 아인슈타인도 자신이 틀린 경우가 99퍼센트였다고 했잖아. 아마 난 이런 비판을 받을 만한지도 몰라. 만약 그렇다면 오히려 그것에 감사하고 거기서 뭔가를 배우려고 해야 해."

펩소던트 컴퍼니의 찰스 럭맨 사장은 1년에 100만 달러를 들여 밥 호프를 방송에 내보냈다. 그런데 그는 이

프로그램을 칭찬하는 편지는 보려 하지 않았다. 그 대신 비판적인 편지에 주목했다. 거기서 뭔가 배울 게 있음을 알았던 것이다. 포드 자동차는 회사의 경영과 관리에 어떤 문제가 있는지를 알아내기 위해 최근 직원 여론조사를 실시하고 회사의 문제점을 비판하게 했다.

전에 비누를 팔던 내가 아는 한 사람은 심지어 비판을 요청하기까지 했다. 그가 처음에 콜게이트사의 비누를 팔기 시작했을 때는 주문이 별로 신통치 않았다. 그는 일자리를 잃을까 걱정했고, 비누나 가격에는 전혀 문제가 없다는 것을 알고 있었기에 문제는 바로 자신에게 있을 것이라고 판단했다. 판매를 성사시키기 못했을 때 그는 종종 주변을 걸으면서 무엇이 문제인지를 알아내려 했다. 내가 너무 모호했던 걸까? 열정이 부족했던 걸까? 때로는 방금 전에 만난 상인에게 돌아가 이렇게 말하곤 했다. "지금은 비누를 팔려는 게 아니라, 선생님의 충고와 비판을 듣기 위해 온 것입니다. 조금 전 제가 선생님께 비누를 팔려고 했을 때 제가 뭐 잘못한 게 있는지 말씀해 주시겠습니까? 선생님이 저보다 경험도 훨씬 많고 또 성공하셨으니까요. 적당히 돌려 말씀하시지 말고 가차 없이 솔직하게 평가해 주십시오."

이런 태도로 그는 많은 친구와 귀중한 조언을 얻었다.

그 후에 그는 어떻게 됐을까? 세계 최대의 비누 제조사인 콜게이트의 사장이 되었다. 그의 이름은 E. H. 리틀이다.

H. P. 호웰, 벤 프랭클린, 그리고 E. H. 리틀처럼 하려면 그릇이 큰 사람이어야 할 것이다. 지금 아무도 보는 사람이 없을 때 거울을 보며 자신이 그런 부류에 속하는지 자문해 보는 건 어떤가?

남들의 비판에 초연해지려면 다음의 세 번째 규칙을 기억하라.

비판을 두려워하지 않는 방법 3

자신이 저지른 바보짓을 기록하고 스스로를 비판하자. 인간은 누구도 완벽할 수는 없으므로 E. H. 리틀이 했던 것처럼 유익하고 건설적이며 편견 없는 비판을 요청하자.

비판을 두려워하지 않는 방법

규칙 1. 부당한 비판은 종종 위장된 칭찬일 경우가 많다. 그것은 대개 당신이 상대의 질투심과 시기심을 자극했다는 의미이다. 죽은 개는 아무도 걷어차지 않는다는 사실을 명심하라.

규칙 2. 최선을 다하라. 그 다음엔 우산을 펼쳐 들고 비판의 빗물이 몸에 닿지 않게 하라.

규칙 3. 자신이 저지른 바보짓을 기록하고 스스로를 비판하자. 인간은 누구도 완벽할 수는 없으므로 E. H. 리틀이 했던 것처럼 유익하고 건설적이며 편견 없는 비판을 요청하자.

걱정과 피로를 막고 활력과 의욕을 높이는 6가지 방법

왜 나는 걱정을 막는 방법에 관한 책에서 피로를 막는 방법을 이야기하려는 걸까? 이유는 간단하다. 피로는 걱정을 유발할 경우가 많고, 그렇지 않다 해도 우리를 걱정에 취약하게 만들기 때문이다. 의학도라면 누구나 피로가 일반 감기나 수백 가지의 다른 질병에 대한 신체 저항력을 떨어뜨린다고 말할 것이다. 또 어떤 정신과 의사도 피로는 걱정과 두려움의 감정에 대한 저항력도 약화시킨다는데 동의할 것이다. 그래서 피로를 예방하는 것이 곧 걱정을 예방하는 지름길이 될 수 있는 것이다.

걱정을 예방하는 지름길이 될 수 있다고? 이건 좀 부드럽게 돌려 말한 것이다. 에드먼드 제이컵슨 박사는 한층 더 강한 표현을 사용한다. 그는 긴장 이완에 대한 두 권의 책을 저술했는데, 바로 《점진적 긴장 이완》과 《긴장을 풀어야 한다》이다. 또 시카고 대학 임상생리학 연구소 소장으로서 다년간 긴장 이완을 의학적 치료 수단으로 이용하는 방법을 연구해 왔다. 그는 어떤 신경증적 혹은 감정적 상황도 "완전한 이완 상태에서는 존재하지 않는다."고 단언한다. 다른 식으로 풀어 말하면, 긴장이 풀린 상태에서는 계속 걱정할 수가 없다는 의미이다.

따라서 피로와 걱정을 막기 위한 첫 번째 규칙은 이렇다. 자주 쉬어라. 피로해지기 전에 쉬어라.

이것이 왜 그렇게 중요할까? 피로는 굉장히 빠른 속도로 축적되기 때문이다. 미국 육군은 반복적인 실험을 통해 젊은 청년들조차, 즉 다년간의 군사훈련으로 단련된 젊은 남성들조차 배낭을 내려놓고 매시간 10분씩 휴식을 취할 경우 더 잘 행군하고 더 오래 버틸 수 있다는 사실을 알아냈다. 그래서 육군은 이 방법을 따르게 한다. 우리의 심장은 미 육군만큼이나 똑똑하다. 그것은 매일 기차의 유조 탱크 하나를 채울 정도의 혈액을 몸 구석구석으로 뿜어낸다. 심장이 하루에 사용하는 에너지는 석탄 20톤을 1미터 높이로 들어 올릴 수 있는 규모이다. 심장은 이런 어마어마한 양의 노동을 50년, 70년, 또는 90년 동안 수행한다. 어떻게 이런 중노동을 견딜 수 있는 걸까? 하버드 의과대학의 월터 B. 캐넌 박사는 이렇게 설명한다. "대부분의 사람들은 심장이 쉬지 않고 일한다고 생각합니다. 하지만 사실 매번 수축을 하고 난 후에는 일정량의 휴지기가 있습니다. 보통 속도로 1분에 70회 정도 박동하면 심장은 실제로는 24시간 중 9시간만 일하는 셈이지요. 그러니까 심장은 모두 합쳐 하루에 총 15시간을 쉬는 것입니다."

제2차 세계대전 당시 60대 후반에서 70대 초반의 나이였던 윈스턴 처칠은 매년 하루에 16시간을 일하면서 대영제국의 전쟁을 지휘했다. 정말 대단한 기록이다. 비결이 무엇이었을까? 그는 매일 아침 11시까지 침대에서 보고서를 읽고 지시를 하고 전화를 하고 중요한 회의를 주재하는 등의 일을 했다. 점심 식사 후에는 다시 침대로 가서 1시간 동안 눈을 붙였다. 그리고 저녁에 한 번 더 침대에서 두 시간 수면을 취한 후 8시에 저녁을 먹었다. 그는 피로를 치유하지 않았다. 그럴 필요가 없었다. 그는 피로를 예방했다. 그렇게 자주 쉬었기 때문에 자정이 한참 지난 후까지 지치지 않고 기운차게 일할 수 있었다.

존 D. 록펠러에게는 특별한 기록이 두 개 있다. 그는 그 당시 역사상 최고의 부자였으며, 또 98세까지 장수했다. 어떻게 한 걸까? 물론 주요 이유는 장수 유전자를 물려받았기 때문이다. 또 다른 이유는 매일 정오에 자기 집무실에서 반 시간 정도 낮잠을 자는 습관이었다. 이렇게 소파에 누워 꿈나라를 헤매는 동안은 미국 대통령도 그와 통화를 할 수 없었다.

탁월한 저작 《피로의 원인》에서 대니얼 W. 조슬린은 이렇게 지적한다. "휴식은 전혀 아무것도 안 하는 게 아니다. 휴식은 회복이다." 짧은 휴식도 회복시키는 힘이 아주 탁월하기 때문에 피로를 막는 데는 5분의 낮잠으로도 충분하다. 왕년의 야구 스타 코니 맥은 경기 전에 오후 낮잠을 자지 않으면 5회쯤에 가서는 완전히 축 늘어지게 된다고 내게 말했다. 하지만 단 5분이라도 토막잠을 자면 피로를 느끼지 않고 연속 두 번 하는 경기도 너끈히 치러낼 수 있었다고 한다.

전에 일리노어 루스벨트 여사에게 백악관에 머문 12년 동안 어떻게 그런 살인적인 일정을 소화해 낼 수 있었는지 물은 적이 있다. 그때 그녀는 사람들을 만나거나 연설을 하기 전에 종종 의자나 큰 소파에 앉아 눈을 감고 20분간 긴장을 풀었다고 답했다.

언젠가 메디슨 스퀘어 가든에 있는 탈의실에서 진 오트리와 인터뷰를 한 적이 있다. 당시 그곳에서 열리는 세계 로데오 경기에서 그는 최고의 인기를 누렸다. 나는 그의 탈의실에 군용침대가 있는 것을 보았다. "매일 오후 저기에 누워요." 오트리가 말했다. "그리고 경기 사이에 한 시간 낮잠을 자지요. 할리우드에서 영화를 찍을 때는 자주 크고 편한 의자에 앉아 하루에 두세 차례 10분씩 낮잠을 잡니다. 그러면 다시 불끈 기운이 솟죠."

에디슨도 자신의 놀라운 에너지와 끈기의 원천은, 원할 때 언제든 잠을 자는 습관에서 비롯된다고 말했다. 헨리 포드가 80회 생일을 맞이하기 직전에 그와 인터뷰를 한 적이 있는데, 참 정정하고 활기차 보여 놀랐던 기억이 있다. 나는 그 비결을 물었고 그는 이렇게 답했다. "앉을 수 있을 때는 절대 서 있지 않습니다. 또 누울 수 있는데 절대 앉아 있지 않죠." '현대 교육의 아버지'로 통하는 호레이스 만도 나이 들어가면서 이와 똑같이 했다. 안티옥 대학의 총장으로 재직할 때 그는 학생들과 면담하는 동안에도 소파에 몸을 뻗고 누워 있곤 했다.

나는 할리우드의 한 영화감독에게도 비슷한 방법을 써보라고 권했는데, 나중에 그는 그 효과가 기적과 같았다고 말했다. 바로 할리우드 최고 감독에 속하는 잭 처톡 이야기이다. 몇 년 전에 나를 찾아왔을 당시 그는 MGM의 단편영화 부서를 이끌고 있었다. 피곤에 지친 그는 강장제, 비타민, 약물 등 안 먹어본 것이 없고 안

해본 것이 없지만 그 무엇도 효과가 없었다. 나는 그에게 매일 휴가를 가라고 제안했다. 어떻게? 바로 사무실에서 전속작가들과 회의를 하는 동안 몸을 뻗고 긴장을 푸는 것이다.

2년 뒤, 다시 만났을 때 그가 말했다. "기적이 일어났어요. 제 의사들이 그렇게 표현하더군요. 전에는 단편 영화 제작과 관련된 논의를 할 때면 팽팽히 긴장한 채 의자에 똑바로 앉아 있곤 했었죠. 지금은 이런 회의를 하면서도 사무실 소파에 몸을 쭉 펴고 누워 있습니다. 20년 만에 이런 기분은 처음이에요. 하루에 두 시간을 더 일해도 좀처럼 피곤을 못 느낍니다."

이 모든 방법이 여러분에게 어떻게 적용될 수 있을까? 당신이 속기사라면 에디슨처럼 사무실에서 낮잠을 잘 수 없을 테고, 회계사라면 상사와 재무제표를 검토하면서 소파에 누울 수는 없을 것이다. 하지만 작은 도시에 살면서 집에 가서 점심을 먹을 수 있다면, 식사 후에 10분간 눈을 붙일 수 있을지 모른다. 조지. C. 마샬 장군이 그렇게 했다. 그는 전시에 군 지휘에 너무 여념이 없어 정오에는 좀 쉴 필요를 느꼈다. 만약 당신이 나이 50이 넘었는데 너무 바빠 도저히 그런 짬을 낼 수 없는 상태라면, 당장 가입 가능한 생명보험에는 다 가입해 두어라. 요즘은 저승사자가 불시에 들이닥치고 장례식 비용도 비싸게 먹힌다. 그리고 당신의 아내는 당신의 보험금으로 더 젊은 남자와 새살림을 차리고 싶어 할지도 모르니 말이다.

한낮에 잠시 눈을 붙일 수 없다면 최소한 저녁 식사 전에 한 시간 정도 누울 수는 있을 것이다. 그건 위스키 소다 한 잔보다 싸다. 그리고 장기적으로 보면 5천467배나 더 효과적이다. 5시, 6시, 또는 7시쯤에 한 시간 정도 잘 수 있다면, 활동 시간을 매일 한 시간 정도 추가할 수 있다. 왜 그럴까? 어째서 그럴까? 저녁 식사 전의 한 시간 잠과 밤의 6시간 수면-총 7시간-이 한꺼번에 8시간을 계속 자는 것보다 더 유익하기 때문이다.

휴식 시간을 많이 가질 수 있는 육체노동자는 더 많은 일을 할 수 있다. 프레드릭 테일러는 베들레헴 철강 회사에서 엔지니어로 일하면서 이 사실을 증명했다. 그는 노동자들이 매일 1인당 대략 12.5톤의 무쇠(pig iron)를 화차에 선적하는데, 한낮이 되면서 그들이 지치는 현상에 주목했다. 그는 관련된 모든 피로 요인들을 과학적으로 연구한 후, 이 노동자들이 1인당 12.5톤이 아닌, 하루에 47톤을 선적해야 한다고 주장했다. 또 노동자들이 지금보다 거의 네 배 정도의 일을 하면서도 지치지 않아야 한다고 계산했다. 하지만 그것을 어떻게 증명할까?

테일러는 슈미트라는 사람을 선택한 후 그에게 스톱워치에 따라 일하도록 했다. 슈미트는 그의 위에서 시계를 들고 서 있는 사람의 지시를 받았다 "지금 무쇠를 집어 들고 걸어요. …… 이제 앉아서 쉬어요. …… 이제 걸어요. …… 이제 쉬어요."

어떻게 되었을까? 슈미트는 매일 47톤의 선철을 운반한 반면 다른 사람들은 1인당 12.5톤의 수준에 머물렀다. 그는 실제로 테일러가 베들레헴에 머물던 3년 동안 이 속도로 일하는데 전혀 문제가 없었다. 슈미트가 이렇게 할 수 있었던 것은 피로해지기 전에 쉬었기 때문이다. 그는 시간당 대략 26분을 일하고 34분간 쉬었다. 일하는 시간보다 쉬는 시간이 더 많았던 것이다. 그럼에도 일은 다른 노동자들보다 거의 네 배나 더 많이 했다. 그냥 소문에 불과한 주장일까? 아니다. 프레드릭 윈슬로 테일러가 지은 《과학적 관리의 원칙》 41~62쪽을 직접 읽어보라.

다시 강조한다. 군대에서 하듯이 자주 쉬어라. 당신의 심장이 그러는 것처럼 피로해지기 전에 쉬어라. 그러면 활동 시간이 하루에 한 시간 더 추가될 것이다.

2 피로의 원인을 제거하라

　여기 놀랍고도 중요한 사실이 있다. 바로 정신노동만으로는 피곤해지지 않는다는 것이다. 어째 말도 안 되는 소리 같다. 하지만 몇 년 전 과학자들은 인간의 뇌가 '작업 능력 감소' 상태에 이르지 않고 얼마나 오래 일할 수 있는지 알아내려 했다. '작업 능력 감소'는 피로를 과학적으로 정의한 표현이다. 그런데 놀랍게도 활동 중인 뇌를 통과하는 혈액은 전혀 피로의 징후를 보이지 않는 것으로 드러났다. 작업 중인 막노동자의 혈액을 채취해서 보면 '피로 독소'와 피로 물질로 가득차 있는 것을 보게 된다. 그러나 앨버트 아인슈타인의 뇌에서 채취한 혈액 한 방울에는 하루 일을 마친 후에도 피로 독소가 전혀 없는 것을 알게 될 것이다.

　뇌만 놓고 보면, 그것은 '8시간이나 심지어 12시간 노동을 한 후에도 처음만큼이나 효율적으로, 그리고 기민하게' 기능할 수 있다. 뇌는 피로에 정말 강하다. 그럼 우리는 무엇 때문에 피곤한 것일까?

정신의학자들은 우리가 느끼는 피로의 대부분은 정신적 감정적 태도에서 비롯된다고 주장한다. 영국에서 가장 유명한 정신과 의사에 속하는 J. A. 해드필드는 자신의 저서 《힘의 심리학》에서 이렇게 말한다. "우리가 느끼는 피로는 정시적인 원인에서 비롯되는 것이 더 많다. 사실 순전히 육체적인 원인 때문에 지치는 경우는 드물다."

미국의 가장 저명한 정신과 의사 중 하나인 A. A. 브릴 박사는 이보다 더 강하게 단언한다. "건강한 사무실 근로자가 느끼는 피로의 100퍼센트는 심리적인 요인 때문이다. 심리적인 요인은 곧 감정적인 요인을 의미한다."

그러면 어떤 종류의 감정적 요인이 앉아서 일하는 사무직 근로자를 피곤하게 하는 걸까? 기쁨? 만족? 그럴 리가! 절대 아니다. 권태, 분노, 인정받지 못한다는 느낌, 공허감, 여유 없음, 불안, 걱정 등이 그들을 지치게 하고 감기에 취약하게 하며 일의 성과를 떨어뜨리고 신경성 두통으로 인상을 구기며 퇴근하게 만드는 감정적 요인들이다. 그렇다. 피곤해지는 것은 우리의 감정이 몸에 신경성 긴장 상태를 조성하기 때문이다.

메트로폴리탄 생명보험사는 피로에 대해 설명하면서 이 사실을 지적했다. "힘든 일 자체는 양질의 수면이나 휴식으로 좀처럼 치유될 수 없는 피로를 유발하지 않는다. …… 걱정, 긴장, 감정적 동요가 피로를 일으키는 세 가지 가장 큰 원인이다. 육체적이거나 정신적인 노동이 원인인 듯 보일 때도 사실은 이들이 진짜 원인인 경우가 많다. …… 긴장한 근육은 일하는 근육임을 명심하라. 풀어라! 중요한 임무를 위해 에너지를 비축하라."

지금 당장 하던 일을 멈추고 그 자리에서 스스로를 점검해 보라. 이 글을 읽으면서 혹시 우거지상을 하고 있지는 않은가? 두 눈 사이에 긴장이 느껴지는가? 의자에 앉아 있는 자세는 편안한가, 아니면 어깨를 구부정하게 하고 있는가? 얼굴 근육이 긴장되어 있는가? 몸 전체가 낡은 헝겊 인형처럼 축 늘어져 있지 않으면, 여러분의 신경과 근육은 지금 긴장하고 있는 것이다. 바로 신경성 긴장과 신경성 피로를 만들어내고 있는 것이다.

왜 우리는 정신적인 일을 하면서 이런 불필요한 긴장을 초래하는 것일까? 조슬린의 말을 들어보자. "내가 보기에 주요 장애물은…… 열심히 하는 일에는 노력한다는 느낌이 필요하며, 그런 게 없으면 그건 일을 제대로 하는 것이 아니라는 거의 보편적인 믿음이다." 그래서 우리는 집중을 할 때 잔뜩 인상을 쓰며 어깨를 구부정하게 한다. 또 근육에 노력하고 있는 모습을 보이라고 요구한다. 이런 태도는 뇌가 일하는데 전혀 도움이 되지 않는다.

여기 놀랍고도 비극적인 진실이 있다. 돈 쓰는 건 그렇게 아까워하는 사람들이 자신들의 에너지는 술 취한 선원들처럼 흥청망청 낭비하고 있다는 것이다. 이 신경성 피로는 어떻게 해결해야 할까? 쉬어라! 쉬어야 한다. 일을 하는 동안 긴장을 풀고 쉬는 법을 배워라.

쉽다고? 그렇지 않다. 여러분은 아마 평생의 습관을 깨부숴야 할지 모른다. 하지만 그것은 노력할 만한 가치가 있는 일이다. 여러분의 삶이 혁명적으로 바뀔 수 있기 때문이다. 윌리엄 제임스는 그의 에세이 《휴식의 복음》에서 이렇게 말했다. "미국인들의 표정에 나타나는 지나친 긴장, 실룩거림, 헐떡임, 강렬함, 고통 등은 나쁜 습관이다. 그 이상도 그 이하도 아니다." 긴장은 습관이고 이완도 습관이다. 그리고 나쁜 습관은 깰 수 있고 좋은 습관은 붙일 수 있다.

여러분은 어떻게 쉬는가? 마음으로 시작하는가, 아니면 신경으로 시작하는가? 둘 다 아니다. 우리는 언제나 근육부터 쉬기 시작한다. 한 번 해보자. 일단 눈부터 시작한다고 상상하라. 이 단락을 죽 읽어라. 다 읽었으면 등을 뒤에 기대고 눈을 감고 자신의 눈을 향해 조용히 말하라. "풀어라. 풀어라. 긴장을 풀고 인상을 펴라. 풀어라. 풀어라." 1분간 아주 천천히 이 과정을 반복하라.

몇 초 뒤에 눈 근육이 말을 듣기 시작하는 걸 느끼지 못했는가? 어떤 손이 긴장을 싹 쓸어가는 것 같지 않았는가? 믿기지 않겠지만, 여러분은 그 1분 동안 휴식의 기술과 관련된 모든 비밀에 접근한 것이다. 턱, 얼굴 근육, 목, 어깨, 몸 전체에 대해서도 똑같이 할 수 있다. 그러나 가장 중요한 기관은 눈이다. 시카고 대학의 에드먼드 제이컵슨 박사는 눈 근육을 완전히 이완시킬 수 있으면 우리의 모든 문제를 잊어버릴 수 있다고까지 말했다. 신경의 긴장을 완화시기는데 눈이 그렇게 중요한 이유는, 우리 몸이 소비하는 전체 신경 에너지의 4분의 1을 눈이 소모하기 때문이다. 또 이것은 완벽한 시력을 갖춘 그 많은 사람들이 '눈의 피로'로 힘들어하는 이유이기도 하다. 그들은 눈을 긴장시키고 있는 것이다.

유명한 소설가 비키 바움은 어렸을 때 만난 한 노인에 대한 이야기를 전하고 있다. 그 노인은 그녀에게 가장 중요한 교훈 하나를 가르쳤다고 한다. 바움은 그때 넘어지면서 무릎이 긁히고 손목에 상처를 입었고, 노인은 바움을 일으켜주었다. 그는 한때 서커스단의 광대였던 적이 있었다. 바움의 옷을 털어주면서 노인은 이렇게 말했다. "네가 상처를 입은 건 몸에서 힘을 뺄 줄 몰랐기 때문이다. 몸을 낡고 헌 양말처럼 부드럽게 해야 한다. 가르쳐줄 테니 따라와라."

그 노인은 비키 바움과 다른 아이들에게 넘어지는 법, 앞으로 새주넘기, 뒤로 재주넘기를 가르쳤다. 그러면서 되풀이해서 강조했다. "자신을 낡고 흐물흐물한 양말이라고 생각해라. 그러면 힘을 뺄 수 있다."

우리는 거의 어디서든 짬짬이 긴장을 풀 수 있다. 단, 긴장을 풀기 위해 노력하지는 마라. 이완은 모든 긴장과 노력이 부재한 상태이다. 편안함과 휴식을 생각하라. 눈과 얼굴의 이완을 생각하는 것으로 시작하고 계속 되뇌어라. "풀어라. …… 풀어라. …… 풀어라. 그리고 쉬어라." 에너지가 얼굴 근육에서 몸의 중심으로 흐르는 것을 느껴보라. 자신이 아기처럼 아무런 긴장을 느끼지 못한다고 생각하라.

다음은 긴장을 푸는데 도움이 될 수 있는 다섯 가지 방법이다.

1. 이 주제를 다룬 최고의 책을 읽어라. 가령, 데이비드 해롤드 핑크 박사가 지은 《신경 긴장에서 해방되는 법》이 대표적이다.

2. 틈틈이 쉬어라. 몸을 낡은 양말처럼 축 늘어지게 하라. 나는 책상 위에 오래된 밤색 양말을 갖다 놓고 그것을 보면서 내가 얼마나 부드러워져야 하는지를 상기한다. 양말이 없다면 고양이도 좋다. 혹시 볕이 잘 드는 곳에서 잠자고 있는 고양이를 안아본 적이 있는가? 그때 고양이의 양쪽 끝은 젖은 신문처럼 축 처지고 흐물흐물해진다. 심지어는 인도의 요가 수련자들도 긴장 이완의 기술을 마스터하려면 고양이를 연구하라고 한다. 나는 피곤한 고양이, 신경쇠약에 걸린 고양이, 또는 불면증, 걱정, 위궤양으로 고생하는 고양이를 본 적이 없다. 고양이처럼 쉬는 법을 배운다면 여러분도 이런 고통들을 피할 수 있을 것이다.

3. 가능하면 편안한 자세로 일하라. 몸의 긴장은 어깨 통증과 신경피로를 유발한다는 사실에 유의하라.

4. 하루에 4~5회 스스로를 점검하며 이렇게 자문하라. ‘나는 내 일을 실제보다 더 힘들게 만들고 있는 건 아닐까?’ ‘지금 하고 있는 일과는 아무 상관도 없는 근육을 사용하고 있지는 않은가?’ 이렇게 하면 휴식의 습관을 갖는데 도움이 된다. 그리고 데이비드 해롤드 핑크 박사의 말대로 “심리학을

아주 잘 아는 사람들은 십중팔구 이런 습관을 갖고 있다.”

5. 하루 일과가 끝날 때 이렇게 자문함으로써 다시 스스로를 테스트하라. ‘나는 얼마나 피곤한가? 만약 피곤하다면 그것은 내가 해낸 정신노동 때문이 아니라, 그것을 수행한 방식 때문이다.’ 대니얼 W. 조슬린은 이렇게 말하고 있다. “나는 내가 해낸 일의 성과를 하루 일을 다 마친 후 내가 얼마나 피곤한가가 아니라, 얼마나 피곤하지 않은가로 측정한다. 특별히 피곤을 느끼거나 짜증이 나면 내 신경이 피로해졌다는 증거이고, 그것은 분명 그날 하루가 양적으로나 질적으로 모두 비효율적이었다는 의미이다.” 만약 미국의 모든 사업가가 이런 사실을 깨닫게 되면 고혈압에 따른 질병으로 인한 사망률이 즉시 급감할 것이다. 그리고 요양원과 정신병원이 피로와 걱정으로 망가진 사람들로 들끓는 일도 사라질 것이다.

3 주부의 피로 방지 및 젊음 유지법

지난 가을의 어느 날, 내 동료는 보스턴으로 날아가 세계에서 가장 특별한 의학 수업에 참가했다. 의학 수업이라고? 그렇다. 보스턴 진료소에서 일주일에 한 번 진행하는데, 이 수업에 참가하는 환자들은 수강 허가를 받기 전에 철저한 검사를 받는다. 하지만 이 수업은 실제로는 심리치료 강좌이다. 공식적으로는 응용심리학 강좌라고 불리지만(전에는 사고조절 수업이라 불렸다.) 이 수업의 진짜 목적은 걱정으로 병을 얻은 사람들을 치료하는 것이다. 그리고 환자들 상당수는 감정적인 고통에 시달리는 주부들이다.

어떻게 이런 걱정꾼들을 위한 수업이 시작되었을까? 1930년에 조지프 H. 프래트 박사 — 그는 윌리엄 오슬러 경의 제자였다. — 는 보스턴 진료소를 찾는 외래환자의 상당수가 육체적으로는 전혀 이상이 없다는 사실에 주목했다. 그럼에도 그들은 육체적으로 나타나는 모든 증상을 다 갖고 있었다. 한 여성은 손에 심한 '관절염'을 앓아서 손을 모두 쓰지 못했다. 또 다른 여성은 '위암' 환자가 겪는 극심한 고통으로 괴로워했다. 또 요통, 두통, 만성피로, 혹은 실체가 애매한 통증과 고통에 시달리는 여성들도 있었다. 그들은 실제로 이런 고통을 느꼈다. 그러나 아무리 살펴봐도 육체적으로는 전혀 이상이 없는 것으로 나타났다. 구식 사고방식을 지닌 의사들은 대개 그것을 상상병, 즉 모두 마음에서 비롯된 병으로 진단했다.

하지만 프래트 박사는 이 환자들에게 "집에 가서 그냥 잊어라."라고 말해 봤자 아무 소용이 없다는 것을 깨달았다. 그는 이 여성들 대부분이 아프기를 원치 않는다는 사실을 알고 있었다. 자기 병을 잊는 것이 그렇게 쉽다면 그들은 스스로 그렇게 할 것이다. 어떻게 해야 할까?

그는 의학적인 타당성을 의심하는 사람들의 우려를 무릅쓰고 이 강좌를 개설했다. 그리고 이 수업은 기적을 만들어냈다. 처음 시작된 후 18년 동안 환자 수천 명이 이 수업을 통해 '치유'되었다. 수년간 참여한 환자들도 있었다. 이들은 마치 교회에 가듯 종교적인 자세로 수업에 임했다. 내 조수가 9년 넘게 수업을 거의 한 번도 빼먹지 않은 한 여성과 대화를 나누었는데, 그녀는 처음 병원에 갔을 때 자신이 유주신遊走腎(신장이 생리적 이동 허용 범위를 넘어서 상하로 이동하는 것을 말함)이라는 병과 특정 종류의 심장병을 앓고 있다고 굳게 확신했다고 한다. 걱정과 긴장에 너무 시달리다 보니 시력을 잃을 때도 있었다. 하지만 지금 그녀는 자신 있고 쾌활하게 생활하며 건강도 매우 좋아졌다. 또 이제 겨우 40세 정도로밖에 안 보이는데 손자 하나를 무릎에 재우고 있었다. 그녀의 말을 들어보자. "가족 문제로 걱정을 너무 많이 했었지요. 차라리 죽고 싶을 정도였어요. 하지만 이 수업에서 걱정해 봤자 아무 소용이 없다는 것을 배웠습니다. 걱정을 멈추는 법을 배운 것이지요. 지금은 제 삶이 평온하다고 정직하게 말할 수 있습니다."

이 수업의 의학 고문인 로즈 힐퍼딩 박사는 걱정을 줄이는 최고의 방법 중 하나는 "자신의 걱정을 믿을 만한 사람에게 털어놓는 것"이라고 말했다. "우리는 그걸 카타르시스라 부릅니다. 환자들이 이곳에 오면 자신의 걱정거리를 길게 이야기할 수 있습니다. 자기 마음에서 털어낼 때까지요. 걱정을 두고 혼자서만 끙끙대면 신경이 굉장히 긴장됩니다. 문제와 걱정은 공유해야 합니다.

세상에 내 문제와 걱정을 들어주고 이해해 줄 만한 누군가가 있다고 느끼는 것이 중요합니다."

내 조수는 한 여성이 자신의 걱정을 공유함으로써 얻게 된 큰 위안을 직접 목격했다. 그녀는 가정 문제로 걱정이 많았는데, 처음 이야기를 시작했을 때는 마치 팽팽히 당겨진 활시위 같았다. 그러다가 대화를 계속하면서 차츰 진정되기 시작했고, 대화가 끝났을 때는 웃을 수 있었다. 문제가 해결된 걸까? 아니다. 그렇게 쉽지는 않았다. 이런 변화를 가능케 한 것은 누군가와의 대화, 약간의 조언, 그리고 약간의 인간적인 공감이었다. 실제로 변화를 야기한 것은 말이 지니고 있는 놀라운 치유력이었다.

심리분석은 어느 정도는 말이 지닌 치유력에 기초하고 있다. 프로이트 이후로 분석가들은 그저 대화를 나누는 것만으로도 환자의 내적 불안이 진정될 수 있다는 사실에 주목했다. 왜 그럴까? 아마 대화를 통해 자신의 문제에 대한 좀 더 나은 통찰력과 균형 잡힌 시각을 얻을 수 있기 때문인지 모른다. 정확한 답은 아무도 모른다. 하지만 가슴속에 꽁꽁 숨겨두고 혼자서만 끌탕하던 것을 속 시원히 토해내고 털어놓는 행위가 거의 즉시 마음의 위안을 가져다준다는 사실은 모두가 알고 있다.

따라서 다음에 어떤 감정적인 문제가 생기면 함께 대화할 상대를 찾아보는 것은 어떨까? 물론 눈에 보이는 사람 모두를 붙잡고 칭얼대고 하소연함으로써 스스로를 골칫거리로 만들라는 의미는 아니다. 신뢰할 수 있는 누군가를 찾고 대화를 위한 약속을 얻어내라는 말이다. 친척이 될 수도 있고 의사, 변호사, 목사, 혹은 신부가 될 수도 있다. 그에게 이렇게 말하라. "당신의 조언을 듣고 싶어요. 제게 문제가 있는데, 제가 말하는 동안 잘 들어주셨으면 합니다. 당신은 여기서 제가 못 보는 부분을 볼 수 있을지도 모릅니다. 하지만 그렇지 않다 해도 그냥 앉아서 제 말에 귀를 빌려주시기만 하면 큰 도움이 될 것 같습니다."

그러나 함께 이야기할 만한 사람을 도저히 못 찾겠으면, '생명의 전화'에 연락해 보라. 이 조직은 보스턴 진료소와는 아무 관계가 없다. '생명의 전화'는 세계에서 가장 특별한 조직의 하나로, 원래는 자살 방지 목적으로 결성되었다. 하지만 시간이 가면서 그 활동 범위를 확대하여 불행하고 감정적인 문제를 안고 있는 사람들을 위해 정신적 상담도 해주게 되었다. 나는 얼마 동안 로나 B. 보넬이라는 여성과 연락하며 지냈다. 보넬은 '생명의 전화'에 찾아오는 사람들과 상담을 한다. 그녀는 이 책의 독자들이 보내는 편지에 기꺼이 답장을 하겠노라고 내게 말했다. 뉴욕 시 5번가 505번지에 있는 '생명의 전화'로 편지를 쓰면, 그 내용과 여러분의 고민은 극비에 부쳐질 것이다. 솔직히 나는 가능하면 직접 만나 대화할 수 있는 사람을 찾으라고 권하고 싶다. 그것이 더 큰 위안을 줄 것이기 때문이다. 하지만 그것이 여의치 않다면, 이 조직을 이용해 보는 건 어떨까?

허심탄회하게 속을 털어놓는 것은 보스턴 진료소 수업에서 사용되는 주요 치료법의 하나이다. 그 외에 주부가 집에서 할 수 있는 몇 가지 다른 방법들이 있다. 다음은 우리가 이 수업에서 확인한 것들이다.

1. '영감을 주는' 글귀를 기록할 공책이나 스크랩북을 준비하라. 여기에 개인적으로 당신을 감동시키고 고무시키는 시, 짧은 기도문, 또는 인용문 등을 붙여 넣을 수 있다. 그래서 가령 어느 비 오는 날 오후에 기분이 착 가라앉으면 이 노트에서 그 울적한 기분을 쫓아낼 수 있는 처방을 찾을 수 있을지 모른다. 보스턴 진료소의 많은 환자들은 오랫동안 이런 공책을 활용했다. 그들은 그것이 정신적인 활력소 역할을 한다고 말한다.

2. 타인의 단점을 너무 오래 마음에 담아두지 말라.

분명 당신의 남편은 결함이 있다. 하지만 만약 그가 성인이었다면 과연 당신과 결혼했겠는가? 수업을 받으며 자신이 점점 잔소리와 바가지가 심해지고 온기 없는 얼굴의 아내가 되어가고 있다고 느끼던 한 여성은 갑자기 이런 질문과 맞닥뜨렸다. "만약 남편이 죽으면 어떻게 할 것인가?" 그녀는 이런 생각에 더럭 겁이 나 당장 자리에 앉아서는 남편이 지닌 모든 장점의 목록을 작성했다. 그러자 꽤 많은 항목을 적을 수 있었다. 당신도 이다음에 자신이 인색한 폭군과 결혼했다고 느껴질 때 이와 똑같은 방법을 써보면 어떻겠는가? 그의 장점들을 정리하고 나면 아마 내 남편이야말로 딱 내가 찾고 있던 남자임을 깨닫게 될지 모른다.

3. 이웃에게 관심을 가져라. 자신이 사는 지역에서 삶을 공유하는 사람들에게 우호적이고 건강한 관심을 가져라. 친구가 한 명도 없을 정도로 스스로를 너무 배타적이라고 느끼며 병으로 고생하던 한 여성은, 자신이 만나는 사람에 대한 이야기를 상상해보라는 말을 들었다. 그래서 전차에서 본 사람들의 배경과 환경을 꾸며내며, 그들이 어떤 삶을 살았을 것인가를 상상하기 시작했다. 그녀는 곧 어디서든 누구와도 대화할 수 있게 되었고, 지금은 행복하고

관찰력도 뛰어나며 매력적인 여성으로 거듭났다.
물론 질병의 고통으로부터도 치유되었다.

4. 오늘 밤 잠자리에 들기 전에 내일 일정을 계획하라.
진료소 수업을 통해 끝없는 집안일과 다른 해야 할
일에 쫓기고 시달리는 주부들이 적지 않은 것으로
드러났다. 그들이 해야 할 일은 끝이 없었고 늘 시
간에 쫓겼다. 이렇게 여유 없이 쫓기는 듯한 느낌
과 그에 따른 걱정에서 해방되기 위해 매일 밤 그
다음 날의 일정을 계획하는 방법이 제안되었다. 결
과는 어땠을까? 완성된 일은 더 많아지고 피로는
훨씬 줄어들었다. 또 자부심과 성취감이 높아지고,
휴식을 취하며 '몸치장'에도 신경 쓸 시간적 여유
를 확보하게 되었다.(여성이라면 누구나 하루 중 얼
마의 시간은 스스로를 가꾸고 멋을 내는데 써야 한다.
자신이 예뻐 보인다고 느끼는 여성은 신경과민 환자
가 될 가능성이 거의 없으리라는 것이 내 생각이다.)

5. 마지막으로 긴장과 피로를 피하라. 쉬어라! 쉬어야
한다. 긴장과 피로만큼 당신을 더 빨리 늙어 보이
게 만드는 것은 없을 것이다. 그 어느 것도 당신의
생기와 외모에 그것만큼 해를 주지는 못할 것이다.
내 조수는 한 시간 동안 보스턴 진료소 수업을 참
관했다. 그때 소장인 폴 E. 존슨 교수가 우리가 앞

장에서 살펴본 많은 원칙들, 즉 긴장을 푸는 방법들을 소개했다. 내 조수는 다른 학생들과 수행한 10분간의 긴장 이완 연습이 끝났을 때 그녀는 의자에 똑바로 앉은 상태에서 거의 잠이 들어버렸다. 이런 육체적인 이완이 그렇게 강조되는 이유는 무엇일까? 다른 의사들과 마찬가지로 이 수업을 진행하는 사람들도 걱정을 없애려면 긴장을 풀고 쉬어야 한다는 사실을 알고 있기 때문이다.

그렇다. 당신도 가정주부로서 쉬어야 한다. 당신에게는 한 가지 큰 이점이 있다. 바로 원하면 언제든 누울 수 있다는 것이다. 그것도 거실 바닥에. 이상하게 들릴지 모르지만, 긴장을 풀고 쉬기에는 안에 스프링이 장착된 침대보다는 딱딱한 바닥이 더 좋다. 그것은 등을 더 단단하게 받쳐주며 척추에도 좋다.

자, 이제 집에서 할 수 있는 몇 가지 연습을 소개한다. 일주일 동안 해보고 자신의 외모와 성격이 어떻게 달라지는지 확인해 보라.

1) 피곤할 때마다 바닥에 몸을 쭉 펴고 누워라. 가능한 활짝 몸을 뻗어라. 원하면 몸을 굴려라. 하루에 두 차례 진행하라.

2) 눈을 감고 존슨 교수가 권한 대로 이렇게 말해 보라. "머리 위로 태양이 빛나고 하늘은 푸르게 반짝인다. 자연은 고요하게 온 세상을 지배하고 있다. 자연의 자식인 나는 우주와 교감하고 있다." 이게 내키지 않으면 기도하라. 그것이 더 좋은 방법이다.

3) 냄비에 찌개가 끓고 있거나 시간을 낼 수가 없어서 누울 수 없는 상황이라 해도 의자에 앉아서 거의 똑같은 효과를 얻을 수 있다. 긴장을 푸는 데는 딱딱하고 곧은 의자가 가장 좋다. 앉아 있는 이집트 동상처럼 똑바로 앉아 손은 바닥을 아래로 향한 채 허벅지 위에 올려놓아라.

4) 이제 천천히 발가락에 힘을 준 다음 다시 풀어라. 이어 다리 근육을 긴장시킨 후 다시 풀어라. 이렇게 천천히 몸 위쪽으로 이동하면서 목에 이를 때까지 온몸의 근육에 힘을 주었다가 빼는 과정을 진행하라. 그 다음 마치 축구공 굴리듯 머리를 세게 돌려라. 앞장에서 했던 대로 자신의 근육을 향해 계속 되뇌어라. "풀어라…… 풀어라……"

5) 꾸준하고 느린 호흡으로 신경을 진정시켜라. 몸 아래쪽에서부터 깊은 호흡을 하라. 인도의 요가 수련자들의 말이 옳다. 규칙적인 호흡은 신경을 안정시키는 최고의 방법에 속한다.

6) 얼굴의 주름살과 찡그린 인상을 생각하고 그 모두
   를 활짝 펴라. 양 눈썹 사이와 입가에서 느껴지는
   걱정 주름을 풀어줘라. 이 연습을 하루에 두 번 하
   면 아마 마사지 받으러 피부 관리실에 갈 필요는
   없을 것이다. 그리고 주름살도 안에서부터 사라질
   지 모른다.

4 피로와 걱정을 막는 4가지 작업 습관

당장 해야 할 일과 관련 없는 모든 서류를 책상에서 치워라.

시카고 앤 노스웨스턴 철도의 사장 롤란드 L. 윌리엄스는 이렇게 말한다. "책상에 온갖 서류를 높이 쌓아두는 사람은 당장 처리해야 할 문제와 관계된 것 이외의 모든 서류를 책상에서 치워버릴 경우 일을 훨씬 쉽고 정확하게 해낼 수 있을 것이다. 그것은 효율성을 높이기 위한 첫 번째 요건이다." 워싱턴의 의회도서관에 가면 천장에 시인 알렉산더 포프의 다음 시구가 쓰여 있는 것을 볼 수 있다. "질서는 하늘의 제1법칙이다."

질서는 비즈니스에서도 제1법칙이 되어야 한다. 하지만 실상은 그렇지 못하다. 비즈니스맨의 책상은 대개 몇 주 동안 쳐다보지도 않은 종이뭉치들로 어수선하다.

뉴올리언스에 있는 한 신문의 출판인은 자기 비서한테 그의 책상 하나를 정리하라고 시켰는데, 거기서 2년 동안이나 찾지 못했던 타자기가 발견되었다는 이야기를 내게 해준 적이 있다.

답장 못한 우편물, 보고서, 그리고 메모들이 널려 있는 책상은 보기만 해도 혼란, 긴장, 걱정을 야기하기에 충분하다. 하지만 이 정도로 끝나지 않는다. '할 일은 한도 끝도 없는데 할 시간은 없다.' 는 생각은 우리를 걱정시켜 긴장과 피로를 유발할 뿐 아니라 고혈압, 심장 질환, 위궤양을 일으킬 수도 있다.

펜실베이니아 내학 의학대학원 교수인 준 H. 스톡스 박사는 미국의학협회 전국 모임에서 <기관 질환 합병증으로서의 기능성 신경증>이라는 제목의 논문을 발표했다. 그 논문에서 스톡스 박사는 '환자의 마음 상태에서 확인해야 할 것' 이란 제목으로 11개의 상황을 열거했다. 다음은 그 목록의 첫 번째 항목이다.

'의무감이나 책임감, 끝없이 펼쳐진 해야 할 일들.'

그런데 책상을 정리하고 결정을 하는 것 같은 이런 기본적인 절차가 어떻게 고혈압, 의무감, '끝없이 펼쳐진 해야 할 일들'로 인한 압박감을 피하는데 도움이 될 수 있다는 말인가? 유명 정신과 의사 윌리엄 L. 새들러 박사는 이런 간단한 방법으로 신경쇠약의 마수를 피한 한 환자의 이야기를 전하고 있다. 그는 시카고의 한 대기업 간부였다. 새들러 박사의 진료실을 찾아왔을 때 그는 긴장하고 불안해하며 걱정을 하고 있었다. 그는 자신이 빠르게 망가져가고 있다는 사실을 알고 있었지만, 그렇다고 일을 그만둘 수는 없었다. 그는 도움이 필요했다.

새들러 박사의 말을 들어보자. "이 사람이 이야기를 하는 동안 제 전화벨이 울렸습니다. 병원 전화였는데, 문제를 뒤로 미루는 대신 저는 그 자리에서 결정을 내렸습니다. 가능하면 전 항상 그 자리에서 문제를 매듭짓거든요. 그런데 수화기를 내려놓자마자 또 벨이 울리더군요. 이번에도 시급한 문제였고, 할 수 없이 시간을 내서 논의를 했습니다. 그리고 제 동료가 위급한 환자에 대한 조언을 구하러 제 진료실에 들어오면서 우리 대화는 세 번째로 중단되었습니다. 동료와의 대화를 마친 후 저는 그 사람에게 기다리게 해서 미안하다고 사과했습니다. 그런데 그 사람 표정이 참 밝더군요. 얼굴이 완전히 달라져 있었어요."

그가 새들러 박사에게 말했다. "사과하실 필요 없어요. 지난 10분 동안 제 문제가 뭔지 감을 잡은 것 같습니다. 사무실로 돌아가 제 업무 습관을 바꿔야겠습니다. ……그런데 그 전에 선생님 책상 좀 봐도 되겠습니까?" 새들러 박사는 그의 책상 서랍들을 열어보였다. 몇 가지 비품을 빼고는 전부 비어 있었다. 환자가 물었다. "끝내지 못한 일거리는 어디에 보관하십니까?"

"그런 건 없습니다. 일은 그때그때 다 끝내죠." 새들러가 대답했다.

"그럼 답장하지 않은 우편물은요?"

"그런 것도 없습니다." 새들러가 답했다. "항상 편지를 내려놓기 전에 답장을 끝내는 것이 제 습관입니다. 비서에게 당장 답장을 받아쓰게 하죠."

6주 뒤에 이 간부는 새들러 박사를 자기 집무실로 초대했다. 그는 달라져 있었고, 그의 책상도 그랬다. 그는 책상 서랍을 열고는 그 안에 끝내지 못한 일이 없음을 보여주었다. 그의 말을 들어보자. "6주 전에 저는 사무실 두 곳에 책상을 세 개나 갖고 있었습니다. 그리고 일에 파묻혀 헐떡였죠. 일은 끝나는 법이 없었어요. 그런데 선생님을 만나고 온 후에 한 마차 분의 보고서와 오래된 서류들을 정리했습니다. 이제 저는 책상을 하나만

쓰고 일들은 생기는 그때그때 처리하며, 산더미처럼 쌓인 미해결 업무 때문에 스트레스와 걱정에 시달리지 않습니다. 무엇보다 가장 놀라운 사실은 제가 완전히 회복했다는 것입니다. 제 건강은 더 이상 아무 문제없습니다."

미국 대법원장을 역임한 찰스 에반스 휴즈는 이렇게 말했다. "인간은 과로 때문에 죽는 게 아니다. 그들은 에너지의 분산과 걱정 때문에 죽는다." 그렇다. 에너지의 분산, 그리고 도저히 일을 끝내지 못할 것 같은 상황에 대한 걱정 때문에 죽는다.

중요한 순서에 따라 일을 진행하라.

전국적 규모의 시티즈 서비스 컴퍼니를 설립한 헨리 L. 도허티는 아무리 많은 연봉을 줘도 거의 찾을 수 없는 두 가지 능력이 있다고 말했다. 값으로 따질 수 없는 그 두 가지 능력은 첫째, 생각할 수 있는 능력이고 둘째, 중요한 순서대로 일할 수 있는 능력이다. 무에서 시작하여 12년 만에 펩소던트 컴퍼니의 사장이 된 찰스 럭맨은 연봉 10만 달러를 받았고 그 외에 100만 달러를 더 벌었다. 그는 자신이 성공한 것은 상당 부분 도허티가 거의 찾을 수 없다고 말한 두 가지 능력을 계발한 덕이라고 단언한다. 그의 말을 들어보자. "기억할 수 있는 오랜 옛날부터 저는 새벽 다섯 시에 일어났습니다. 다른 시간보다 그때 더 잘 생각할 수 있기 때문이지요. 그때 더 잘 생각하고 하루를 계획하고 중요한 순서에 따라 일할 계획을 세울 수 있었습니다."

미국에서 가장 성공한 보험 판매원의 하나인 프랭클린 베트거는 하루 일을 계획하기 위해 새벽 5시까지 기다리지 않는다. 그는 전날 밤에 계획을 세우고 목표를 정한다. 바로 그날 일정량의 보험을 판매하겠다는 목표이다. 목표를 다 채우지 못하면 나머지는 그 다음 날 목표에 추가하는 식으로 계속 이어진다.

나는 오랜 경험을 통해 일을 항상 중요한 순서대로 할 수 있는 것은 아니라는 사실을 알고 있다. 그러나 한편 제일 중요한 일을 맨 먼저 처리하기 위한 계획을 세우는 것이 즉흥적으로 그때그때 하는 것보다 비교가 안 될 정도로 더 효과적이라는 사실도 알고 있다.

만약 조지 버나드 쇼가 제일 중요한 일을 가장 먼저 하겠다는 자신과의 약속을 지키지 않았다면, 그는 아마 작가로서 실패하고 평생 은행원으로 살아야 했을지도 모른다. 그는 매일 5쪽씩 글을 쓴다는 계획을 세웠다. 이 계획으로 그는 힘들었던 9년의 시간 동안 하루에 5쪽씩 계속 써나갈 수 있었다. 그 9년 동안 전부 30달러밖에 벌지 못했음에도 그랬다. 하루에 1페니 꼴이었다. 로빈슨 크루소도 매일 무엇을 할지를 시간 단위로 미리 계획했다.

좋은 작업 습관 3

문제가 생길 때, 결정에 필요한 사실들이 확보되어 있으면 당장 그 자리에서 해결하라. 결정을 미루지 말라.

전에 내 학생이었던 H. P. 호웰은 그가 U. S. 스틸의 이사로 있을 때 회의를 너무 오래 끌 때가 많았고 많은 문제가 논의되었지만 결론에 이르는 경우는 극히 적었다고 내게 말했다. 그 결과 각 이사들은 보고서 꾸러미를 집에까지 가지고 가서 검토해야 했다고 한다.

마침내 호웰 씨는 이사들을 설득하여 한 번에 한 문제씩만 다루고 결정을 내리자고 했다. 그러자 더 이상 연기하거나 미루는 일이 없어졌다. 결정의 내용은 추가적인 사실을 요청하는 것이 될 수도 있고, 뭔가를 하거나 아니면 아무것도 하지 않기로 하는 것일 수도 있다. 하지만 다음 문제로 넘어가기 전에 먼저 각 문제에 대한 결정이 내려졌다. 호웰 씨에 따르면 그 결과가 놀랍고도 유익했다고 한다. 협의 사항은 다 처리되고, 일정표도 깨끗해졌다. 더 이상 이사들이 집에까지 일감을 가지고 갈 필요가 없어졌고, 미해결 문제로 인한 개운치 않은 느낌도 사라졌다.

이것은 U. S. 스틸의 이사들만이 아니라 여러분과 나를 위해서도 좋은 규칙이다.

조직하고 위임하고 감독하는 법을 배워라.

제 명대로 못 살고 일찍 죽는 비즈니스맨들이 많은 것은 남에게 책임을 위임하지 못하고 모든 일을 다 혼자 하려 하기 때문이다. 그 결과 자잘한 일들의 홍수 속에서 갈팡질팡하며 혼란을 느낀다. 그들은 쫓기고 있다는 느낌, 걱정, 불안, 긴장의 포로가 된다. 책임을 위임하는 법을 배우기가 쉬운 일은 아니다. 나도 안다. 그것은 나한테도 정말 힘들었다. 또 나는 권한을 부적격자에게 위임할 때 생길 수 있는 곤혹스런 상황도 경험을 통해 알고 있다. 하지만 어렵다 해도 책임자는 권한을 위임해야 한다. 그래야 그 자신이 걱정, 긴장, 피로에서 해방될 수 있다.

사업을 크게 하면서도 조직하고 위임하고 감독하는 법을 배우지 못하는 사람은 대개 50대와 60대 초반에 긴장과 걱정이 초래한 심장 질환으로 급사한다. 구체적인 예를 알고 싶은가? 지역 신문의 부고란을 보라.

5 피로, 걱정, 분노를 낳는 권태를 추방하는 방법

피로의 주요 원인 중 하나는 권태이다. 가령, 속기사로 일하는 앨리스라는 평범한 여성의 경우를 보자. 앨리스는 어느 날 밤 몸이 파김치가 되어 퇴근했다. 그녀는 피곤해 보였고 실제로 그랬다. 머리도 아프고 등도 아팠다. 너무 지쳐서 저녁도 안 먹고 그냥 침대로 몸을 던지고 싶었지만, 어머니의 애원에 못 이겨 겨우 테이블에 앉았다. 그때 전화벨이 울렸다. 남자 친구였다! 댄스파티에 가잔다! 그녀의 눈에서 빛이 번쩍한다. 갑자기 기운이 솟구친다. 이층으로 뛰어올라가 연푸른색 드레스를 걸치고는 새벽 3시까지 춤을 추었다. 마침내 집에 왔을 때 그녀는 조금도 피곤하지 않았다. 사실은 너무 기분이 들떠 있어 잠을 잘 수 없을 정도였다.

금방이라도 쓰러질 듯 그렇게 지쳐보였던 8시간 전의 앨리스는 정말로 피곤했던 걸까? 분명 그랬다. 그렇게 피곤을 느꼈던 것은 자기 일이 지루하고, 아마 인생도 지루했기 때문이다. 이런 앨리스들은 무수히 많다. 당신도 그중 하나일지 모른다.

피로의 원인은 육체적인 노고보다 감정적인 태도와 훨씬 많은 관련이 있다고 한다. 몇 년 전, 조지프 E. 바맥 박사는 《심리학 논집》에 권태가 어떻게 피로를 유발하는지 보여주는 몇 가지 실험 결과를 발표했다. 바맥 박사는 일단의 학생들에게 그들이 거의 관심을 느끼지 못하는 일련의 테스트를 받게 했다. 결과는 어땠을까? 학생들은 피곤과 졸음과 짜증을 느꼈고 두통과 눈의 피로를 호소했다. 심지어는 배탈이 난 학생들도 있었다. 모두 '상상'의 산물이었을까? 아니다. 이 학생들에게 신진대사 검사를 실시했다. 그 결과 사람은 권태를 느낄 때 몸의 혈압과 산소 소비량이 실제로 줄어들지만, 자기 일에 흥미와 기쁨을 느끼면 바로 그 순간부터 전체 신진대사가 활발해지는 것으로 나타났다.

재미있고 흥미진진한 일을 할 때 우리는 좀처럼 피곤을 느끼지 않는다. 예컨대, 최근에 나는 캐나다 로키 산맥에 있는 루이즈 호수로 휴가를 다녀온 적이 있다. 거기서 며칠간 코랄 크리크 냇가에서 송어 낚시를 하고 내 키보다 높은 덤불을 헤치고 다니며 통나무에 걸려 넘어지기도 하고 쓰러진 나무 사이를 뚫고 나아가기도

했다. 이렇게 8시간이나 좌충우돌하며 고생했는데도 나는 피곤하지 않았다. 왜 그랬을까? 흥분하고 기분이 들떠 있었기 때문이다. 나는 성취감에 한껏 취해 있었다. 송어를 여섯 마리나 잡았던 것이다. 하지만 내가 낚시를 지루해했다고 상상해 보라. 기분이 어땠을 것 같은가? 해발 2천 미터의 고도에서 이렇게 격렬하게 몸을 움직였으니 완전히 진이 다 빠져버렸을 것이다.

등산 같은 힘든 활동에서조차 그에 수반되는 격렬한 몸의 움직임보다는 지루함이 우리를 더 지치게 하기 쉽다. 가령, 미니애폴리스 농공저축은행의 은행장 S. H. 킹맨 씨는 내게 이런 상황을 아주 잘 예시해 주는 한 사건에 대한 이야기를 들려주었다. 1943년 7월에 캐나다 정부는 캐나다 산악인 클럽에 왕실 친위대 소속 군인들의 등산 훈련을 맡아줄 가이드를 보내달라고 요청했다. 킹맨 씨는 이 군인들을 훈련시킬 가이드 중 한 명이었다. 그를 비롯한 42세에서 59세에 이르는 다른 가이드들은 젊은 군인들을 이끌고 빙하와 설원을 횡단하는 긴 도보여행을 했고, 발 디딜 곳도 손잡을 곳도 모두 불안정하고 위태로운 10여 미터의 가파른 절벽을 로프에 의지해서 기어올랐다. 그들은 마이클스 봉과 바이스프레지던트 봉을 포함한 캐나다 로키 산맥의 리틀요호 계곡에 있는 이름 없는 여러 봉우리에 올랐다. 이렇게 15시간 동안 산을 휘젓고 나자 더없이 건강하고 튼튼했던 이 젊은이들도(그들은 6주간의 힘든 특공훈련도 잘 견뎌냈다.) 그만 완전히 탈진해 버렸다.

그들의 피로는 득공훈련으로 단련되지 않은 근육을 사용한 탓이었을까? 특공훈련을 받아본 사람이라면 이런 바보 같은 질문에 피식 웃고 말 것이다. 아니다. 그들이 그토록 기진맥진했던 것은 등산이 지루했기 때문이다. 그들은 너무 피곤하여 상당수가 밥도 안 먹고 그냥 곯아떨어졌다. 하지만 이 군인들보다 두세 배나 나이가 많은 가이드들은 어땠을까? 그들도 피곤했을까? 그랬다. 하지만 녹초가 되지는 않았다. 그들은 저녁을 먹고 난 후에도 한참 동안 자지 않고 그날의 경험을 이야기했다. 그들이 파김치가 되지 않았던 것은 등산에 흥미를 느꼈기 때문이다.

컬럼비아 대학의 에드워드 손다이크 박사는 피로와 관련된 실험을 진행할 때, 계속 흥미를 자극하는 방식으로 젊은이들이 거의 일주일 동안 잠을 자지 않도록 했다. 많은 연구 끝에 손다이크 박사는 이렇게 말한 것으로 전해진다. "작업 능력이 저하되는 유일한 진짜 원인은 권태이다."

정신노동자의 경우, 그를 피곤하게 하는 것은 대개 그가 하는 일의 양이 아니다. 오히려 그는 자신이 하지 않는 일의 양 때문에 피곤을 느끼기 쉽다. 예컨대, 일이 계속 꼬이던 지난주의 어느 날을 떠올려보라. 답장이 온 편지는 하나도 없고 약속은 다 깨지고 여기저기서 문제가 튀어나왔다. 그날은 모든 것이 엉망이었다. 당신은 딱히 해놓은 일이 전혀 없었음에도 퇴근할 때는 완전히 지쳐 있었다. 머리도 쪼개질 듯 아팠다.

그런데 그 다음 날은 모든 일이 술술 잘 풀렸다. 그래서 전날보다 40배나 더 많은 일을 해냈다. 그럼에도 눈처럼 흰 치지나무처럼 상쾌한 기분으로 퇴근했다. 여러분도 이런 경험이 있을 것이다. 나도 그랬다. 여기서 어떤 교훈을 배울 수 있을까? 간단하다. 피로는 대개 일이 아니라 걱정, 좌절, 분노가 원인이라는 것이다.

이 장을 쓰는 사이 나는 제롬 컨의 유쾌한 뮤지컬 코미디 <쇼 보트>의 재공연을 보러 갔다. 코튼 블로섬 호의 선장인 캡틴 앤디는 철학적인 독백을 뇌까리는 한 장면에서 이렇게 말한다. "운 좋은 사람들은 자신이 즐기는 일을 하는 사람들이지." 이런 사람들이 운이 좋은 것은, 더 기운차고 즐겁게 일하면서 걱정과 피로는 덜 느끼기 때문이다. 관심이 있는 곳에 활력도 있다. 바가지 젊는 아내와 10블록을 걷는 것이 사랑하는 애인과 10마일을 걷는 것보다 더 피곤한 일이 될 수 있다.

그래서 어쩌란 말인가? 어떻게 하란 말인가? 여기 한 속기사가 한 일을 소개한다. 그녀는 오클라호마 주 털사 시에 있는 한 석유회사에서 근무한다. 매달 며칠 동안 그녀는 상상할 수 있는 가장 재미없는 일을 했다. 인쇄된 유전 차용권 양식에 숫자와 통계자료를 채워 넣는 일이었다. 이 일은 너무도 따분했기에 그녀는 자구책의 일환으로 그것을 재미있게 만들기로 했다. 어떻게 했을까? 매일 자기 자신과 시합을 했다. 그래서 매일 아침 자신이 채워 넣은 서식의 수를 세고 오후에는 그 기록을 뛰어넘으려 했다. 그리고 매일 총계를 낸 후에는 그 다음 날 그것을 능가하려고 했다. 결과가 어땠을까? 곧 그녀가 채워 넣는 서식의 수가 같은 부서에 속한 다른 속기사들의 그것을 앞질렀다. 그녀는 이 모든 것을 통해 무엇을 얻었을까? 칭찬? 아니다. 감사? 아니다. 승진? 아니다. 급여 인상? 그것도 아니다. 하지만 그것은 권태가 야기하는 피로를 예방하는데 유용했다. 또 정신적인 자극제 역할도 했다. 단조롭고 지루한 일을 재미있게 만들려고 최선을 다했기에 그녀는 더 많은 활력과 열정을 느끼고 여가 시간에 훨씬 더 큰 행복을 맛보았다. 내가 이 이야기의 진실성을 보증할 수 있는 것은, 그 여성이 바로 내 아내가 되었기 때문이다.

몇 년 전에 할런 A. 하워드는 그의 인생을 완전히 바꿔놓는 결정을 내렸다. 따분한 일을 재미있게 만들기로 한 것이다. 그의 일은 분명 지루했다. 다른 아이들이 공놀이를 하고 여자애들과 수작을 부리는 동안 그는 고등학교 식당에서 접시를 닦고 조리대를 박박 문지르고 아이스크림을 접시에 담아 나누어주어야 했다. 하워드는 자기 일을 경멸했다. 그렇다고 그만둘 수도 없었기에 그는 아이스크림을 연구하기로 했다. 그것이 어떻게 만들어지고 어떤 성분이 사용되며 왜 어떤 아이스크림은 다른 것보다 맛이 더 좋은지 등을 알아보기로 한 것이다. 그래서 아이스크림의 화학적 성질을 연구했고, 그 결과 고등학교 화학 과목은 완전히 꽉 잡게 되었다. 이제 식품화학에 큰 관심을 갖게 된 그는 매사추세츠 주립대학에서 '식품기술' 분야를 전공했다. 그러던 차에 뉴욕 코코아 거래소가 100달러의 상금을 걸고 코코아와 초콜릿의 활용 방안에 관한 논문을 공모했다. 대학생이면 누구나 참가할 수 있는 대회였다. 누가 우승했을 것 같은가? 그렇다. 할런 하워드였다.

취직이 여의치 않자 그는 자기 집 지하실에 개인 실

험실을 마련했다. 그리고 얼마 뒤에 통과된 새로운 법에 따라 우유 회사들은 우유 속에 들어 있는 박테리아의 수를 확인해야 했다. 할런 하워드는 곧 14개 우유 회사를 위해 박테리아를 세어주는 일을 하게 되었고, 조수도 두 명 고용해야 했다.

지금부터 25년 후 그는 어디에 있을까? 지금 식품화학 사업을 하는 사람들은 그때쯤이면 은퇴했거나 이 세상에 없을 것이다. 그리고 그들의 자리는 지금 도전 정신과 열정으로 무장한 젊은 친구들이 이어받을 것이다. 지금부터 25년 후, 하워드는 아마 자기 업계에서 리더가 되어 있을 것이다. 한편 그가 카운터 너머로 아이스크림을 건네주곤 했던 그의 일부 친구들은 일자리를 잃고 곤궁한 처지가 되어 정부를 욕하고 자기들에게는 전혀 기회가 없었다며 불평이나 해댈 것이다. 할런 하워드 역시 따분한 일을 재미있게 만들기로 결심하지 않았다면 전혀 기회가 없었을지 모른다.

유명한 라디오 뉴스 해설가 H. V. 칼텐본은 내게 자신이 어떻게 재미없는 일을 재미있게 만들었는지를 말해 준 적이 있다. 스물두 살 때 그는 가축 수송선을 타고 소에게 먹이와 물을 주며 대서양을 건넜다. 자전거를 타고 영국을 여행한 후 파리에 도착한 그는 돈도 없었고 먹을 것도 없었다. 할 수 없이 카메라를 전당포에 맡기고 5달러를 받은 후 <뉴욕 헤럴드> 파리 판에 구직 광고를 냈고 결국 입체경을 판매하는 일자리를 얻었다. 40세 정도 된 분이라면 눈앞에 들고 정확히 똑같은 사진 두 개를 보는데 사용했던 구식 입체경을 기억할지 모르겠다. 그것을 보면 마법의 세계가 펼쳐졌다. 입체경의 두 렌즈가 두 장의 사진을 3차원 효과를 지닌 하나의 장면으로 탈바꿈시킨 것이다. 거기서 우리는 거리감과 놀라운 원근감을 경험할 수 있었다.

칼텐본은 파리의 가가호호를 방문하며 이 기계들을 팔기 시작했다. 그는 불어를 못 했지만 첫해에 수수료로 5천 달러를 벌었다. 그리고 그 해에 프랑스에서 최고의 보수를 받는 세일즈맨이 되었다. 칼텐본은 하버드에서의 1년 공부 못지않게 이 경험을 통해 성공에 기여하는 내적인 자질들을 계발할 수 있었다고 내게 말했다. 그것은 자신감이었을까? 그는 그 경험 이후 프랑스 주부들에게 의회의 회의록도 팔아먹을 수 있을 것 같더라는 말도 했다. 이 경험은 그에게 프랑스인의 생활을 깊이 이해하게 했으며, 이것은 훗날 라디오에서 유럽의 여러 사건들을 해석하는데 굉장히 큰 밑천이 되었다.

그는 프랑스어도 못 했으면서 어떻게 전문 세일즈맨

이 될 수 있었을까? 칼텐본은 고용주에게 판매에 필요한 모든 내용을 완벽한 불어로 적어달라고 한 다음 몽땅 암기했다. 그리고 초인종을 누르고 주부가 나오면 암기한 내용을 읊어댔는데, 그 엉터리 억양이 상대에게는 오히려 잠 재미있게 들렸다. 그는 주부에게 사진들을 보여주었고, 그녀가 질문을 하면 어깨를 으쓱하며 "미국 사람…… 미국 사람"이라고 대답했다. 그리고 모자를 벗고는 그 위에 붙여 놓은 완벽한 불어로 된 제품 설명서 사본을 가리켰다. 주부가 웃으면 그도 따라 웃으며 사진을 몇 장 더 보여주었다. 이 이야기를 해주면서 그는 그 일이 결코 쉽지는 않았다고 고백했다. 그러면서 자신이 끝까지 포기하지 않고 해냈던 것은 딱 한 가지 때문이었다고 말했다. 그것은 바로 그 일을 재미있는 것으로 만들겠다는 의지였다. 매일 아침 일을 시작하기 전에 그는 거울을 보며 스스로에게 격려의 말을 했다. "칼텐본, 너 먹고 살려면 이 일을 해야 돼. 기왕 해야 할 거라면 즐기면서 하는 게 좋지 않겠어? 초인종을 누를 때마다 너 자신을 배우라고 상상해 봐. 너는 조명을 받고 있고 관객들은 널 보고 있어. 결국 네가 하는 일은 무대 위에서 벌어지는 일들만큼이나 재미있는 거야. 그러니 활기차고 열정적으로 하는 게 좋지 않겠어?"

칼텐본은 이렇게 매일 자신에게 하는 격려의 말이 그
토록 싫어하고 두려워했던 일을 즐거우면서도 굉장한
돈다발을 안겨주는 모험으로 변화시키는데 큰 도움이
되었다고 말했다. 내가 성공을 갈망하는 미국의 젊은이
들에게 해주고 싶은 충고가 있느냐고 묻자 그는 이렇게
대답했다. "그렇습니다. 매일 아침 자기 자신을 격려하
라는 것입니다. 반쯤 졸면서 돌아다니는 사람들이 많지
요. 그런 상태에서 깨어나려면 육체의 운동이 중요하다
고 합니다. 하지만 아침마다 우리는 훨씬 많은 정신적
이고 심리적인 운동을 통해 스스로의 행동의지를 자극
해야 합니다. 매일 스스로에게 격려의 말을 해주세요."

매일 자신에게 격려의 말을 해주는 것이 바보 같고
피상적이며 유치한 짓일까? 아니다. 그와 반대로 그것
은 건강한 심리의 본질이다. "우리의 삶은 우리가 지닌
생각의 창조물이다." 이 말은 마르쿠스 아우렐리우스가
《명상록》에 적었던 1,800년 전만큼이나 오늘날에도 변
함없는 진리이다. "우리의 삶은 우리가 지닌 생각의 창
조물이다."

매 시간마다 자신과 대화함으로써 우리는 주도적으
로 용기와 행복, 힘과 평화에 대한 생각을 할 수 있다.
또 스스로에게 감사해야 할 것들을 이야기함으로써 자

신의 마음을 창공을 비상하며 노래하는 생각들로 채울 수 있다.

생각만 올바르게 하면 아무리 싫은 일도 덜 혐오스럽게 만들 수 있다. 당신의 상사는 당신이 자기 일에 흥미를 느끼기 바란다. 그래야 그가 더 많은 돈을 만질 수 있기 때문이다. 하지만 상사의 소망 따위는 잊어라. 자기 일에 관심을 갖는 것이 내게 어떤 이득이 있는가만 생각하라. 그것이 살면서 느끼는 행복의 양을 두 배로 높여줄 수 있다는 사실을 잊지 마라. 왜냐하면 당신은 깨어 있는 시간의 약 절반을 일에 투입하기 때문이다. 거기서 행복을 찾지 못하면 다른 어디서도 결코 찾을 수 없을지 모른다. 내 일에 관심을 갖는 것이 마음속에서 걱정을 몰아내고 장기적으로는 승진도 하며 소득도 높이는 길이 될 수 있음을 유념하라. 혹여 그렇게까지는 안 된다 해도 이런 태도는 피로를 최소한으로 줄여주고 여가 시간을 즐기는데 도움이 될 것이다.

6 불면증에 대한 걱정을 막는 방법

잠을 잘 자지 못해서 걱정하는가? 그렇다면 국제적인 명성을 지닌 변호사 새뮤얼 운터마이어가 평생 단잠을 잔 적이 없다는 사실에 흥미가 동할지도 모르겠다.

대학에 입학한 운터마이어는 두 가지 고통을 두고 고민했다. 바로 천식과 불면증이었다. 그 어느 것도 치료할 길이 없어 보였기에 그는 차선책, 즉 잠들지 못하는 자신의 상태를 이용하는 방법을 써보기로 했다. 밤새 이리저리 뒤척이며 걱정하고 끙끙대다가 신경쇠약에 걸리기보다는 털고 일어나 공부하기로 한 것이다. 그는 곧 모든 수업에서 우등을 하기 시작했고 뉴욕 시립대가 배출한 천재 중 하나로 인정받았다.

변호사 개업을 한 후에도 그의 불면증은 계속되었다. 하지만 걱정하지는 않았다. 운터마이어는 "자연이 나를 보살펴줄 것"이라고 말했고, 정말 그랬다. 부족한 수면 시간에도 불구하고 그는 건강을 유지했고, 뉴욕 법조계의 어떤 젊은 변호사들 못지않게 정력적으로 일할 수 있었다. 사실은 그들보다 더 많이 일했다. 그들이 잠자는 동안에도 일했기 때문이다.

스물한 살 때 운터마이어는 1년에 7만 5천 달러를 벌어들었고, 다른 젊은 변호사들은 그의 방법을 연구하기 위해 법정으로 달려갔다. 1931년에는 한 사건을 처리해 준 대가로 아마 역사상 최고액이라 할 만한 수임료를 받아 챙겼다. 자그마치 현찰 100만 달러였다.

그때도 불면증은 여전해서 밤늦도록 문서를 읽고 새벽 5시에 일어나 편지를 쓰기 시작했다. 대부분의 사람들이 일을 시작할 즈음에 그의 하루 일은 거의 절반이 끝나 있었다. 단 하루도 제대로 푹 자본 적이 없었던 이 남자는 81세까지 살았다. 하지만 그가 자신의 불면증에 대해 초조해하고 걱정이나 했다면 그의 인생은 아마 진즉에 결딴났을 것이다.

우리는 인생의 3분의 1을 잠자는데 쓴다. 그러나 잠이 실제로 무엇인지는 아무도 모른다. 잠이 습관이며 휴식 상태라는 것은 안다. 우리가 잠을 자고 있는 사이에 자연은 낡고 엉클어진 옷을 다시 기워놓듯이 우리 몸을 충전시켜놓는다. 하지만 각 사람에게 필요한 수면 시간이 얼마인지는 모른다. 심지어는 도대체 잠을 꼭 자야만 하는 건지도 모르고 있다.

그 무슨 해괴한 소리냐고? 제1차 세계대전 중에 헝가리의 군인이던 폴 컨은 총을 맞아 뇌의 전두엽을 관통당했다. 그는 부상에서 회복했지만, 참 이상하게도 잠을 잘 수가 없었다. 의사들이 온갖 진정제와 신경안정제, 심지어는 최면술까지 동원하며 갖은 수를 다 써봤지만, 폴 컨은 잠을 이룰 수 없었고 심지어는 졸리지도 않았다.

의사들은 그가 오래 살지 못할 거라고 말했다. 하지만 그는 여봐란 듯이 취직도 하고 오래오래 아주 건강하게 살아 의사들을 실없는 사람들로 만들었다. 폴 컨은 누워서 눈을 감고 쉬기는 했지만, 잠은 전혀 자지 않았다. 그의 사례는 잠에 관한 우리의 많은 믿음들을 뒤집어놓은 의학적 불가사의였다.

남들보다 잠을 훨씬 더 많이 자야 하는 사람들이 있다. 토스카니니는 하루에 다섯 시간만으로도 충분했지만, 캘빈 쿨리지는 그 양의 두 배 이상이 필요했다. 쿨리지는 하루에 11시간을 잤다. 다시 말해, 토스카니니는 자기 인생의 약 5분의 1을, 쿨리지는 자기 인생의 거의 절반을 잠으로 소비했다.

시카고 대학의 교수인 나다니엘 클레이트만 박사는

현존하는 그 누구보다 잠을 가장 많이 연구한 사람으로 세계적인 수면 전문가이다. 그는 불면증으로 죽는 사람은 보지 못했다고 단언한다. 물론 인간은 불면증을 걱정하다가 자꾸 기운이 떨어지고 그러다 보면 세균의 공격을 받을 수도 있다. 그러나 치명적인 것은 불면증 자체가 아니라 걱정이었다.

또 클레이트만 박사에 따르면, 불면증을 걱정하는 사람들은 대개 자신이 아는 것보다 훨씬 더 많은 잠을 잔다고 한다. "간밤에 한숨도 못 잤다."고 말하는 사람도 실은 알지도 못하는 사이에 여러 시간을 잤을지도 모르는 것이다. 예컨대, 19세기의 가장 심오한 사상가 중 하나인 허버트 스펜서는 늙은 독신남으로 하숙집에서 살았는데, 툭하면 자신의 불면증에 대한 이야기로 주변 사람들을 하품하게 했다. 심지어는 소음을 차단하고 신경을 진정시키기 위해 귀마개까지 했고, 잠을 청하려고 아편을 이용하기도 했다. 어느 날 밤, 그와 옥스퍼드 대학의 세이스 교수가 호텔에서 같은 방을 쓰게 되었다. 다음 날 아침 스펜서는 밤새 뜬눈으로 새웠다고 말했지만, 실제로 한숨도 못 잔 것은 세이스 교수였다. 스펜서의 코고는 소리에 밤을 뜬눈으로 지새웠던 것이다.

양질의 수면을 위한 첫 번째 조건은 안전하다는 느낌

이다. 우리는 자기 자신보다 더 큰 어떤 힘이 아침까지 나를 지켜주리라는 느낌이 필요하다. 그레이트 웨스트 라이딩 요양원의 토마스 히슬롭 박사는 영국의학협회에서 행한 강연에서 이 점을 강조하며 이렇게 말했다. "제가 다년간의 임상 경험을 통해 확인한 최고의 수면 유도 인자 중 하나는 기도입니다. 저는 순전히 의사로서 이 말을 하는 것입니다. 습관적으로 하는 사람들에게 기도는 마음을 평화롭게 하고 신경을 진정시키는 가장 적절하고 정상적인 방법으로 간주되어야 합니다. 모든 것을 하느님께 맡기고 내려놓는 것입니다."

지넷 맥도널드는 우울하고 걱정되고 잠이 잘 오지 않을 때는 항상 시편 23편을 암송함으로써 '안전하다는 느낌'을 얻을 수 있었다고 내게 말했다. "여호와는 나의 목자시니 내게 부족함이 없으리로다. 그가 나를 푸른 풀밭에 누이시며 쉴 만한 물가로 인도하시는도다."

하지만 당신이 그다지 종교적이지 않고 스스로 힘든 상황을 극복해야 한다면, 물리적인 수단을 통해 긴장을 푸는 법을 배워라. 《신경 긴장에서 해방되는 법》을 저술한 데이비드 해롤드 핑크 박사는 이를 위한 가장 좋은 방법이 자기 몸에게 말을 거는 것이라고 한다. 핑크 박사에 따르면, 말이 바로 각종 최면에 이르는 열쇠이다.

계속 잠을 못 자는 것은 스스로에게 말을 하여 불면증에 걸리도록 하기 때문이다. 이를 되돌리는 길은 스스로를 최면에서 깨어나게 하는 것이며, 그 방법은 몸의 근육을 향해 말을 하는 것이다. "풀어라, 풀어라. 힘을 빼고 긴장을 풀어라."

우리는 이미 근육이 긴장되어 있는 상태에서는 마음과 신경이 쉴 수 없다는 사실을 알고 있다. 따라서 잠을 자려면 먼저 근육으로부터 시작해야 한다. 핑크 박사는 무릎 밑에 베개를 괴어 다리의 긴장을 풀고, 이와 똑같은 이유로 팔 밑에도 작은 베개를 끼워 넣으라고 권하는데, 이는 실제로 효과가 있다. 그리고 턱, 눈, 팔, 다리에 긴장을 풀라고 말을 하면 마침내 의식하지 못하는 사이에 잠에 빠져든다. 나도 직접 해봐서 안다. 만약 잠을 잘 못 잔다면 앞서 언급한 핑크 박사의 책《신경 긴장에서 해방되는 법》을 펼쳐라. 그것은 재미있으면서도 불면증을 치료할 수 있는 내가 아는 유일한 책이다.

불면증을 해결하는 최고의 방법 중 하나는 정원 가꾸기, 수영, 테니스, 골프, 스키, 아니면 단순히 몸을 힘들게 하는 일을 통해 스스로를 육체적으로 피곤하게 만드는 것이다. 시어도어 드라이저가 바로 그렇게 했다. 풋내기 작가로 고생을 많이 하던 시절, 그는 불면증으로 걱정을 많이 했다. 그래서 뉴욕 센트럴 철도에 보선공으로 취직했다. 하루 종일 못을 박고 자갈에 삽질을 하고 나면 너무 피곤하고 졸려 밥을 먹을 때까지 기다릴 수 없을 정도였다.

충분히 피곤해지면 자연은 우리가 걸으면서도 잠을 자게 한다. 예를 들겠다. 내가 열세 살이었을 때, 아버지는 살찐 돼지를 화차에 싣고 미주리 주의 세인트 조시까지 갔다. 무료 철도 이용권이 두 장 있었기 때문에 아버지는 나를 데리고 가셨다. 그때까지 나는 4천 명 이상이 거주하는 곳에는 가본 적이 없었다. 그래서 인구 6천 명의 도시인 세인트 조에 닿았을 때는 몹시 흥분하고 들떠 있었다. 거기서 6층 높이의 마천루를 보았고 가장 신기했던 시내 전차를 보았다. 지금도 눈을 감으면 시내 전차가 눈에 어른거리고 그 소리가 귀에 쟁쟁하다. 난생 처음으로 가장 짜릿하고 흥분되는 하루를 보낸 후 아버지와 나는 미주리 주 레이븐우드로 돌아오는 기차를 탔다. 그곳에 새벽 두 시에 도착한 우리는 집이 있는 농장까지 4마일을 걸어야 했다. 이야기의 요점은 여기에 있다. 나는 너무 지쳐서 걸으면서도 잠을 자고 꿈을 꾸었다. 말을 타면서 잘 때도 많았다. 그리고 지금까지 살아남아 그때 이야기를 전하고 있다!

완전히 녹초가 되어 있을 때는 전쟁의 소음과 공포와 위험 속에서도 잠을 잘 수 있는 것이 인간이다. 유명한 신경학자 포스터 케네디 박사는 내게 1918년 영국군 제5파병부대가 퇴각하던 당시의 이야기를 해주었다. 그때 그는 너무 지친 군인들이 그냥 땅에 고꾸라져 혼수상태에 빠진 듯 곯아떨어지는 것을 보았다고 한다. 그들은 그가 손가락으로 눈꺼풀을 열었을 때도 잠을 깨지 않았다. 그리고 그들의 눈동자는 예외 없이 안구 위쪽으로 돌아가 있었다. 케네디 박사의 말을 들어보자. "그 이후로 잠이 잘 오지 않으면 제 눈동자를 이 위치로 돌리곤 했지요. 그리고 몇 초가 지나면 하품이 나고 졸리기 시작하더군요. 그것은 제가 통제할 수 없는 자동적인 반사 작용이었습니다."

이제껏 잠자기를 거부한 방법으로 자살을 시도한 사람은 없었고, 앞으로도 그런 사람은 없을 것이다. 인간의 의지력이 아무리 강하다 해도 자연은 강제로라도 우리를 잠재운다. 인간은 잠을 자지 않고 버티는 것보다 음식과 물을 먹지 않고 훨씬 오래 버틸 수 있다. 자연이 우리를 그렇게 만들어놓았다.

자살 이야기가 나왔으니 헨리 C. 링크 박사가 자신의 책 《인간의 재발견》에서 소개한 사례 하나가 생각난다.

링크 박사는 사이콜로지컬 코퍼레이션의 부소장이며, 걱정과 우울증에 시달리는 많은 사람들과 상담을 한다. 그 책의 '두려움과 걱정 극복하기'에 관한 장에서 그는 자살을 원했던 환자 이야기를 전한다. 링크 박사는 그 사람과 논쟁해 봤자 상황만 더 악화시킬 뿐임을 알고 있었다. 그래서 그에게 이렇게 말했다. "어떤 식으로든 기왕 자살을 할 생각이라면 제법 영웅답게 하는 편이 어떨까요? 가령, 동네 주변을 계속 달리다가 쓰러져 죽는 식으로요."

그는 시키는 대로 했다. 그것도 한 번이 아니라 여러 번 했다. 그리고 할 때마나 기분이 더 좋아졌다. 그의 근육은 아닐지 몰라도 그의 마음은 그랬다. 세 번째 날 밤에 그는 링크 박사가 애초에 의도했던 대로 되었다. 즉, 육체적으로 너무 피곤하여(그리고 육체적으로 긴장이 풀려) 죽은 듯이 곯아떨어졌던 것이다. 나중에 그는 육상 동호회에 가입하여 대회에도 출전하기 시작했다. 그리고 곧 기분이 너무 좋아져 영원히 살고 싶어졌다.

다음은 불면증에 대한 걱정을 털어내기 위한 다섯 가지 규칙이다.

1. 잠이 안 오면 새뮤얼 운터마이어가 했던 대로 졸음

이 올 때까지 일을 하거나 책을 읽어라.

2. 수면 부족으로 죽은 사람은 없다는 사실을 기억하라. 대개 불면증에 대한 걱정이 잠을 못 자는 것 자체보다 훨씬 해롭다.

3. 기도를 해보라. 아니면 지넷 맥도널드가 했던 대로 시편 23편을 반복 암송하라.

4. 몸의 긴장을 풀어라. 《신경 긴장에서 해방되는 법》을 읽어라.

5. 운동하라. 도저히 깨어 있을 수 없을 만큼 몸을 피곤하게 하라.

걱정과 피로를 막고 활력과 의욕을 높이는 6가지 방법

규칙 1. 피곤해지기 전에 쉬어라.

규칙 2. 일하면서 긴장을 푸는 법을 배워라.

규칙 3. 만약 주부라면, 집에서 긴장을 풀고 쉼으로써
자신의 건강과 외모를 보호하라.

규칙 4. 다음의 4가지 좋은 작업 습관을 실천하라.
1) 당장 해야 할 일과 관련 없는 모든 서류를
책상에서 치워라.
2) 중요한 순서에 따라 일을 진행하라.
3) 문제가 생길 때, 결정에 필요한 사실들이
확보되었으면 당장 그 자리에서 해결하라.
4) 조직하고 위임하고 감독하는 법을 배워라.

규칙 5. 자기 일에 열정을 쏟는 방법으로 걱정과 피로
를 예방하라

규칙 6. 수면 부족으로 죽은 사람은 없다는 사실을 기
억하라. 해로운 것은 불면증 자체가 아니라,
불면증에 대한 걱정이다.